高等学校教师教育系列教材

德育与班级管理

主　编　朱沛雨
副主编　刘　欢　朱羽潇

南京大学出版社

图书在版编目(CIP)数据

德育与班级管理 / 朱沛雨主编. -- 南京：南京大学出版社，2022.1

ISBN 978 - 7 - 305 - 24782 - 8

Ⅰ. ①德… Ⅱ. ①朱… Ⅲ. ①德育－师资培训－教材②班级－学校管理－师资培训－教材 Ⅳ. ①G41②G424.21

中国版本图书馆 CIP 数据核字(2021)第 146266 号

出版发行　南京大学出版社
社　　址　南京市汉口路 22 号　　　　邮　编　210093
出 版 人　金鑫荣

书　　名　**德育与班级管理**
主　　编　朱沛雨
责任编辑　钱梦菊　　　　　　　编辑热线　025 - 83592146

照　　排　南京南琳图文制作有限公司
印　　刷　南京京新印刷有限公司
开　　本　787×1092　1/16　印张 14　字数 320 千
版　　次　2022 年 1 月第 1 版　2022 年 1 月第 1 次印刷
ISBN 978 - 7 - 305 - 24782 - 8
定　　价　42.00 元

网址：http://www.njupco.com
官方微博：http://weibo.com/njupco
官方微信号：njupress
销售咨询热线：(025) 83594756

前　言

　　为贯彻落实教育规划纲要,深化教师教育改革,全面提高教师培养质量,建设高素质专业化教师队伍,自 2011 年以来,国家相继颁布了《教师教育课程标准(试行)》《中学(小学、幼儿园)教师专业标准》《中小学教师资格考试暂行办法》,对教师教育课程设置、培养规格、入职门槛做出了具体明确的规定,这些文件也成为编写教师教育类课程教材的重要依据。作为教师教育课程标准的重要模块,品德发展与道德教育属于德育领域,班级管理属于教育基础领域。鉴于这两个模块的特殊关系,不少教材尝试将之组合编写教材,课程名称与体系不尽相同,教材的版本也很多。随着教育形势的发展变化,特别是立德树人、课程思政等时代要求的提出,教材有必要融入新的时代元素,重构教材的体系与内容必要且紧迫。

　　应社会与时代的要求,重构教材既要符合专业教师教育课程标准“实践取向”的基本理念,响应教师专业标准中“能力为重”的基本要求,又要顺应国家教师资格考试的需要。在体系上应有机整合德育与班级管理两个模块,做到逻辑上的一体化;在内容上应具有时代性、实践性、教育性,让学生在内化基础知识和基本理论基础上,掌握德育与班级管理技能、提升德育与班级管理能力。因此,“实践取向”“能力为重”是本教材编写的关键点。在上述理念的指导下,本教材呈现以下特点:

　　第一,教材编写理念符合国家文件精神。教材以教育部文件为指导,以《中学德育大纲》《小学德育大纲》《中小学德育工作指南》为依据,把立德树人作为首要任务,符合国家的教育目的和专业培养目标。在体系上尽可能整合德育与班级管理两个模块的内容,让二者自然融为一体;在形式上,采用“基本知识＋案例”或“基本知识＋真题”的形式编写,有助于知识的掌握和能力的培养。为发挥课程的思政教育功能,在每章的教学目标中设置了思政目标,能潜移默化地影响师范生。教材在形式上具有新形态教材的某些特征,拓展了教学时空。

第二,教材内容顺应教师教育课程改革的要求。教材以《教师教育课程标准》和《教师专业标准》为依据编写,德育部分包括德育本质、德育过程、德育目的与内容、德育原则与途径、德育方法与模式等内容。在此基础上,深入阐述了班级管理的基本理论,以及班级组织管理、日常管理、问题行为管理、教育力量的管理等内容。教材编写时遵循实践取向,尽可能采用案例呈现理论,贴近中小学班级管理实际,针对性强;每章后有专项训练和思考题,便于师范生学习。此外,本书在内容上基本覆盖教师资格证考试大纲的内容。

第三,教材结构符合学生的学习规律。在章节上采用先德育后班级管理形式,在德育模块中穿插班级管理内容,在班级管理模块渗透德育思想与方法。各章之间逻辑一致,内容循序渐进,各个知识点形成一个有机的网络。根据明确学习目标、激发兴趣、学习新材料、复习巩固、拓展延伸等学习流程,在每一章统一设置了学习目标、思维导图、引言、正文、本章习题和推荐阅读书目等栏目。各章正文分开叙述,一般按照基本概念、基本理论、实践应用等顺序展开,便于学生由浅入深地学习。在正文之外,每章设置数量不等的专栏或链接,供学生自行阅读,拓宽学术视野,促进学生深度学习。

本书由宿迁学院教师教育学院组织编写,编委会成员均是从事师范类专业教学的一线教师。朱沛雨、刘文、杨传达等参与了教材的规划讨论工作,朱沛雨负责全书的框架结构设计、文稿编写等工作,刘欢、朱羽潇参与了文稿的编写校对工作。编写一本符合师范生需要的教材是编者们孜孜以求的目标,由于编者们水平有限,本书难免会有疏漏与不足,真诚希望同行专家和未来教师提出宝贵的意见,以便我们进一步完善。同时,本书在编写过程中借鉴了大量国内外的相关论著与文章,在此谨向原作者一并表示衷心的感谢。

编　者

2021 年 12 月于聆湖畔

C 目 录
CONTENTS

第一章 德育概述 / 1

    第一节 德育概念 / 2

    第二节 德育功能 / 6

    第三节 德育的历史发展 / 11

第二章 德育过程 / 16

    第一节 德育过程概述 / 17

    第二节 德育过程的观点与理论 / 20

    第三节 德育过程的实施 / 32

第三章 德育目的与内容 / 40

    第一节 德育目的概述 / 41

    第二节 我国中小学德育目的 / 45

    第三节 德育内容 / 48

第四章 德育方法与模式 / 58

    第一节 德育方法 / 59

    第二节 德育模式 / 68

第五章 德育原则与途径 / 77

    第一节 德育原则 / 78

    第二节 德育途径 / 87

第六章 班级管理的理论基础 / 101

    第一节 班级管理概述 / 102

    第二节 班级管理理论依据 / 109

第三节　班级管理过程与模式 / 114

第七章　班级组织管理 / 119

　　第一节　班级组织管理概述 / 120

　　第二节　班级组织目标的确定 / 123

　　第三节　班级组织机构的建立 / 125

　　第四节　班级规范的制订 / 133

　　第五节　非正式群体的管理 / 139

第八章　班级日常管理 / 145

　　第一节　班级工作计划与总结 / 146

　　第二节　教室布置与座位编排 / 152

　　第三节　班级会议与活动 / 155

　　第四节　班级精神文化建设 / 163

　　第五节　学生的操行评定 / 168

第九章　班级问题行为管理 / 172

　　第一节　学生偏差行为管理 / 173

　　第二节　心理健康问题管理 / 179

　　第三节　班级偶发事件管理 / 188

第十章　班级教育力量的管理 / 195

　　第一节　班内教育力量的协调 / 196

　　第二节　家校教育力量的沟通 / 199

　　第三节　社会教育力量的协调 / 204

附录 / 206

　　中小学德育工作指南（教基〔2017〕8号） / 206

　　中小学生守则（2015年修订） / 213

　　中小学教育惩戒规则（试行）（中华人民共和国教育部令第49号） / 214

参考文献 / 217

第一章
德育概述

学习目标

- 知识目标:理解德育的概念,了解德育与品德、道德之间的关系;掌握德育的社会性功能与个体性功能;了解德育发展的历史脉络及其时代特征。
- 能力目标:初步培养对德育概念的理解能力,对德育内容与方法的梳理能力。
- 育人目标:渗透规则意识,渗透社会主义核心价值观和教师职业道德教育;激发学生民族自豪感,树立"四个自信"。

思维导图

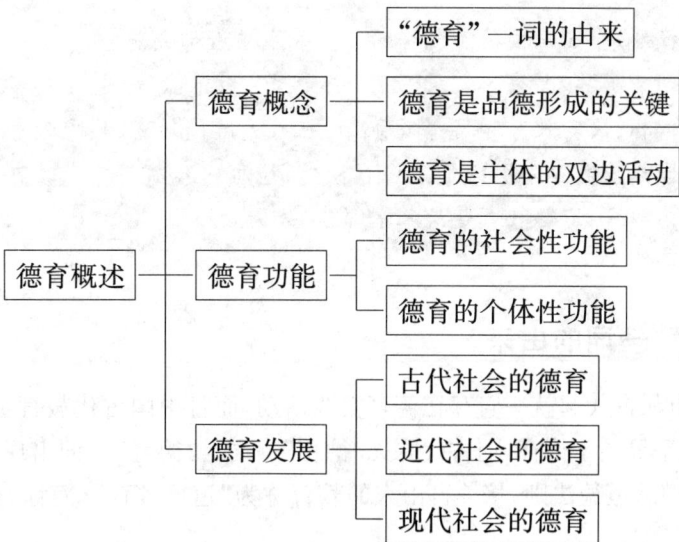

几千年来,科学技术一日千里,人的本性却没有变化。我国教育家吕型伟先生说:"现在是地球变暖了,人心变冷了。德育是未来教育的最大难题,这不只是我一个人的担心,因为这是个国际性的问题。如今人类可以享受科技带来的成果,可以让飞天不再是梦想,可以克隆自己的生命,但是有一个问题无法解决,那就是德育。"①时至今日,在中华民族复兴的历史时刻,德育工作被放到了突出的位置。党的十八大报告指出:"把立德树人作为教育的根本任务,培养德智体美全面发展的社会主义建设者和接班人。"教育大计,教师为本,教师是对学生进行思想道德教育的主要实施者,教师只有遵循德育规律,德育工作才能取得预期效果。

第一节　德育概念

德育有广义和狭义之分。广义的德育是指教育者按照一定社会或阶级的要求,有目的、有计划、系统地对受教育者施加思想、政治和道德影响,通过受教育者积极的认识、体验、身体力行,以形成他们的品德和自我修养能力的教育活动。② 广义的德育概念涉及德育目的、德育内容、德育主体、德育方法等方面,并且德育内容不是单一的,主要包括思想教育、政治教育、道德教育。"思想教育是指依据一定的哲学思想而进行的世界观、人生观、价值观方面的教育;政治教育是依据一定的政治思想,对受教育者的政治信念、政治观点和政治态度有目的地施加影响的教育活动;道德教育是依据一定的伦理思想和道德规范而在做人的品德方面所进行的教育。"③狭义的德育一般是指广义德育中的道德教育。

教资国考真题

(单项选择题)我国学校德育包括的三个基本组成部分是(　　　　)。

A. 思想教育、品德教育和纪律教育　　　B. 政治教育、道德教育和公民教育

C. 道德教育、政治教育和思想教育　　　D. 道德教育、政治教育和纪律教育

答案:我国学校德育采用的是大德育概念,德育内容随着时代发展不断拓展,但思想教育、政治教育、道德教育是最基本部分,故选 C。

一、"德育"一词的由来

虽然东西方从古代起就一直存在德育实践活动,而且中国古代教育更是以德育内容为核心,教育几乎等同于德育,但古代并无"德育"一词。"德育"一词出现于近代的西方,18 世纪康德把遵从道德法则,培养自由人的教育称为"道德教育",简称德育。1860 年英

---

① 沈祖芸,吕型伟. 在教育世界里活了两辈子[N]. 中国教育报,2012－07－20.
② 王道俊 王汉澜. 教育学(新编本)[M]. 北京:人民教育出版社,1999:330.
③ 王玄武等. 比较德育学 [M]. 2 版. 武汉:武汉大学出版社,2003:2.

国学者斯宾塞在《教育论：智育、德育和体育》一书中，把德育与智育、体育并列，在德育一章中论述了道德教育的"前提、原则、准则与规则"。由于这本书在西方世界影响甚广，"德育"一词逐渐被人们接受，并成为教育界中的一个基本概念和常用术语。不过，在西方的当代教育理论实践中，"德育"概念外延很小，专指"道德教育"。

"德育"一词在 20 世纪初传入我国。1904 年，王国维在介绍德国哲学家叔本华的教育思想时，认为"叔氏之重直观的知识，不独于知育、美育上然也，于德育上亦然。"他向国人介绍了德育一词，更在《论教育之宗旨》一文中，在将教育划分为培养"智力"的智育、培养"意志"的德育、培养"情感"的美育基础上，阐述了德育在人发展中的作用，即"三者并行而得渐达真善美之理想，又加以身体之训练，斯得为完全之人物，而教育之能事毕矣。"

1912 年 2 月 10 日，蔡元培在《教育杂志》上发表《对于新教育之意见》一文，提出"军国民教育""实利主义教育""公民道德教育""世界观教育""美感教育"并举的教育思想，当年国民政府颁布了"注重道德教育，以实利主义教育、军国民教育辅之，更以美感教育完成其道德"的教育宗旨，标志着"德育"一词成为我国教育界通用的术语。[①] 新中国成立以来，我国的"德育"在现代化过程中，内涵不断丰富，外延不断扩张，形成了"大德育"格局。无论是当代教育学著作中的"德育"概念界定，还是普遍的德育实践中，"德育"的内容包括道德教育、政治教育、思想教育、心理教育、法制教育等方面，几乎涵盖了社会意识形态的所有内容。[②]

推荐阅读

扫描本章二维码，阅读蔡元培《对于新教育之意见》一文。

教资国考真题

（辨析题）德育就是培养学生道德品质的教育。

答案：这种说法是错误的。学校德育是指教育者按照一定社会或阶级的要求，有目的、有计划、系统地对受教育者施加影响，并通过受教育者积极的认识、体验与践行，以使其形成一定社会与阶级所需要的品德教育活动。德育包括思想、政治、道德和民主法制等多方面。因此德育不仅仅是道德品质教育，故题目中的观点是错误的。

二、德育是道德规范内化为品德的关键

道德是指人们共同生活及其行为的准则和规范，通过社会或一定阶级的舆论对社会生活起约束作用。[③] 早在两千多年前，我国古代的著作中就出现了"道德"这个词语。

---

① 黄向阳. 德育原理[M]. 上海：华东师范大学出版社，2000：2-3.
② 葛卫华. 厘定与贯连：论学科德育与课程思政的关系[J]. 中国高等教育，2017(8)：25.
③ 中国社会科学院语言研究所词典编辑室. 现代汉语词典[M]. 北京：商务印书馆，2016：269.

"道"表示事物运动变化的规则;"德"表示对"道"认识之后,按照规则把人与人、人与社会、人与国家之间的关系处理得当。在现代社会一般是指以善恶为评价标准,依靠社会舆论、传统习惯和内心信念的力量来调整人与人、人与社会、人与国家之间关系的意识形态和行为规范。从道德的定义可以发现,第一,道德规范是外在于人的存在,是对人的行为作出的规定。遵守道德规范获得的是肯定的社会评价,否则会受到舆论的谴责。但按照规范行事不一定认同规范,有时是情境所迫,所以就出现在一个情境中遵守规范,在另外一个情境中不遵守规范的现象。第二,不同职业有不同的道德规范。如"爱国守法、爱岗敬业、关爱学生、教书育人、为人师表、终身学习"是教师职业规范,"忠于祖国、忠于人民,遵纪守法、依法行政,忠于职守、勤奋工作,顾全大局、团结协作,清正廉洁、艰苦朴素,忠诚老实、实事求是,刻苦学习、精通业务,谦虚谨慎、文明礼貌"是公务员的行为准则,"爱国守法、明礼诚信、团结友善、勤俭自强、敬业奉献"是国家对公民提出的道德规范。

推荐阅读

扫描本章二维码,阅读《从猴子实验看人类道德的起源》一文。

德育是道德转化为品德的关键环节。品德是社会道德规范在个体身上的反映,道德规范不会自动内化为人的品德,道德规范的内化要借助德育活动进行。在德育活动中通过个体心理活动,遵循依从、认同、内化过程才能转化为个体品质。但这个过程不是一帆风顺的,需要个体知情意的参与;在形成过程中还会受到个体原有的知识经验、惰性本能、外界诱惑等的影响。所以,德育过程是一个比较复杂的过程,德育工作也是一项比较困难的工作。

资料拓展 1-1

道德与品德的区别与联系

从二者之间的区别看,首先,品德和道德所属的范畴不同,道德是一种社会现象,是调整人们相互关系的各种行为规范和准则。人们根据规范来辨别是非、善恶、美丑,指导或调节行为。而品德是一种个体现象,是社会道德规范在个体头脑中的主观映象,其形成、发展和变化既受社会规律制约,又受个体的生理、心理活动规律制约。品德支配和调节着个体的道德行为,属于个体意识形态范畴。

其次,品德和道德所反映的内容不同,道德的内容是社会生活的总体要求,是对一定经济基础的反映,它是调节社会关系的行为规范的完整体系。而品德的内容是社会道德规范局部的具体体现,是社会道德要求的部分反映。可见,从反映内容看,道德反映的内容比品德反映的内容广阔得多,概括得多。

从二者之间的联系看,品德必须以一定的道德意识或道德观念的指导为基础,在道德观念的控制下做出相应的道德判断,通过一定的道德情感和稳定的道德行为表现出来。从这个角度说,品德是道德的具体化,品德是一定的社会道德规范在个体头脑中的反映和在个体实践活动中的具体体现。同时,社会道德风气影响着品德的形成与发展,个体的品德对社会道德状况具有一定的反作用。品德不是与生俱来的,它是个体在社会化的过程中、在社会道德舆论的熏陶和道德教育的影响下,通过自己的实践活动逐步形成和发展起来的。因此,社会道德风气的发展会在某种程度上影响着个人品德面貌的变化,品德的形成、发展以一定的社会道德规范为前提。可以说,离开了社会道德,品德就无从谈起。

资料来源:檀传宝.德育与班级管理[M].2版.北京:高等教育出版社,2013:18-19.

三、德育是教育者和受教育者双边的活动

德育基本的构成要素是教育者、受教育者、教育内容、教育手段。教育者和受教育者是德育活动的主体,其中,教育者是从事德育活动的人,在德育活动中起着规划、指导、管理的作用,是德育过程中"教"的主体;受教育者是在德育活动中接受教育的人,是德育过程中"学"的主体。

德育活动离不开教育者。教育者根据受教育者品德实际,确定德育目标与内容、选择德育方法与路径,通过提高道德认知、丰富道德情感、磨炼道德意志、训练道德行为对受教育者进行教育。但德育活动仅有教育者是不够的,若教育者提出的德育要求没有被受教育者理解、认同与内化,外在的道德规范就无法转化为受教育者的内在品德。因此,德育活动需要受教育者的能动参与,德育活动是主导与主体相统一的活动。

📢 推荐阅读

扫描本章二维码,阅读《关于厘清德育概念的思考》。

苏联教育家苏霍姆林斯基说:"我深信,只有能够激发学生去进行自我教育的教育,才是真正的教育。"[1]他还认为:"一个少年,只有当他学会了不仅仔细地研究周围世界,而且仔细地研究自己本身的时候,只有当他不仅努力认识周围的事物和现象,而且努力认识自己的内心世界的时候,只有当他的精神力量用来使自己变得更好、更完美的时候,他才能成为一个真正的人。"[2]所以,德育是教育者和受教育者双边的活动,受教育者的自我教育是道德教育成功的关键。

✳ 技能训练

(一)训练主题:理解德育概念。

(二)训练内容:"德育"是个内涵和外延都十分广泛的概念,在不同历史时期和不同

---

① 苏霍姆林斯基.给教师的建议[M].杜殿坤,编译.北京:教育科学出版社,1984:341.
② 苏霍姆林斯基.给教师的建议[M].杜殿坤,编译.北京:教育科学出版社,1984:338.

国度人们的理解不尽相同。目前,很多人对"德育"的理解仍然比较模糊和混乱,这不仅导致了德育理论界思想的混乱,也使德育实践出现了种种偏差。请同学们在比较的基础上,清晰准确地表达出德育概念。

(三)训练形式:课堂口语表达,时限 3 分钟。

(四)训练要求:内容正确、观点明确、表达准确、有逻辑性。

第二节　德育功能

中国乃文明古国,又称仁义之邦、礼仪之邦。这一美好称谓,是中国传统教育重视德育的结果。时至今日,作为一种特殊的社会意识活动,德育工作仍倍受重视。德育之所以受重视,源于德育对社会的发展、个体的发展都有着巨大的促进作用。

推荐阅读

扫描本章二维码,阅读《民国时期的德育功能思想》(节选)。

一、德育的社会性功能

德育的社会性功能是指德育活动对社会发展所产生的作用和影响。它是德育的衍生性功能或工具性,主要表现在德育的政治、经济、文化功能三个方面。

(一)德育的政治功能

德育的政治功能就是德育通过培养受教育者特定的思想政治道德素质来实现对政治发展的推动作用,如推动受教育者认同一定社会的政治理论和政治关系,遵守政治制度和政治规范,形成统治阶级期望的政治行为。在人类进入阶级社会以后,统治阶级为维护政治利益,依靠法治和德治两种手段去驯服被统治阶级,德育能够起到刑法起不到的作用,统治阶级通过德育,有目的、有意识地向人们宣传、灌输体现统治阶级意志与愿望的观念和理念,以期使教育对象认同其政治制度和政治思想。例如,在中国古代社会,先秦儒家主张克己复礼,希望通过礼仪教化恢复周礼来达到天下大同的理想社会;自汉武帝独尊儒术后,儒家经典逐渐成为科举考试内容,儒家学说逐渐成为禁锢人们思想、维护封建地主阶级统治的工具。儒家的某些学说如父父子子、君君臣臣、三从四德、君权神授、"大一统"等思想逐渐成为科举考试的内容。读书人为博取功名,五经勤向窗前读,逐渐认同内化封建社会伦理规范,成为封建社会统治阶级的顺民。

西方资本主义国家非常重视德育的政治同化功能。美国联邦政府教育部国际研究学院院长曾说:"我们学校的任务就是教学生政治社会化技术,或者叫公民技术。中国叫思想政治教育,我们叫公民教育,叫政治社会化。"①西方公民教育的核心,是给每个人灌输政治系统流行的价值,使社会成员遵守政治系统的规则,履行其应承担的角色义务,形成"政治自我";宣扬阶级意识形态,攻击、歪曲敌对制度,例如,美国中学的《公民学》教科书大讲资本主义制度的优越性,对资本主义制度极力颂扬,对社会主义制度恶意攻击;构建"支持政治系统",为巩固社会制度、维护阶级统治服务。② 同时,利用其强大的宣传机器,不断加大文化输出和思想渗透的力度,以维护西方占主导的世界格局。所以,在国家之间竞争愈发激烈的今天,我们要坚持中国特色社会主义的道路自信、理论自信、制度自信、文化自信。

(二)德育的经济功能

德育的经济功能就是德育通过培养受教育者特定的思想政治道德素质来实现对生产力发展的促进作用。由德育所形成的劳动者的思想道德素质,对社会的经济生活、经济行为具有重要影响。在我国封建社会,以"万般皆下品,唯有读书高"为代表的一系列传统思想和价值观念,阻碍着封建社会经济的发展;德国社会学家马克斯·韦伯提出的新教伦理对西方资本主义经济的发展具有一定的推动作用。在现代社会,德育的经济功能尤为明显,企业员工的时间与效率观念、法制与纪律观念、进取与创新观念、团结与互助品质、集体主义品质、敬业与勤奋品质等有助于企业的发展,也有利于国家经济的平稳运行。

我国有众多的国有及民营企业,一些有远见的公司领导非常重视企业文化培育,通过提炼企业价值观、塑造企业精神、宣传企业模范人物等手段来提高员工的思想道德素质。如华为总裁任正非创建了生生不息的华为文化,他以狼性文化为先导来经营企业,员工普遍具有吃苦耐劳、爱岗敬业、艰苦奋斗的作风。针对国内一些企业不能做大做强,他说:"我认为企业不景气,不仅仅是一个机制问题,关键是企业文化。"③任正非正是通过塑造企业文化提高了员工思想政治道德素质,华为公司才具有创新活力,逐渐成为中国民营企业的领头羊。

近年来,随着企业转型升级以及人力成本的增加,一些企业将工厂搬到了东南亚、南亚的某些国家,期望借此降低生产成本。但事与愿违,国外的生产效率显著低于国内,特别是新冠疫情肆虐期间,国外工厂开工不足、产品质量不达标等问题较为常见,一个重要原因是我国工人具有较高的思想道德素质。当然,我国在这方面也有过惨痛的教训,十多年前,三聚氰胺污染事件重创了奶制品行业,主要是某些奶制品企业负责人思想松懈、道德滑坡所致。

---

① 郑永廷.美国学校的政治观及价值观教育[J].思想教育研究,1990(5):45.
② 周元明.论西方国家的政治教育及现实启示[J].高教探索,2010(2):70.
③ 胡祖光.东方管理学[M].杭州:浙江工商大学出版社,2019:214.

资料拓展 1-2

中国奶制品污染事件①

2008 年中国奶制品污染事件(或称 2008 年中国奶粉污染事故、2008 年中国毒奶制品事故、2008 年中国毒奶粉事故)是一起食品安全事故。事故起因是很多食用三鹿集团生产的奶粉的婴儿被发现患有肾结石,随后在其奶粉中发现化工原料三聚氰胺。

根据公布数字,截至 2008 年 9 月 21 日,因使用婴幼儿奶粉而接受门诊治疗咨询且已康复的婴幼儿累计 39 965 人,正在住院的有 12 892 人,此前已治愈出院 1 579 人,死亡 4 人,另截至 9 月 25 日,香港有 5 人、澳门有 1 人确诊患病。事件引起各国的高度关注和对乳制品安全的担忧。中国国家质检总局公布对国内乳制品厂家生产的婴幼儿奶粉的三聚氰胺检验报告后,事件迅速恶化,包括伊利、蒙牛、光明、圣元及雅士利在内的多个厂家的奶粉都检出三聚氰胺。该事件亦重创中国制造商品信誉,多个国家禁止了中国乳制品进口。9 月 24 日,中国国家质检总局表示,牛奶事件已得到控制,9 月 14 日以后新生产的酸乳、巴氏杀菌乳、灭菌乳等主要品种的液态奶样本的三聚氰胺抽样检测中均未检出三聚氰胺。2010 年 9 月,中国多地政府下达最后通牒:若在 2010 年 9 月 30 日前上缴 2008 年的问题奶粉,不处罚。2011 年,中国中央电视台《每周质量报告》调查发现,仍有七成中国民众不敢买国产奶。

分析:奶制品污染事件重创了我国的乳制品行业,造成了巨大的经济损失。虽然事故的责任人最终承担了刑事责任,但反思事件的起因,是某些人对经济利益不当追求。最初,或许只是超越道德底线,后来逐渐发展为犯罪行为。可以说,经济活动的违法犯罪大多是从违背道德规范开始,最终走上了犯罪的不归之路。

(三) 德育的文化功能

德育的文化功能就是德育通过培养受教育者特定的思想政治道德素质来实现对社会文化的维系与变迁。德育作为一种教育活动,传递着社会的道德文化、政治文化。德育课程的设计者根据义务教育阶段的德育目的,选择优秀的道德文化内容编入教材,以显性课程、隐性课程的方式传递给学生,如《中小学德育工作指南》设定了"了解中华优秀传统文化和革命文化、社会主义先进文化"的目标,并将"中华优秀传统文化教育"具体化为"开展家国情怀教育、社会关爱教育和人格修养教育,传承发展中华优秀传统文化,大力弘扬核心思想理念、中华传统美德、中华人文精神,引导学生了解中华优秀传统文化的历史渊源、发展脉络、精神内涵,增强文化自觉和文化自信。"

---

① 资料来源:百度百科—中国奶制品污染事件[EB/OL]. (2014-07-31). https://baike. baidu. com/item/%E4%B8%AD%E5%9B%BD%E5%A5%B6%E5%88%B6%E5%93%81%E6%B1%A1%E6%9F%93%E4%BA%8B%E4%BB%B6/86604? fr=aladdin.

人是文化的主体,教育者在传递文化的时候,也在不断对原有文化进行重组、改造与创新,不断地创造着新质的道德文化。如在新的历史条件下,富强、民主、文明、和谐、自由、平等、公正、法治、爱国、敬业、诚信、友善,这 24 个字的社会主义核心价值观成为中小学德育的重要内容。其中,富强、民主、文明、和谐是国家层面的价值目标,自由、平等、公正、法治是社会层面的价值取向,爱国、敬业、诚信、友善是公民个人层面的价值准则。

二、德育的个体性功能

德育的个体性功能是指德育对受教育者个体所产生的实际影响作用。它是德育的固有功能或本体功能,主要表现为德育对个体生存、发展、享用三个方面的影响。

(一)德育个体生存功能

道德是指人们熟悉的准则与规范,这些准则与规范看起来似乎是约束个体的异己的东西,却与人们的生活息息相关。道德规范需要借助德育活动转化为个体品德,德育活动使人们熟悉共同生活及其行为的准则和规范,使受教育者个体充分社会化,很好地适应集体和社会生活,最大限度地生存下去,完成人生任务。

德育使个体形成良好的思想、政治和道德素质,有助于个体走好人生的道路,否则会出现德不配位现象。德不配位出自《周易·系辞下》,原文是"德不配位,必有灾殃;德薄而位尊,智小而谋大;力小而任重,鲜不及矣。"意思是一个人自身的德行,无法与他所处的地位及收获的财富相匹配,则易招致灾祸。德行浅薄而地位太高,智慧不足而谋划甚大,能力不足而责任重大,那就很少能办成事情了。德不配位现象在现实中比较常见,就不一一列举。仅有才能,品行不端的人往往恃才傲物,言过其实,不仅给工作带来负面影响,还可能导致自己身败名裂,甚至走上违法犯罪道路。

(二)德育个体发展功能

德育是有目的、有计划地培养受教育者良好品德的活动。我国中小学阶段的德育目的,主要是形成学生良好品德和行为习惯。如《中小学德育大纲》的总体目标之一是培养学生"良好政治素质、道德品质、法治意识和行为习惯,形成积极健康的人格和良好心理品质"。

德育有助于个体智能发展。夸美纽斯认为,没有德行,文学技巧算得了什么呢?凡是在知识上有进展而在道德上没有进展的人,那便不是进步,而是退步。一般认为智能是知识和智力的总和,前者是智能的基础,后者是指获取和运用知识求解的能力。德育赋予个体正确的人生观、世界观和价值观,"引领个体把握认知发展、智能发展的方向,防止片面的主知主义、唯智育主义等价值观对个体的不良侵蚀与影响。"[1]"形成其独特的学习方式与生活方式,提高其参与认知活动、学习活动、探究活动的积极性,激发其热爱科学、崇尚

---

[1] 戚万学,唐汉卫. 学校德育原理[M]. 北京:北京师范大学出版社,2012:23.

理性、追求卓越的热情,从而以自己的方式促进学生智能的发展与完善。"①

总之,通过德育可以培养个体正确的人生观、世界观和价值观,保证学习目的与内容的方向性;通过德育可以培养个体良好的意志品质,增强学习的强度和持久性;通过德育还可以培养学生良好的习惯,形成虚心、诚实、一丝不苟的学习品质。

资料拓展 1-3

义务教育阶段的德育目标之学段目标

小学低年级:教育和引导学生热爱中国共产党、热爱祖国、热爱人民,爱亲敬长、爱集体、爱家乡,初步了解生活中的自然、社会常识和有关祖国的知识,保护环境,爱惜资源,养成基本的文明行为习惯,形成自信向上、诚实勇敢、有责任心等良好品质。

小学中高年级:教育和引导学生热爱中国共产党、热爱祖国、热爱人民,了解家乡发展变化和国家历史常识,了解中华优秀传统文化和党的光荣革命传统,理解日常生活的道德规范和文明礼貌,初步形成规则意识和民主法治观念,养成良好生活和行为习惯,具备保护生态环境的意识,形成诚实守信、友爱宽容、自尊自律、乐观向上等良好品质。

初中学段:教育和引导学生热爱中国共产党、热爱祖国、热爱人民,认同中华文化,继承革命传统,弘扬民族精神,理解基本的社会规范和道德规范,树立规则意识、法治观念,培养公民意识,掌握促进身心健康发展的途径和方法,养成热爱劳动、自主自立、意志坚强的生活态度,形成尊重他人、乐于助人、善于合作、勇于创新等良好品质。

资料来源:教育部基础教育司.中小学德育工作指南实施手册[M].北京:教育科学出版社,2017:19-23.

分析:在义务教育阶段,我国中小学德育的主要目标是培养学生良好的品质。这些品德有助于个体社会化和良好习惯的养成。

(三) 德育的个体享用功能

所谓个体享用功能,是指德育过程使个体实现自身的道德需要与愿望,以从中体验到某种满足、快乐、幸福,获得一种精神上的享受与愉悦的功能。② 德育不仅让教育者形成良好的品德和行为习惯,更会使其受到赞许、表扬,获得荣誉、尊重与社会地位。受教育者由衷体会到快乐与满足,德育成为受教育者的幸福之源。德育的个体享用功能是德育功能的最高境界和本质体现。

---

① 戚万学,唐汉卫.学校德育原理[M].北京:北京师范大学出版社,2012:25.
② 戚万学,唐汉卫.学校德育原理[M].北京:北京师范大学出版社,2012:25.

推荐阅读

扫描本章二维码,阅读《试论德育之个体享用功能》一文。

鞍钢职工郭明义从 1990 年起 53 次无偿献血,从一开始献血的紧张到现在他乐于献血,是因为他在献血、帮助他人中找到了无比的乐趣。他 20 年献血 6 万毫升,这很令人佩服,因为在我们身边经常有人这样说:"我都想补血,我才不把血献出去。"郭明义是伟大的,他乐于奉献;郭明义是幸福的,他在奉献中找到了乐趣。郭明义的献血行为较好地体现了德育的个体享受性。

技能训练

(一)训练主题:学校德育的意义。

(二)训练内容:国无德不兴,人无德不立。习近平总书记一贯高度重视培养社会主义建设者和接班人,把立德树人作为教育的中心环节。司马光的《资治通鉴》提到"是故才德全尽谓之圣人,才德兼亡谓之愚人,德胜才谓之君子,才胜德谓之小人。凡取人之术,苟不得圣人、君子而与之,与其得小人,不若得愚人。"请同学们在学习的基础上,归纳出新时代加强学校德育工作的意义。

(三)训练形式:课堂口语表达,时限 3 分钟。

(四)训练要求:内容正确、观点明确、表达准确、有逻辑性。

第三节 德育的历史发展

杨贤江在《新教育大纲》里提出:"自有人生,便有教育。因为自有人生,便有实际生活的需要。"[1]在生产力不发达的古代社会,教育的主要成分是德育。德育的发展是一个从习俗性德育走向专业化德育的过程,由于不同时期的社会经济、政治条件不同,德育呈现出不同的特点。

一、古代社会的德育

古代社会包括原始社会、奴隶社会和封建社会三个发展阶段。在原始氏族历史阶段,原始先民懂得用道德教育调节人们之间的关系。《庄子·盗跖》中记载:"神农之世,卧则

---

[1] 杨贤江.新教育大纲[M].北京:人民教育出版社,1961:7.

11

居居;起则于于;民知其母,不知其父,与麋鹿共处,耕而食,织而衣,无有相害之心,此至德之隆也。"①《商君书·画策》曰:"神农之世,男耕而食,女织而衣,刑政不用而治,甲兵不起而王。"②《吕氏春秋·上德》记载:"为天下及国,莫如以德,莫如行义,……此神农、黄帝之政也。"③这反映了我国古代氏族公社时期已经有了道德观念的萌芽。这一时期德育表现为习俗性德育,德育内容涉及氏族生活的各个方面,具体为宗教教育、生活习俗教育。宗教教育有自然崇拜、图腾崇拜、鬼魂崇拜、祖先崇拜等;生活习俗教育主要为氏族内人际关系教育、传统习惯教育、成年礼教育等;德育方法主要是言传身教,具有渗透性、平等性、民主性、单一性等特点④。在父系氏族社会晚期的尧舜时代,出现了禅让制度,而禅让是以道德高尚为前提的。例如,尧让位给舜,就是因为舜具有高尚的德行。

在夏商周奴隶社会,德育表现为习俗性德育和学校德育并存。奴隶社会是人类第一个阶级社会,奴隶主和奴隶是两大对立的阶级,奴隶主阶级道德是占统治地位的道德,其特征是维护奴隶对奴隶主的人身依附关系,保护奴隶主的私有财产,提倡等级尊卑、男尊女卑和男主女从。奴隶主阶级子弟主要在学校接受道德教育,德育内容是奴隶主贵族道德行为准则,如《周礼·地官司徒》:"以三德教国子:一曰至德,以为道本;二曰敏德,以为行本;三曰孝德,以知逆恶。教三行:一曰孝行,以亲父母;二曰友行,以尊贤良;三曰顺行,以事师长。"⑤德育方法是讲解、背诵、实践、教师示范等,对于德行不合格的学生以行礼说教感化,如果不肯改变就可能被流放远方,永远不再使用。奴隶阶级主要通过家庭教育对下一代进行道德教育,家长通过言传身教方式进行人伦教育。春秋战国时期是奴隶社会到封建社会的大变革时期,这一时期,奴隶社会逐渐解体,封建国家逐渐形成。出于治理国家需要,统治者对道德教育逐渐重视,齐相管仲提出把"礼义廉耻"作为治国的四大支柱,称之为"四维"。他在《管子·牧民》说:"何谓四维?一曰礼,二曰义,三曰廉,四曰耻。礼不逾节,义不自进,廉不蔽恶,耻不从枉。……四维不张,国乃灭亡。"⑥这说明管子看到道德教育在治理国家中的作用。

封建社会生产力相对发达,统治阶级为维护统治,更加注重道德教育。这个时期学校教育是德育的主渠道,整个封建社会学校教育都比较发达,不仅国都有官学,地方有官学,民间也有大量的社学、义学、私塾存在。启蒙阶段教材是《三字经》《千字文》,让学生初明义理,学校德育教材主要为儒教学说,学习内容主要为"礼"和"理"。这个时期德育方法相对丰富,除观察与模仿外,师徒授受是德育的主要方式。地方官员通过公明廉政、社会宣讲、惩恶扬善、举贤任能等方式突出社会教育,并将路不拾遗、夜不闭户作为社会风气良好的标志。在严密的刑罚和株连制度下,家庭和宗族也非常重视道德教育,认为修身、齐家是立身立命之本,通过言传身教让下一代遵从法制、恪守道德规范。

---

① 李辉选编,清华大学国学研究院主编. 朱芳圃文存[M]. 南京:江苏人民出版社,2018:425.
② 李辉选编,清华大学国学研究院主编. 朱芳圃文存[M]. 南京:江苏人民出版社,2018:426.
③ 李辉选编,清华大学国学研究院主编. 朱芳圃文存[M]. 南京:江苏人民出版社,2018:426.
④ 黄蓉. 原始社会道德教育的方法[J]. 鸡西大学学报,2009,9(1):21-22.
⑤ 关永礼. 白话十三经:文白对照全译[M]. 济南:济南出版社,1994:476.
⑥ 管仲. 管子[M]. 杭州:浙江大学出版社,2017:69.

二、近代社会的德育

近代主要是指 18 世纪西方资产阶级革命完成后直到 19 世纪末 20 世纪初,在中国主要是 1840 年至新中国成立时间段。近代以来,德育功能日渐突出,各国普遍重视对国民的道德教育,在教育目的中专门提出了德育要求,主要通过学校德育实施。近代学校德育主要有三方面变化。

(一) 德育内容的世俗化

即破除了德育神秘性的内容,在国外表现为宗教教育与世俗教育的分离,在中国表现为儒家德育内容去除了"佛学""玄学"内容,复归于原始儒家学说。德育内容的世俗化是社会政治、经济、文化发展的结果,随着国家的文明进步,德育的世俗内容逐渐增多,宗教内容日渐减少,有的国家规定把宗教从道德教育中分离出去。在我国,德育神秘性的消除稍晚一点,民国初年,随着新文化运动的兴起,社会对"德先生""赛先生"的追求,德育内容才明显世俗化。

(二) 德育方法的科学化

随着教育学科的发展,德育借助于认知科学规律,德育方法越来越符合学生认知特点和身心发展规律,如体罚方法越来越被教育者所摒弃,贴近儿童生活、保护儿童尊严的方法受到教育者的普遍欢迎。除传统的方法外,有着理论和实践基础的德育模式被开发和应用,取得了较好的效果。另外,随着社会发展,伦理学、心理学、社会学等学科为学校德育问题的解决提供了新的思路和可能。

(三) 德育形式的多样化

除个别教学外,班级授课制的出现为道德教育带来积极意义,教师可以采用班级授课制的组织形式对学生进行教育,无形中提高了德育效率。家庭德育、社区德育也越来越受到人们的重视,德育形式的多样化并不意味着方法的先进性,如班级德育易出现重视共性忽视个性,理性化加强而情感性下降的危险;家庭德育可能与学校德育出现冲突,社区德育可能沦为空洞的说教。

三、现代社会的德育

现代在时间段上指 20 世纪初至今,现代社会高速发展中出现一系列问题,如环境污染、贪污腐败、网络诈骗、售卖假货等问题首先是道德滑坡所致,于是德育工作被摆在了重要位置。现代社会的德育内容、方法、模式等都有了新的发展。

(一) 德育范围的拓展

一是德育领域拓展,20 世纪以来出现了与资本主义德育性质完全不同的社会主义德育,其德育目的、内容、方法与资本主义德育有明显区别,特别是以马卡连柯为代表的集体教育理论、平行教育理论、劳动教育理论很契合社会主义国家实际,苏联的德育理论对于我国德育理论与实践的发展产生了深刻影响。二是德育理论不断发展,如苏联的马卡连柯德育理论、苏霍姆林斯基的教育教学理论、科尔伯格的认知发展理论、班杜拉的社会学习理论、拉斯的价值澄清理论、诺丁斯的关怀理论等。我国在改革开放后,德育理论呈现日益活跃的局面。三是德育内容的拓展,德育不仅包括政治教育、思想教育、道德教育、集体主义教育、劳动教育,在新的时代背景下,青春期教育、心理健康教育也被纳入德育范畴。

(二)德育实践的探索

德育实践的探索主要表现为德育方法、模式、路径的探索。我国传统的德育方法有说服教育、榜样示范、环境陶冶、实践锻炼等,有研究者结合时代特点,提出了"生态体验""心理咨询"等德育方法。西方社会在认知性道德发展理论、人本主义道德理论、价值澄清理论、存在主义道德教育理论等指导下,非常注重对学生道德思维能力、道德敏感性的培养,较为推崇道德讨论、角色扮演、价值澄清等德育方法。近年来,人们对德育路径进行了探索,逐渐认识到学校德育和家庭德育、社会德育密不可分,如美国社会认为学校应该承担起道德教育的责任,中国社会认为德育应该取得社会、家庭、学校的平衡。此外,人们也对德育模式进行了较为深入的探索。所有这些探索给当代中小学德育工作提供了新思路。

技能训练

(一)训练主题:德育内容与方法演进历程。

(二)训练内容:从古代社会到近代社会、现代社会,学校德育的内容与方法随着时代的发展而不断变化。请收集相关资料,梳理德育内容与方法的演进历程。

(三)训练形式:画出德育内容与方法演进的思维导图,班内交流,教师点评。

(四)训练要求:内容正确、简洁明了、有逻辑性。

本章小结

本章讲述了德育概念、德育功能和德育历史发展三部分内容。德育是培养学生良好品德的活动,有广义和狭义之分。广义的德育是指教育者按照一定社会或阶级的要求,有目的、有计划、系统地对受教育者施加思想、政治和道德影响,通过受教育者积极的认识、体验、身体力行,以形成他们的品德和自我修养能力的教育活动。狭义的德育一般指伦理道德教育以及有关的价值观教育。

德育具有社会性功能和个体性功能。社会性功能主要包含政治功能、经济功能、文化功能,指德育有助于维持社会政权和社会稳定,有助于促进经济发展和文化繁荣。德育个体性功能包括个体德育的生存功能、发展功能、享用功能,指德育有助于个体充分社会化,有助于个体的发展与完善,有助于形成个体的幸福感和满足感。

德育的历史分为古代社会德育、近代社会德育、现代社会德育三个阶段。古代社会德育表现为单一维度的生活性德育,德育内容贴近生活,德育方法主要为观察与模仿、师徒授受。近代社会德育受到近代社会政治、经济等发展的影响,表现为德育内容的世俗化、德育方法的科学化、德育形式的多样化。进入 20 世纪以后,学校德育在德育内容、方法、模式等方面都出现新的发展,表现为德育内容的不断拓展和德育模式与路径的不断探索。

思考与应用

1. 什么是德育? 德育和道德、品德之间是什么样的关系?
2. 德育的基本功能有哪些? 如何理解德育的个体功能?
3. 在人的全面发展过程中,德育起到什么样的作用?
4. 简述我国封建社会学校德育的特点。

推荐阅读书目

[1] 段作章,刘月芳.德育与班级管理[M].南京:南京大学出版社,2019.
[2] 张晓东.德育政策论[M].北京:人民教育出版社,2011.
[3] 范树成.德育过程论[M].北京:中国社会科学出版社,2008.
[4] 段鸿,张兴.德育与班主任[M].上海:上海教育出版社,2000.

第二章
德育过程

学习目标

- 知识目标：理解德育过程的概念，掌握德育过程的结构和矛盾；了解关于品德产生与发展的观点，理解关于品德发展的精神分析理论、认知发展理论、社会学习理论；掌握德育过程的基本规律、内化机制和实施环节。
- 能力目标：培养师范生对品德产生的判断能力、品德结构的分析能力、德育过程理论的评价能力、对德育过程的组织能力。
- 育人目标：培养师范生的辩证唯物主义世界观，渗透科学精神、探究精神；内化职业道德，生成"学生为本"的理念。

思维导图

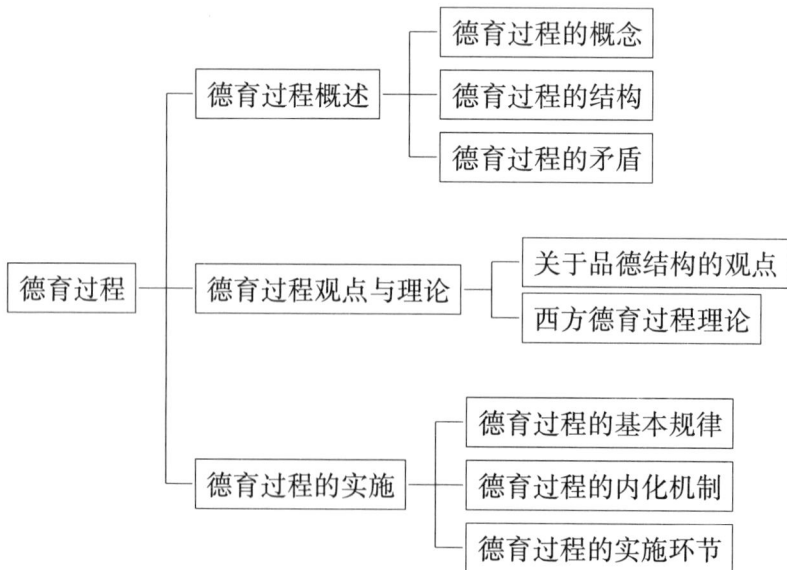

"世界不是一成不变的事物的集合体,而是过程的集合体。"①所谓过程是指事物进行或发展所经历的程序,是事物的运动、发展、变化在特定时空中的展开。德育过程就是德育活动在一定时空中的展开,有其内在的特点和规律。本章将对德育过程进行动态、全方位的考察,找出德育过程的基本规律和特点,为后续德育工作的开展奠定基础。

第一节　德育过程概述

德育工作是在一定的活动过程中完成的。所以,首先要考虑什么是德育过程,这个过程的构成要素及其要解决的主要问题。

一、德育过程的概念

目前对德育过程有三种比较有影响的界定。一是"转化说",认为"德育过程是教育者有目的地传递社会的政治、思想、道德,使其转化为受教育者个体思想品德的社会过程,其实质是一种思想、政治、道德的社会传递和社会继承过程。"②二是"促进说","德育过程是以促进受教育者思想品德形成、发展为目标,教育者与受教育者共同参与双向互动的教育活动过程。"③三是"建构说","德育过程实际上也是德育对象自身在道德等方面不断自主建构的过程。德育过程是环境与生长的统一,价值引导与个体价值建构的过程。"④这三种观点都认为德育过程是有目的地培养受教育者品德的过程,都把"德育过程看成育德的过程,看作社会道德的个体化或个体道德的社会化过程,也就是在内外互化的过程中培育和生成受教育者良好德性品质和德性能力的过程。"⑤区别在于"转化说""促进说"强调教育者的作用,而"建构说"强调受教育者的作用。据此,可以认为德育过程是教育者有目的、有计划地把一定社会的思想准则和道德规范转化为受教育者个体思想品德的过程。

📢 **推荐阅读**

扫描本章二维码,阅读《论德育过程的本质》一文。

德育过程不同于思想品德形成过程。首先,性质不同,德育过程是教育者对受教育者施加影响、促进道德规范内化的过程,思想品德形成过程是指个体的思想品德结构由低级

---

① 中共中央编译局.马克思恩格斯选集(第四卷)[M].北京:人民出版社,1992:239-240.

② 鲁洁,王逢贤.德育新论[M].南京:江苏教育出版社,1994:255-263.

③ 班华.现代德育论[M].合肥:安徽人民出版社,2001:77.

④ 檀传宝.德育原理[M].北京:北京师范大学出版社,2007:6.

⑤ 张典兵.德育过程理论研究30年:回顾与反思[J].广西社会科学,2011(2):146.

到高级、由简单到复杂不断发展、完善的过程。其次,影响因素不同,德育过程受到有目的、有计划、有组织的教育影响,而个体思想品德形成过程受到家庭、学校、社会、个体能动性等多种因素的影响。再次,结果不同,德育过程是按照德育目的进行,目的是使受教育者形成符合社会道德规范的思想品德,而思想品德形成的结果可能与社会道德规范一致,也可能不一致。

二、德育过程的结构

德育过程的结构是指德育过程各个要素及各要素之间相互联系、相互作用的方式。要素是指构成事物的必要元素,若要素不全,则事物将不成为事物。德育过程是由若干要素构成,且这些要素之间是有机统一的,若忽视任何一个要素,则德育活动都不能顺利实施。所以,开展德育活动的关键,一是找准德育过程中的要素,二是明确这些要素的作用。

对于德育过程的构成要素,研究者们提出了不同的观点,主要有"三要素说""四要素说""五要素说"。"三要素说"认为德育过程包括教育者、受教育者、教育内容,或者主体、客体、介体要素;"四要素说"认为德育过程是由"教育者、受教育者、德育目的、德育内容"或者"德育目的、教育者、受教育者、德育活动"四个要素构成,如德育过程"转化说""促进说";"五要素说"认为德育过程包括教育者、受教育者、德育目的、德育内容、德育手段。此外,还有"六要素说",是在"五要素说"的基础上增加了"德育活动"要素。之所以出现表述的不同,源于研究视角和对德育过程理解的差异。现在研究者多倾向认为德育过程是由教育者、受教育者、德育内容、德育方法四个要素构成。

教资国考真题

(辨析题)德育过程即品德形成过程。

答:德育过程是培养学生品德的过程,而学生的品德又是由道德的知、情、意、行四个因素构成,所以德育过程也就是培养学生知、情、意、行的过程。但德育过程与学生的品德形成过程不能等同,二者既有联系又有区别。德育过程引导并促进学生品德的发展,是学生品德形成的重要条件,而不是学生品德发展过程本身。品德形成过程是学生自身心理品质的发展过程,有自己独特的规律。

教育者是德育过程的组织者,教育者根据德育目标和受教育者品德发展特点选择德育内容,确定德育方法与路径,在德育过程中起主导作用。德育过程的教育者包括范围较广,凡是能够促进受教育者品德发展的人都是教育者。在学校德育中,德育过程的教育者包括学校的教职员工和团队组织。受教育者是德育活动的承受者和教育对象,包括个体教育对象和各种正式与非正式的团体教育对象。在学校德育中,受教育者主要是学生,但学生不是单纯被动的受教育者,而是具有主观能动性的受教育者。德育内容是德育主体作用的对象,是培养青少年所采用的某种社会政治观、世界观以及相应的道德准则。德育过程若是缺少德育内容,则德育过程徒有形式。德育方法是根据目标和内容,对受教育者进行思想品德教育而采取的各种方式的总和,也是传递德育内容、实现德育目的的工具。

在德育过程中,这四个要素在横向上同时存在,每一个要素都是在与其他要素的相互作用中发挥自己的作用;在纵向上是密切联系的,一个要素的发展变化都依赖或引起其他要素的发展变化。这种变化贯穿于德育活动的始终,直接影响德育活动的效果。

三、德育过程的矛盾

马克思主义唯物辩证法认为,矛盾就是事物自身包含的既对立又统一的关系。毛泽东指出,矛盾是普遍存在的,德育过程同样存在着矛盾。所谓德育过程矛盾是指德育过程中各要素、各部分之间和各要素、各部分内部各方面之间的对立统一关系,包括教育者与受教育者的矛盾,教育者与德育内容、方法的矛盾,受教育者与德育内容、方法的矛盾,受教育者自身思想品德内部诸要素之间的矛盾等。[1] 也有研究者将矛盾分为三个层次:第一层次是德育过程与外部环境影响的矛盾,第二层次是德育过程内部的矛盾,第三层次是德育过程主体自身的矛盾。[2] 不管如何划分,都认为最基本的矛盾是社会通过教师向学生提出的道德要求与学生已有的品德水平之间的矛盾。这个基本矛盾也是德育过程的主要矛盾,它贯穿德育过程的始终,并影响与制约着其他矛盾,其他矛盾服从于并服务于这一主要矛盾。

📢 **推荐阅读**

扫描本章二维码,阅读《学校德育矛盾的调查与研究——以广西5所中学为例》一文。

矛盾构成德育过程的动力,推动着德育过程的发展。德育活动以解决德育矛盾为目的,当学生的行为与教师要求不一致,德育矛盾就凸显出来,德育过程就是让学生的行为符合教师的要求。如《中小学德育工作指南》要求学生具有"诚实"的品质,现实中一些学生出现说谎行为,这时德育矛盾就出现了。教师就要采取一定的方法和手段化解这一矛盾,甚至是举办某项具体活动,让学生改掉说谎行为。所以,在德育活动中,抓住了基本矛盾,德育活动就能够有序进行下去。在一定程度上可以说,德育过程就是解决德育矛盾的过程。

德育过程存在诸多矛盾,表现在不同方面,可能是人生观、价值观不正确,也可能是道德品质低下;可能是存在两处"三观"不正,也可能存在五个道德瑕疵。不管出现多少矛盾,总要根据轻重缓急一个一个进行化解。如某个后进生品德不良,表现为欺凌同学、考试作弊、上课干扰别人、不尊敬父母,这时可以先从欺凌同学开始解决,这一矛盾化解以后,再解决上课干扰别人问题等等。当这一系列矛盾化解以后,这个后进生的行为就达到了教师要求,其品德水平在原有水平上获得了不同程度的提高。

---

[1] 教育大辞典编纂委员会. 教育大辞典 第1卷 教育学、课程和各科教学、中小学校[M]. 上海:上海教育出版社,1990:106-107.

[2] 易连云. 德育原理[M]. 武汉:武汉大学出版社,2010:17.

推荐阅读

扫描本章二维码,阅读《中小学德育管理中的三重矛盾与解决路径》一文。

技能训练

(一)训练主题:德育过程的矛盾。

(二)训练内容:深入义务教育学校,收集后进生转化的德育案例,分析德育过程中基本矛盾的表现及解决策略。

(三)训练形式:实地调查,独立思考,小组汇报,教师点评。

(四)训练要求:案例真实、矛盾准确、解决策略有实效。

第二节 德育过程的观点与理论

《中小学德育工作指南》指出:德育工作"要坚持遵循规律。符合中小学生年龄特点、认知规律和教育规律,注重学段衔接和知行统一,强化道德实践、情感培育和行为习惯养成,努力增强德育工作的吸引力、感染力和针对性、实效性。"所以,掌握德育规律是做好德育工作的前提。德育规律体现在德育理论之中,由于研究视角差异,研究者对德育过程提出了不同的理论观点。

一、关于品德结构的观点

(一)品德构成要素的争论

至于品德的构成要素,学界看法不一,西方学者认为品德是道德认识、道德情感和道德行为的统一体。其中,道德认识是个体对客观存在的道德关系、原则、规范和道德活动的认识,包括对道德概念、道德命题和道德规则的掌握,道德信念的产生,道德评价能力和道德判断力的发展等。[1] 道德情感,亦称道德感,是指人们对道德行为的一种或好或恶的内心感受,即对符合道德准则的行为感到满意、愉快,对不符合道德准则的行为感到愤怒、内疚。[2] 道德行为是指个人在一定的道德认识指引下和道德情感激励下表现出来的有益于他人和社会的行为。

---

[1] 辞海编辑委员会.辞海(1999年版索引本)[M].上海:上海辞书出版社,2002:301.
[2] 辞海编辑委员会.辞海(1999年版索引本)[M].上海:上海辞书出版社,2002:301.

我国学者对品德结构主要有三种观点：一是"二要素说"，认为品德的基本结构是"知"和"行"的统一，即任何道德品质都包含道德认识和道德行为倾向。二是"三要素说"，如潘菽在其主编的《教育心理学》中，认为任何一种品德包含道德认识、道德情感、道德行为三种基本成分。三是"四要素说"，"四要素说"体现了中国心理学家对古代心理学思想的继承，早在2 500多年前，春秋时期的孔子就将道德品质划分为道德认识、道德情感、道德意志、道德行为四种成分，并将其看成一个过程。"四要素说"也是目前中国学界典型的观点，认为品德的心理结构应该包含道德认识、道德情感、道德意志、道德行为四种成分，其中道德意志指人们在履行道德义务的过程中所表现出来的自觉克服一切困难和障碍、做出抉择的顽强毅力和坚持精神。

教资国考真题

（简答题）简述品德的心理结构。

答：品德是社会道德在个人身上的体现，是个体依据一定的社会道德行为规范行动时表现出来的比较稳定的心理特征和倾向。品德的心理结构包括：（1）道德认知。道德认知是人们对是非、善恶的认识和评价，以及在此基础上形成的道德观念。它是品德形成的基础。（2）道德情感。道德情感是伴随着道德认识而产生的一种内心体验。它是品德形成的内部动力和催化剂。（3）道德意志。道德意志是人们为实现一定的道德行为所做出的自觉而顽强的努力。它是调节品德行为的精神力量。（4）道德行为。道德行为是通过实践或练习形成的，实现道德认识、情感，以及由道德需要产生的道德行为动机定向及外部表现。它是衡量一个人品德水平的重要标志。

（二）品德构成要素的观点

目前的主流观点认为品德是由知、情、意、行四个心理要素构成的，任何一种思想品德都是在知、情、意、行诸要素的相互影响、相互促进中形成和发展的，这是思想品德形成和发展的心理规律。

📣 **推荐阅读**

扫描本章二维码，阅读《从品德结构研究中存在的问题看其构成要素》一文。

道德认识（Moral Cognition）是对客观存在着的道德关系及如何处理这种关系的准则、规范的认识。其中，道德准则是一种较为概括地表现道德要求的原则，如个人利益要服从集体利益；道德规范是一定社会或阶级根据道德原则提出的，要求人们在处理人与人、人与社会关系时必须遵循的行为准则或各方面的具体要求，它较为具体地告诉人们是非、善恶的判断标准，是指导人们行动的指南。道德认识是个体道德品质的基本组成部分，是个体道德品质形成的重要思想基础，正确的道德认识有助于指导道德行为、激发道德情感，或使之更理智、更健康，道德认识与相应的道德情感相结合可以成为自觉地产生和组织道德行为的内部动力。道德知识的掌握、道德评价能力的发展和道德信念的产生是道德认识的三个基本环节。掌握道德知识是形成道德认识的一个前提条件；道德评价是个体道德认识的主要表现形式，也是其道德认识逐步形成的主要标志；道德信念是系统化了的、深化的道德知识，是道德认知发展的最高形态，也是个体道德生活的指南。

道德情感是人们依据一定的道德标准，在处理相互关系和对别人或自己的行为进行评价时对道德要求、道德义务所产生的一种主观的情绪体验。在个人的道德品质构成中，道德情感具有评价作用、调节作用、信号作用，个人一旦对某种义务和行为形成道德情感，就会积极地影响其道德选择；某种道德情感一旦扩展为社会性的情感，也就会不同程度地影响社会道德风尚。陶冶道德情感是道德教育和道德修养的重要环节，它包括两方面的任务：一方面是形成和增强同所获得的道德认识相一致的道德情感；另一方面是改变那种与应有的道德认识相抵触的道德情感。形成和增强健康、正当的道德情感，不仅要诉诸个人理智，诉诸个人对理想人格的追求，更需要个人在实践中经受长期的甚至痛苦的磨炼。

道德意志是指人们在履行道德义务的过程中所表现出来的自觉克服一切困难和障碍、做出抉择的顽强毅力和坚持精神，是构成个人道德品质的要素。它能促使人们将自己的道德意识、道德情感、道德信念外化为道德行为，帮助人们自觉地调节自己的言行和情感，克服内外部的各种困难障碍，坚持自身认定的行为方式，形成行为习惯。当人们坚持某种道德的正义性并决心践行它的时候，就会在内心里产生一种坚强的信念和意志力，从而使人们严格要求自己，果断地做出行为抉择，并努力保持自己行为的稳定性和一贯性。

道德行为是指人们按照一定道德原则和规范，在个人利益和社会整体利益关系上，从本人意志出发自主选择的行为。道德行为过程包括三个基本环节：确定目的和形成动机、实际的行动、行动后的效果和评价。道德行为包括两种基本类型，即道德的行为（或称为善行）和不道德的行为（或称为恶行）。那种似乎属于这两种基本类型之间，并被某些伦理学称作"可容许行为"的，其实只是具有过渡性质的道德行为。一个人的道德行为整体表现其道德品质状况，一个社会的全体或绝大多数成员所共有的道德行为体现该社会总的道德风尚。道德行为和人其他社会行为的区分只具有相对的意义，在特定范围或条件下不具道德意义的行为，如求知行为及日常生活行为等，在另外的场合或条件下又可能是具有道德意义的行为。而且，人的道德行为多半是同其他社会行为，如经济行为、政治行为、职业行为等，相继发生相互结合。

> **教 资 国 考 真 题**
>
> （辨析题）德育的起点是提高道德认识。
>
> **答**：本题说法错误。思想品德的四个基本要素是道德认知、道德情感、道德意志和道德行为。德育过程的一般顺序可以概括为提高道德认识、陶冶品德情感、锻炼品德意志和培养品德行为习惯。但并不一定把提高道德认识作为德育起点。在德育具体实施过程中，需根据学生品德发展的具体情况，或从导之以行开始，或从动之以情

开始,或从锻炼品德意志开始,最后达到使学生品德在知、情、意、行等方面和谐发展。综上,德育过程可有多种起点。

　　品德的四种心理成分处于一个开放的统一体中,它们的发展虽然具有阶段性,但不能单独地割裂开来,而应是互为前提、相互制约和相互促进的。

　　道德认知是基础。道德认知越深刻,特别是对道德规范的意义认知越深刻,对于个体行为的价值关系的判断就越准确,就越容易产生情感,越能够做出意志努力。认知是行为的先导,但个体在行动之前会评估其中存在的价值关系,所以认知与行为并不总是完全一致。行为促进认知的深化,认知又在新的起点上指导行为。

📢　推荐阅读

　　扫描本章二维码,阅读《论品德结构》一文。

　　道德情感是动因。人们对事物的认知是其情感产生的基础,情感上的好恶使得认知上的偏好发生变化。所以,情感既可以成为意志行动的动力,也可以成为意志行动的阻力。道德情感越强烈,则行为就越能落到实处。

教资国考真题

　　1.(辨析题)品德形成受情感的影响。
　　答:这种说法是正确的。品德形成的影响因素包括外部因素和内部因素。外部因素主要指家庭、学校教育、社会因素、同伴群体等;内部因素包括认知失调、态度定势、道德认知、智力因素、情绪因素、情感因素等。在品德形成过程中,教育对象对社会规范的态度和体验即情感。情感是品德形成的影响因素之一。
　　2.(单项选择题)在小组讨论中,关于什么是道德行为培养的关键,同学们有下列四种不同的看法。其中正确的是(　　　)。
　　A. 形成良好的道德意志　　　　B. 形成良好的道德环境
　　C. 形成良好的道德情感　　　　D. 形成良好的道德习惯
　　答案:D。

　　道德意志是精神力量。意志最初是从情感中逐渐分离出来的,它又反过来促进情感的发展;意志具有目的性,个体的目的性是认知活动的结果,意志能影响认知过程。意志是对行为关系的主观反映,有研究者将意志分为承受感性刺激的意志和承受理性刺激的意志,不管哪一种意志,都可能蕴含着道德关系,道德意志与行为往往是正相关的。
　　道德行为是关键。行为能够促进认知的深化,有助于意志的形成,正如孟子《生于忧患,死于安乐》一文中描述:"故天将降大任于斯人也,必先苦其心志,劳其筋骨,饿其体肤,空乏其身,行拂乱其所为,所以动心忍性,曾益其所不能。"行为可能促进情感的转变,如某个学生在老师的鼓励下帮助同学,在受到同学的善意回报后,可能乐于帮助别人。

总之,知、情、意、行之间相互影响、相互制约、相互渗透,它们的关系可以概括为:道德认识越深刻,道德情感就越有理性的指导;道德意志越坚定,道德行为就越具有自觉性。反过来,情感、意志的力量有助于加深认识;道德行为的实践,又能加深认识、激励感情、锻炼意志,促进道德行为习惯的形成。也就是说,知是基础,是行的先导;情是催化剂,是行的推动力;意是行的体现,也是行的杠杆;行是最终结果。

技能训练

（一）训练主题:品德的构成要素。

（二）训练内容:道德认知、道德情感、道德意志、道德行为四种心理成分是彼此联系、互相促进的。请认真梳理知、情、意、行之间的关系,明了这四要素之间的关系。

（三）训练形式:在阅读教材及查阅资料的基础上,画出知、情、意、行之间关系的示意图,小组内分享,教师点评。

（四）训练要求:内容正确、表述简洁、有逻辑性。

二、西方德育过程理论

（一）精神分析理论

精神分析理论的主要代表人物是奥地利精神科医生弗洛伊德,他的道德发展理论来源于人格发展理论,其道德发展的观点主要来自对人格的看法。该理论认为,道德发展是儿童早期经验的内化和早期情感体验的深刻反映[1],除非了解了个体的动机、感情和思想过程,否则人们无法理解其行为。因此,该理论关注的是个体内部的冲动、思想、感情,而不是外显的行为。对情感等内部因素的重视是该理论区别于当代其他道德发展理论的重要特征。

1. 关于道德的产生

弗洛伊德主张品德或道德是人格的一部分,个体的人格发展过程也是其品德发展过程。人格是个体内部控制行为的一种心理机制,人格决定一个人在一切给定情境中的行为特征和行为模式。[2] 个体的人格是由本我、自我和超我三部分组成的一个整体结构,人格的完善是一个本我经由自我向超我不断趋近的过程,这个过程也就是人的道德形成和发展的过程。道德的获得在于儿童超我人格的形成。

本我即本能的自我,代表本能的力量,包含生存所需的基本欲望、冲动和生命力。本

---

① 张茂聪,唐爱民. 儿童品德发展与道德教育[M].济南:山东人民出版社,2012:2.

② 张茂聪,唐爱民. 儿童品德发展与道德教育[M].济南:山东人民出版社,2012:3.

我是一切心理能量之源,本我按快乐原则行事,它不受社会道德、外在行为规范的约束,它唯一的要求是获得快乐,避免痛苦。本我的目标是求得个体的舒适、生存及繁殖,它是无意识的,不被个体所觉察。

自我是自己可意识到的执行思考、感觉、判断或记忆的部分,自我遵循"现实原则",调节本我和外界的冲突,对本我非理性行为进行延续性控制和压抑。自我的机能是寻求"本我"冲动得以满足,同时保护整个机体不受伤害,它遵循的是"现实原则",为本我服务。

超我是人格结构中代表理想的部分,是人格中的道德成分。它是个体在成长过程中通过内化道德规范,内化社会及文化环境的价值观念而形成,其机能主要在监督、批判及管束自己本能冲动和非理性的行为。超我要求自我按社会可接受的方式去满足本我,它所遵循的是"道德原则"。如果自我、本我、超我三者之间能够保持平衡,人们所表现出的行为就是合乎道德规范的,人格将获得正常发展;但如果三者之间失去平衡,就会引起精神疾病,并可能引发不道德的行为。[①]

2. 关于道德的发展

弗洛伊德认为,人格的发展过程就是不断解决自我和超我冲突的过程。在弗洛伊德的人格系统中,本我和超我的要求是矛盾的,自我居于独立调节地位。本我按照完全快乐的原则行事,超我则要求自我按照理想原则行动,两者的要求是矛盾的,都要求自我满足它们的要求,自我既要设法满足本我的要求消除生理上的紧张状态,又要满足超我的要求以免受良心的谴责。在此过程中,如果自我发展良好,能恰如其分地发挥调节作用,平衡本我和超我的冲突,个体就能建立内心的和谐,顺利地同外界交往。反之,如果自我未能很好地发展,难以解决本我和超我之间的冲突,则个体不能很好地同外界交往。在儿童的发展过程中,当本能需要被转化并让位于内在道德标准和情感的自我调节机制时,良心就产生了。

儿童道德能否发展,发展到什么程度,主要取决于童年时期自我发展过程中生物本能获得满足的情况,以及个体与外界交往中的奖惩经验。在成人世界中,个体的生物本能若得不到满足,则儿童可能会违背规范去获取,但又害怕遭到成人的惩罚。这实际反映了一种社会性焦虑,在儿童身上,表现为害怕父母和成人的惩罚;在成人身上,"父母和成人"被较大的人类群体和社会所代替。所以,一旦不道德动机形成时,儿童就会产生内疚感。相反,受到父母和成人的鼓励、表扬时,儿童就会将这种经验内化并以"自我理想"的形式表现出来,最终成为行动的标准并对以后的类似行为起到激励作用。总之,道德发展是通过超我的发展而获得的。即儿童借助于父母、教师的力量,通过"自居作用""纳入"机制将社会伦理规范加以内化而形成品德。[②]

(二)认知发展理论

认知发展理论主要代表人物是皮亚杰和科尔伯格,该理论以认知发展研究的结论和

---

① 檀传宝.德育与班级管理[M].北京:高等教育出版社,2007:24-25.
② 檀传宝.德育与班级管理[M].北京:高等教育出版社,2007:25.

方法为基础,通过设置一定的故事情境和现实环境,观察儿童的行为表现,进而推测个体道德认知的发展水平。该理论认为,道德发展分为若干阶段,不同阶段组成一个固定不变的发展顺序;道德判断要以一般的认识发展为前提和基础;道德发展是在个体与社会的相互作用中实现的。

📢 **推荐阅读**

扫描本章二维码,阅读《美国学校道德教育的发展进路》一文。

1. 皮亚杰的品德发展阶段理论

皮亚杰是瑞士心理学家,主要研究儿童道德判断问题。他运用临床法和对偶故事法,研究儿童的认知发展规律,将儿童的认知发展分为感知运动阶段、前运算阶段、具体运算阶段、形式运算阶段。他认为,认知发展是道德发展的必要条件。因此,皮亚杰在观察和实验中向儿童提出事先设计好的问题,考察儿童对规则的理解与执行、对过失和说谎的认识及对公正的认识,揭示儿童道德发展的四个阶段。

第一阶段:前道德阶段(2—5 岁),又称为"自我中心阶段"。皮亚杰认为这一年龄时期的儿童正处于前运算思维时期,他们对问题的考虑是自我中心的。他们虽已意识到规则的存在,但还不能把规则作为一种义务遵守,规则对其不具有约束性,他们按照自己的理解去对待规则。他们的行动易冲动,感情泛化,行为直接受行动的结果所支配,道德认知不守恒。

第二阶段:他律道德阶段(5、6 岁—8 岁),又称"权威阶段"。这个阶段儿童具有遵守规则的倾向,他们认为规则是由父母、权威者或年龄较大的人制定的,是固定不变的,人人都必须遵守。他们往往从行为的后果而不是行为动机判断行为的好坏,看问题有绝对化的倾向。

第三阶段:可逆期阶段(9—10 岁),这是一个由他律向自律过渡的阶段。在此阶段,儿童逐渐意识到规则是人们相互约定的,在某种情况下是可以改变的;儿童之间出现可逆关系,产生平等观念,也能从动机方面看问题。同伴间可逆关系的出现,标志着儿童道德由他律阶段开始进入自律阶段。

第四阶段:自律阶段(11、12 岁以后),又称公正阶段。这个阶段儿童道德观念倾向公正,儿童不仅会遵守道德规范,还会根据每个人的具体情况做出恰当的处理。认识到依据规则判断是非标准时,应该考虑他人的具体情况,从关心和同情出发做出他们的道德判断。[①]

皮亚杰认为儿童道德发展从他律道德向自律道德转化,这四个阶段的顺序是不可跳跃的,在从低级到高级的发展过程中,个体的认知能力和社会关系具有重大影响。皮亚杰认为只有达到了自律水平或公正阶段,儿童才算有了真正的道德。

---

① 戚万学,唐汉卫.道德学习与道德教育[M].济南:山东教育出版社,2006:84.

1.（单项选择题）根据皮亚杰的道德发展阶段理论,小学低年级儿童常常认为听父母和老师的话就是好孩子,这是因为其道德发展处于(　　)。

A. 权威阶段　　　　B. 公正阶段　　　　C. 可逆性阶段　　　　D. 自我中心阶段

答案:A。

2.（单项选择题）欣怡能用规则来约束自己的行为,认为规则是绝对的、不可变更的,并表现出对规则的服从。根据皮亚杰的道德认知发展理论,欣怡的道德发展水平处于(　　)。

A. 自我中心阶段　　　B. 权威阶段　　　C. 可逆阶段　　　D. 公正阶段

答案:B。

2. 科尔伯格的品德发展理论

科尔伯格(L. Kohlberg)是美国著名的道德心理学家和道德教育理论专家,他在皮亚杰研究的基础上运用两难故事法,组织儿童讨论并发表自己的看法,以此判断儿童的品德发展阶段。

科尔伯格认为儿童的道德发展是整个认知发展的一部分,道德判断是道德发展的前提,道德判断包括判断内容和判断结构两个维度。前者是指思考的内容,后者是指思考及推理的方式,在两者之间,科尔伯格认为道德判断结构比判断内容更能反映一个人的道德水平,正是根据道德判断结构性质的不同,科尔伯格将个体道德发展分为"三水平六阶段"。

推荐阅读

扫描本章二维码,阅读《新媒体环境下大学生道德判断能力的统合发展》一文。

资料拓展 2-1

典型的两难故事:海因茨偷药

欧洲有个妇人患了特殊的癌症,生命垂危。医生认为只有一种药物能救她,就是本城药剂师最近才研制出的一种新药。配制成本为 200 元,但药剂师却索价 2 000 元。病人的丈夫海因茨到处借钱,最终才凑得 1 000 元。海因茨迫不得已,只有请药剂师便宜一点卖给他,或者允许他赊账,但药剂师却说:我研制这种药,就是为了赚钱。海因茨走投无路,撬开了药店的门,为了妻子偷药。针对海因茨的偷药行为,科尔伯格向被试提出了一系列的问题,如:(1)海因茨该不该偷药?为什么?(2)假如海因茨不爱他的妻子,他是否应该去偷药?为什么?(3)假如不是海因茨的妻子,而是他的朋友得了癌症快死了,他是否应该去偷药?为什么?(4)假定快要死的是海因茨宠爱的一只动物,他应该为救这只宠物去偷药吗?为什么?(5)为什么人们应该尽其所能搭救别人的生命?不论用什么方式都行吗？（6）海因茨偷药是犯法的，那样做，在道德上错了吗？为什么？（7）为什么人们一般都应该尽其所能避免犯法，不论什么情况都应该如此？（8）怎样把这一点同海因茨事件联系起来？

资料来源：黄向阳.德育原理[M].上海：华东师范大学出版社，2000：215.

第一种水平：前习俗水平（9岁以下）。该水平大约出现在幼儿园及小学低年级。该水平的个体还没有内在的道德标准，行为标准取决于外在的要求。他们用来作为道德判断的标准取决于与自身的利害关系或有无好处。

阶段1：惩罚与服从为取向。儿童主要依据行为的有形后果及严重程度来判断行为好坏，他们认为凡不受惩罚和顺从权威的行为被看作对的，凡受到惩罚和违背权威的做法都是错的。他们服从权威只是为了避免惩罚，没有真正的准则观念。比如在海因茨偷药故事中，无论是赞成还是反对海因茨偷药，实际上都是遵循同样的道德逻辑推理：赞成偷药的理由是这种药造价低，后果不严重；而反对偷药的理由是海因茨会被抓去坐牢。

阶段2：相对功利为取向。处于这个道德发展阶段的儿童以是否获得奖赏作为行动准则，尽管个体行为可能惠及别人，但最终目的是利己的。例如，这一阶段儿童赞成去偷药是因为治愈了他妻子的病，以后会得到妻子的帮助；反对偷药是因为这种癌症无法治愈，对他没有什么好处。

第二种水平：习俗水平（9—16岁）。习俗水平出现在小学中年级直到青年、成年。这一阶段儿童的行为标准是符合成人和社会的期望，遵从社会的道德规范，能从社会成员的角度思考问题。

阶段3："好孩子"取向。这阶段个体认为符合成人和社会期望或得到成人赞赏的行为是好的行为，他们尊重大多数人的意见和角色行为，倾向于维持人与人的良好人际关系；对行为的是非善恶，开始从行为的动机入手来进行判断。例如，这一阶段儿童反对偷药是因为偷药不是好孩子；赞成偷药是因为海因茨爱他的妻子，因为已经走投无路才去偷的，这是可以原谅的。

阶段4：遵从权威与维护社会秩序取向。这个阶段的儿童把道德规范作为自己行动的指南，强调对法律和权威的服从。这个阶段儿童对于不该偷药的理由是"不应该偷药，因为如果人人都去偷的话，社会就会没有秩序可言"；应该偷药的理由是"应该偷药，因为挽救妻子是丈夫的责任"。

第三种水平：后习俗水平（16岁以上），又称为原则水平，在青年期人格成熟之后才会出现。该水平的个体超越现实道德规范的约束，本着自己的良心从事道德判断，达到完全自律的境界。

阶段5：社会契约取向。这一阶段个体认为规则或道德规范仅是人为的、民主的、契约性的东西，是大家约定的结果，在特殊情况下也可因多数人的要求而改变。在判断行为的好坏时，更注重考察某种行为的动机。如赞成海因茨偷药，是因为"人生命的价值远大于药剂师财产的所有权"；反对去偷药，是因为"动机是好的，但好动机要通过正当的手段实现"。

阶段6:良心或公正取向。特点是个体已经认识到了社会规则、法律的局限性,开始基于自己的良心或人类的普遍价值标准判断道德行为,对于道德两难的可能回答是"应该去偷药,因为没有什么比人的生命更有价值"。例如,赞成偷药是因为人的生命比财产宝贵,救人一命胜造七级浮屠,为此,屈辱和惩罚是可以承受的;反对,是因为每个人都会遇到困难,若都采用极端的方式解决,整个社会就失序了。

科尔伯格认为年龄和道德发展存在一定关系,但年龄并不是影响道德发展的唯一因素。道德认知发展的顺序是不变的,从低级向高级依次发展,不可跳跃和逆转;在不同个体身上发展速度存在差异,有的发展较快,有的发展较慢,有的可能处于某一阶段长期停滞不前。科尔伯格主张用教育,特别是道德两难故事策略,促使其向更高一阶段发展得更快一些。

📢 **推荐阅读**

扫描本章二维码,阅读《"德育两难故事法"——基于柯尔伯格道德两难故事的一个畅想》一文。

教资国考真题

1. (辨析题)根据科尔伯格的观点,道德发展的阶段性是固定的,相同年龄段的人都能达到同样的发展水平。

答:题目说法错误。科尔伯格将儿童的道德发展分为三个水平六个阶段,认为道德发展水平的顺序是固定的,不可逾越。可是并非所有的人在同样的年龄都能达到同样的发展水平。研究表明,大多数10岁以下儿童的道德推理处于前习俗水平,10岁以后开始进入习俗水平;但仍有少数青少年与成人罪犯停留在前习俗水平推理阶段;青少年和成人大都处于习俗水平;只有少数人会达到后习俗道德水平。因此,科尔伯格的道德发展阶段虽然顺序固定,但发展速度及水平因人而异,题目说法错误。

2. (单项选择题)通过"道德两难故事法"提出道德认知发展阶段理论的学者是(　　)。

A. 马斯洛　　　　　　B. 皮亚杰　　　　　　C. 科尔伯格　　　　D. 罗森塔尔

答案:C。

3. (单项选择题)中学生小张认为遵守交通法规是人人应尽的责任与义务。根据科尔伯格的道德发展阶段理论,小张的道德判断处于(　　)阶段。

A. 惩罚服从取向　　　　　　　　　　B. 相对功利取向

C. 寻求认可取向　　　　　　　　　　D. 社会契约取向

答案:D。

4. (单项选择题)小华认为,法律或道德是一种社会契约,为维护社会公正,每个人都必须履行自己的权利和义务,但同时他又认为,契约可根据需要而改变,使之更符合大众权益。根据科尔伯格的道德发展理论,小华的道德判断处于(　　)。

A. 前习俗水平　　　　B. 习俗水平　　　　C. 后习俗水平　　　D. 超习俗水平

答案:C。

科尔伯格道德发展理论在西方国家产生了广泛的影响,成为西方国家道德教育的依据。实践表明,他的理论特别是道德两难故事法,对于研究和发展青少年和儿童的道德判断力有积极的促进作用。但是,这一理论也存在不足,如他的量表指标不太严密,忽视了道德情感的培养,两难问题与儿童生活联系不太紧密等。

(三) 社会学习理论

社会学习理论是由美国心理学家阿尔伯特·班杜拉于 1952 年提出的。该理论主要从外在行为改变的角度研究儿童的人格与道德发展。该理论认为,儿童能够通过观察学习获得行为动机,并以此约束和调节自己的行动。同时,环境、社会文化、成人榜样等因素也影响儿童道德形成。如果能提供良好的榜样、塑造良好的环境与氛围,将能鼓励儿童正确的行为,抑制其不良习惯,有利于他们的道德成长。

1. 社会学习理论内容

班杜拉认为观察学习是儿童学习的主要形式。在社会环境中,人们通常通过直接观察、模仿他人来获得新的知识、技能与行为。儿童不仅观察别人的行为,还观察行为的后果,而后决定自己的行为,这就是观察学习中的替代性强化,如青少年通过媒体了解到攻击行为是不道德的,甚至是违法的,社会对攻击行为会进行惩罚等。这样,有攻击性倾向的青少年就会有意识地抑制自己的攻击性行为。

另外,随着心理的发展,个体的行为还会受到自我强化的控制。个体不是依靠外在的奖赏和惩罚,而是建立自己的内在的标准,对行为进行调节。这种内在的标准是在社会化过程中逐渐形成的。班杜拉认为,不仅环境决定人的行为,人的认知因素也影响个体的行为,而且人们也可以通过行为来改变环境,即行为、环境与认知因素之间是相互作用的。

> ----- 资料拓展 2-2

班杜拉的著名实验——波波玩偶实验[①]

实验方法

在斯坦福大学幼儿园参与实验的是 36 位男孩和 36 位女孩,年龄 3—6 岁,平均年龄 4 岁 4 个月。这些孩子中,24 位被安排在实验对照组,其他的被分为两组,每组 24 人。其中的一组去观察攻击性行为成人模特,另外一组儿童观察非攻击性成人模特。最后这些

---

① 资料来源:肯德拉谢丽. 班杜拉的著名实验——波波玩偶实验[EB/OL]. (2020-02-04). https://wenku. baidu. com/view/75f439d1a55177232f60ddccda38376bae1fe0c6. html.

孩子又被分为男孩和女孩两个组,每一组中有一半是观察过同性成人模特的,另一半是观察过异性成人模特的。在试验之前班杜拉对孩子们的攻击性做了评估,每个组参与实验孩子的攻击性是大体相等的。

实验过程

每个儿童在实验过程中都保证不会受到其他儿童的影响。孩子们被带进一个游戏室,在那里模特展示出不同的行为。实验员把一个成人模特带进房间,让他(她)坐在凳子上,然后参与孩子们的活动。10分钟过后,让他们开始玩一套套零件玩具。在非攻击性一组,整个过程中只是摆弄玩具,完全忽视了波波玩偶。在攻击性一组,成人模特则猛烈地攻击波波玩偶。

成人模特把波波玩偶放倒在地上,骑在上面,猛击它的鼻子。模特又把波波玩偶举起来,拿起锤子敲打它的头部。敲完之后,模特猛烈地在空中摔打玩偶,在房间内把它踢来踢去。这一攻击性行为连着重复三次,其间还夹杂着攻击性的语言,如"踢死它""怂包软蛋"。成人模特也附加有非攻击性词语:"这是个强硬的家伙""它还会回来的"。

10分钟之后,孩子们被带进另一个房间,那里摆放着一些吸引人的玩具,其中包括一套洋娃娃、消防车模型和飞机模型等。但是孩子们被告知,不允许去玩这些诱人的玩具,目的是让儿童产生一种挫折感。最后,每个儿童都分别被带进最后一个实验室。这间房子里有几样"攻击性"玩具,包括一把锤子,一个用链子吊起来的球、球面涂成脸庞形状,还有标枪,当然还有波波玩偶。房间里也有一些非攻击性玩具,包括蜡笔、纸张、洋娃娃、塑料动物和卡车模型。孩子们被允许在这个房间玩20分钟,实验的评价人从镜子里观察每个孩子的行为,并给出每个孩子攻击性行为的等级。

实验结论

这一实验证实了班杜拉预言中的三个。第一,成人模特不在场的时候,观察暴力行为一组的孩子们的倾向是模仿他们所看到的行为。第二,观察非暴力行为一组的孩子们会比对照组的攻击行为弱一些。结果显示无论性别,均符合这一预言。但其中观察异性模特的男孩的攻击行为似乎比对照组稍微强一点。第三,无论被观察的模特是同性还是异性,孩子们性别上的差异是很重要的。

2. 社会学习理论对德育的启示

班杜拉认为,社会环境对儿童道德形成和发展的作用主要通过榜样学习进行,对儿童而言,不仅教师、父母、同伴是重要的榜样,大众传媒也是重要的榜样。这就要求教师和父母以身作则,为儿童树立正确的榜样,同时要注意儿童与哪些人交往,他们阅读的书籍,观看的电影、电视、录像是否健康等等。

儿童的行为由外塑而渐内发,这既是个体逐渐成熟的结果,更是教育引导的结果。即不仅要用各种标准来规范儿童的行为,更重要的是引导儿童认同、采纳这些标准,并对自己的行为进行调节,成长为具有自我调控能力的人。班杜拉还认为人的认知因素也能够影响个体的行为。

🔆 **技能训练**

（一）训练主题：道德两难问题的操作程序。

（二）训练内容："晨练的老人，年轻人该给您让座吗？"这是 2003 年 9 月北京市东城区公民道德建设调查问卷中的一道测试题。几个老太太乘车去香山晨练。上了公交车，车上已经没有几个空座位，座位上的年轻人都是值完夜班赶着回家的。售票员请几个年轻人让座，小伙子们不满地说："她们晨练，有劲没处使；我们下班，累得要死，凭什么给她们让座？"请问是否应该让座？

（三）训练形式：按照道德两难问题讨论法实施的具体要求，设计一个较为具体的讨论方案，在班内组织同学讨论。讨论中，每个同学做出选择并给出选择的理由，教师向学生揭示比他们高一阶段的道德推理方式，引导学生接受更为合理的推理方式，鼓励学生把自己的道德判断付诸行动。

（四）训练要求：目标明确、环节齐全、分组合理、组织有序，角色扮演到位。

第三节 德育过程的实施

德育过程是德育活动开展、实践的过程，这个过程有着内在的规律与特点。从教育者的角度看，德育过程是德育活动开展的历程，这个历程包含着多个环节；从受教育者的角度看，德育过程是受教育者品德形成与获得的过程，这个过程包含着若干阶段。

一、德育过程的基本规律

"所谓德育过程，也就是德育实施或思想发展的程序。"[①]这个过程有着内在的规律，只有把握德育过程的规律，德育活动才能取得实效。

（一）德育过程是对学生知、情、意、行的培养和提高过程

受教育者的品德是经由德育过程培养而成，品德包含道德认知、道德情感、道德意志、道德行为四个要素。所以，培养学生良好品德的过程必然是知、情、意、行四个要素在原有基础上获得不同程度提高的过程。

---

① 王玄武等.比较德育学[M].2 版.武汉：武汉大学出版社，2003：171.

教例 2－1

知与行为何会背离？

课堂上,老师讲完"孔融让梨"的故事后,问学生:"春游时,你带了两只梨,而同学小明却什么水果也没有带,这时你会怎么办?"全班学生异口同声地回答:"让一只最大的梨给小明!"老师笑了,因为这节课成功了! 可是,他刚回到办公室,学生就来叫他,说有两个小朋友吵了起来,为的是争抢一只稍微干净的皮球玩。

分析:知与行为何会背离? 一是道德观念没有被内化,这时候道德认知仅停留在观念层面,正如王阳明所言,知而不行是为不知。二是知行转化需要道德情感和道德意志参与,若是情感和意志没有获得同步发展,则难以出现预期的道德行为。一些教师重视"知"的教育,忽视了情感和意志的同步提高,这就是出现以上场景的原因。

一个人的思想品德都是在知、情、意、行诸要素的相互影响、相互促进中形成和发展的,但这四个要素在培养中没有固定顺序。一般情况下,以知为开端,以行为终结。由于社会生活的复杂性、德育影响的多样性等,德育具体实施过程又具有多种开端,要根据学生品德发展的具体情况,或从行开始,或从动之以情开始,或从锻炼品德意志开始,最后达到使学生品德在知、情、意、行等方面的和谐发展。

(二)德育过程是促进学生思想矛盾转化的过程,是教育与自我教育相结合的过程

人的行为受思想支配,行为问题实质是思想问题。所以德育取得成效的关键是促进学生思想矛盾的转化,而矛盾的转化有赖于自我教育能力的形成。

德育过程是促进学生思想矛盾转化的过程。所谓思想矛盾是指学生现有的信念层次、认知水平与教师要求学生达到的信念层次、认知水平之间的矛盾。因为学生思想品德的任何变化,都依赖于学生个体的心理活动,所以解决这对矛盾的关键是提高学生思想认识。教育者要善于创造条件,促使学生思想状态发生变化,经过学生思想内部的矛盾斗争,逐渐认同教师提出的德育要求,促使学生品德的真正形成。

教资国考真题

(单项选择题)像任何事物的发展一样,学生品德的发展也是由其内部矛盾推动的。学生品德发展的内部矛盾是(   )。

A. 社会道德要求与学生现有品德发展水平之间的矛盾

B. 学校德育要求与学生现有品德发展水平之间的矛盾

C. 学生品德发展的社会要求与学校德育要求之间的矛盾

D. 学生品德发展的新需要与其现有发展水平之间的矛盾

答案:D。

德育过程是教育者的教育与受教育者的自我教育相结合的过程。道德教育不能将儿童看作一个容器,虽然德育过程离不开教育者,但仅有教育者是不够的,若教师提出的德育要求没有被学生接受与认同,德育自然不会取得实效,所以,最佳的德育是教育者的教育与受教育者的自我教育的结合。苏霍姆林斯基说:"我深信,只有能够激发学生去进行自我教育的教育,才是真正的教育。"①他认为:"一个少年,只有当他学会了不仅仔细地研究周围世界,而且仔细地研究自己本身的时候,只有当他不仅努力认识周围的事物和现象,而且努力认识自己的内心世界的时候,只有当他的精神力量用来使自己变得更好、更完美的时候,他才能成为一个真正的人。"②皮亚杰认为,道德品质的形成不能简单理解为规范和价值从上一代向下一代传递,孩子本身是他社会道德准则的积极加工者,当他的现实概念随着他的智力形成一起变化时,他会以不同的形式理解和解释这些法则。学生思想上有许多的矛盾,其思想品德的任何变化,总是离不开自己内部的矛盾运动。换言之,没有学生自己思想上的矛盾斗争,也就不可能形成和发展学生的思想品德。

(三) 德育过程是组织学生活动和交往,统一各方面教育影响的过程

学生的品德不是先天遗传的,也不是主观自生的,而是在后天的活动和交往中接受外部影响逐渐形成的。此处的活动包括教学活动、课外活动、校外实践活动、团队活动等,交往是指学生在生活和学习中的人际交往。在活动和交往中,学生接受来自多方面的教育影响,既有校内的正式影响,又有校外的非正式影响,从而逐渐深化道德认识、丰富道德情感、磨炼道德意志、形成道德行为。因此,活动和交往是学生品德形成的基础。

但并不是任何活动和交往都有助于形成学生良好的品德。只有教师发挥了主导作用,找出学生品德构成要素的短板,依据德育目标,精心选择与创设良好活动与交往,才能针对性地促进品德要素的完善,促使学生良好品德形成和发展。

(四) 德育过程是长期的、反复的、逐步提高的过程

学生品德的形成与发展受到现实中多方面因素的影响,如社会中的物质生活条件、社会风尚、社会宣传,家庭中的家庭结构、家庭氛围、父母的教养方式、父母的职业和文化程度,学校教育者的素质、教育内容、教育方法、班风、学风和校风等。这些因素可能给予学生积极影响,也可能带来不良影响。

德育成效的反复性,决定了学生良好品德的形成是一个长期、反复的过程。在一个简单的环境里,学生的品德形成可能是一个直线的过程;但在复杂的生活世界里,学生可能受外界不良因素的影响,道德水平出现暂时下降。所以,良好品德的形成过程应该是一个螺旋上升、逐步提高的过程。

德育内容的广泛性,决定了德育是一个长期、逐步提高的过程。在义务教育阶段,学生需要形成的德性较多,包括政治、思想、道德等方面的素质,学生不可能顷刻之间具备上

---

① 苏霍姆林斯基. 给教师的建议[M]. 杜殿坤,编译. 北京:教育科学出版社,1984:341.
② 苏霍姆林斯基. 给教师的建议[M]. 杜殿坤,编译. 北京:教育科学出版社,1984:338.

述品质,这也决定了德育过程的渐进性与长期性。

教资国考真题

1.(辨析题)德育过程是对学生知、情、意、行的培养提高过程,应以知为开端,知、情、意、行依次进行。

答:说法错误。德育过程是培养学生知、情、意、行的过程,说明学生的品德包括道德认知、道德情感、道德意志和道德行为。一般来说,是沿着知、情、意、行的内在顺序,以知为开端,以行为终结向前发展的。但由于社会生活的复杂性、德育影响的多样性,我们不必恪守一种开端或一般教育程序,可以根据学生的年龄特征、个性差异以及品德发展的具体情况选择多种开端、多种教育程序。综上,说法错误。德育过程可以根据情况有多种开端。

2.(单项选择题)"动之以情,晓之以理,导之以行,持之以恒"的做法主要反映了哪一德育过程规律?(   )

A. 德育过程是具有多种开端的,对学生知、情、意、行的培养提高过程

B. 德育过程是促进学生思想内部矛盾斗争的过程

C. 德育过程是组织学生活动与交往,统一多方面教育影响的过程

D. 德育过程是长期的、反复的、逐步提高的过程

答案:A。

技能训练

(一)训练主题:德育过程的规律。

(二)训练内容:有个别同学考试时作弊成功,考试后毫无愧色地私下向同学炫耀,主要原因是道德情感缺乏。请设计一段谈话,让这名同学产生道德羞愧感和耻辱感。

(三)训练形式:个人独立设计,小组分享,班内交流,教师点评总结。

(四)训练要求:谈话有针对性,能触动该同学内心,引起其他同学共鸣。

二、德育过程的内化机制

推荐阅读

扫描本章二维码,阅读《论德育过程的内化机制》一文。

德育过程不仅是教育者施加教育的过程,也是受教育者自我教育的过程,是受教育者将外在的规范逐渐内化的过程。这个过程一般要经历依从、认同、内化三个阶段。

(一) 依从阶段

依从是表面上接受规范,按照规范的要求来行动,但对规范的必要性或根据缺乏认识,甚至有抵触情绪,只是迫于权威或情境的压力才遵从规范。依从包括从众和服从两种,从众是指人们对于某种行为要求的依据或必要性缺乏认识与体验而跟随他人行动的现象;服从是指在权威命令、社会舆论或群体气氛的压力下,放弃自己的意见而采取与大多数人一致的行为。因此,依从水平上的规范是最不稳定的,一旦外部监控和压力消失,相应的规范行为就可能会动摇和改变。

依从是道德学习的初始阶段,学生对外界规范的接受是听从教师的要求和与同学保持一致的需要。例如小学生入学后,班主任会进行规范教育,虽然有时学生会不情愿,但大家都这样做,学生也就遵从。在这个阶段,学生在认知上对所执行的规范并无真正意义上的理解和认可,只是为了逃避压力、避免冲突而采取的行为。这是一种他律,一旦这种压力解除或是不在他人的注视下,学生就可能重新恢复原有行为。这也可以解释,为什么班主任在班与不在班时学生表现不一样。依从是规范内化的初级阶段,也是进一步内化的基础。

(二) 认同阶段

认同比依从深了一层,认同是在思想、情感、态度上接受了规范,并试图与之保持一致,但有时可能因为意外因素干扰、利益的诱惑或者意志力薄弱做不到。例如教师要求学生诚信考试,学生也认为教师的要求是正确的、必要的,在态度上鄙视作弊的学生。在正常情况下自己考试也不会作弊,但在面对分数诱惑、同学间排名竞争,或者监考比较松懈时,有些同学仍可能有作弊行为。也就是说,认同水平的规范已经具有一定的稳定性,认同是规范内化的必经阶段。

(三) 内化阶段

内化是指学生对道德规范及其价值有了深刻的理解,持有积极的情感体验,使之成为自己的一种信念,与原有的观点、信念融为一体,构成一个完整的价值体系。一旦自己的行为有所偏离就感到不安、内疚,于是会纠正自己的行为,以达到个体道德上的自我和谐。此时,学生的行为由内在的价值信念所驱动,具有高度自觉性、主动性与坚定性。[①]只有达到内化阶段,才能说形成了稳定的品德。

可见,德育是一个从外而内的过程。德育过程要从道德行为的纪律约束和外部控制开始,但不能仅仅停留在表面化的依从水平上。教师要善于引导学生对道德规范及其价值原则进行思考、分析和判断,促进规范的认同和内化,否则就无法真正完成品德的建构。

---

① 沈嘉祺. 辨析学生道德学习的阶段[N]. 中国教师报,2020 - 12 - 02(11).

三、德育过程的实施环节

事物的发展变化是阶段性和连续性的统一，阶段性表现为事物的发展由多个环节组成。学生品德的发展变化如此，德育过程也是如此。德育过程包括哪几个环节，中国古代的思想家和教育家有过论述。孔子以培养君子为目标，把德育过程归纳为"学—思—行"三个环节，思孟学派在《中庸》中将之概括为"博学之、审问之、慎思之、明辨之、笃行之"五个环节，提出了格物、致知、诚意、正心，达于修身的道德修养过程。中国古代的德育过程比较侧重受教育者的自我修养，强调受教育者的内心反省、自求自得。从教育者的角度，以解决问题为主线，德育过程分为三个阶段。

（一）提出问题，揭示矛盾

德育从问题开始，若学生出现行为偏差或品德不良问题，教师在教育伊始要对照中小学生守则或中小学生行为规范，指出此问题的性质、错误程度，以及可能引起的严重后果，让学生意识到自身行为违背了国家、学校、班规的要求，自身的不道德行为是可耻的，产生改正行为的需要。

（二）激发动机，矫正行为

教师采用说服教育、环境熏陶、榜样示范等方式使学生提高道德认识、丰富道德情感、磨炼道德意志，在此过程中尽可能激发学生改正的动机，把教师的教育要求转变为学生品德发展的内在需要。这一环节可以根据学生品德实际，从知、情、意、行任何一个要素开始，尽量求得学生在知、情、意、行方面的综合提升。

（三）监督评价，强化新行为

监督是对学生行为全方位的察看与督促，评价是教师评价、班级评价、学生自我评价的结合，新行为是指符合学校道德规范的行为。教师在学校生活中加大对学生日常行为的监督管理力度，亦可联系家长在家庭生活中协助管理，发现不良行为及时纠正，直至改掉不良行为或出现新的符合规范的行为。

技能训练

（一）训练主题：德育过程的阶段。

（二）训练内容：八年级的廖晓明同学目前成绩在班级前十名，成绩较好。该生在去年刚入学时，学习态度不端正，上课爱做小动作，课堂上注意力不集中，成绩较差。该生来自农村家庭，我从农村孩子的艰辛入手，对她进行了说服教育，指出她身上存在的问题，该生保证改掉不良习惯、勤奋学习，为家庭未来好好拼搏。我在课上经常针对她的优点进行表扬，还创造机会，让她分享别人的学习经验；每当她有些许进步，我都给予她赞许和鼓励。得到肯定的她变得活泼、自信，经常到办公室与我进行交流，不良习惯越来越少，成绩越来越好，并且热心地为班级的后进小组出谋划策。可以说她褪去了初到时的青涩和盲目，变得越来越努力、越来越优秀。请将该教师的教育过程划分为若干个阶段，概括每个阶段的教育要点。

（三）训练形式：个人独立思考，小组分享讨论，教师点评总结。

（四）训练要求：划分准确、对应德育过程阶段，概括到位。

本章小结

本章主要讲述了德育过程的概念、结构、矛盾，德育过程的观点和理论，德育过程的实施三部分内容。德育过程是教育者有目的、有计划地把一定社会的思想准则和道德规范转化为受教育者个体思想品德的过程。德育过程是由教育者、受教育者、德育内容、德育方法四个要素构成，这四个要素在横向上是同时存在的，每一个要素都是在与其他要素的相互作用中发挥自己的作用；在纵向上是密切联系的，一个要素的发展变化都依赖或引起其他要素的发展变化。

品德是由道德认识、道德情感、道德意志、道德行为四要素构成，四个要素之间相互影响、相互制约、相互渗透，其中知是基础，行是关键。国外品德发展理论较为丰富，主要有精神分析理论、认知发展理论、社会学习理论。精神分析理论认为儿童的品德是五岁左右，在重要他人的影响下形成的；认知发展理论认为儿童道德发展呈现阶段性特点，是一个从低级到高级的不可逆的发展过程；社会学习理论认为儿童的品德在替代性强化的过程中形成。

德育过程理论认为德育过程是对学生知、情、意、行培养提高的过程，是促进学生思想矛盾转化的过程，是教育与自我教育相结合的过程，是组织学生活动和交往的过程，是长期的、反复的、逐步提高的过程。外在的道德规范转化为受教育者内在品德，这个过程不仅是教育者进行教育的过程，也是受教育者自我教育，将外在的规范逐渐内化的过程，这个过程一般要经历顺从、认同、内化三个阶段。从教育者的角度，以解决问题为主线，德育过程分为提出问题、揭示矛盾，激发动机、矫正行为，监督评价、强化新行为三个环节。

思考与应用

1. 简述德育过程的结构和矛盾。
2. 简述品德的构成及各要素之间的关系。
3. 评述科尔伯格的道德认知发展理论。
4. 论述德育过程的基本规律和内化机制。
5. 论述德育过程实施的基本环节。

推荐阅读书目

[1] 范树成. 德育过程论[M]. 北京：中国社会科学出版社，2008.

[2] 段鸿，张兴. 德育与班主任[M]. 上海：上海教育出版社，2000.

[3] 刘慧，李敏等. 小学生品德发展与道德教育[M]. 北京：高等教育出版社，2015.

[4] 易连云. 德育原理[M]. 武汉：武汉大学出版社，2010.

微信扫码

配套数字资源

第三章

德育目的与内容

学习目标

- 知识目标:理解德育目的的定义与功能,了解确定德育目的的主客观依据;了解我国中小学校德育目标的历史沿革,掌握我国小学阶段的德育目标;了解我国中小学学校德育内容确定的依据,掌握我国中小学学校德育的基本内容。

- 能力目标:培养学生对德育目的分类和具体化能力,对我国德育目标演变的分析能力,对德育内容的选择能力。

- 育人目标:渗透理想信念教育、核心价值观教育、优秀传统文化教育、生态文明教育、心理健康教育,内化以德立身、以德立学、以德施教的"四有"好老师理念。

思维导图

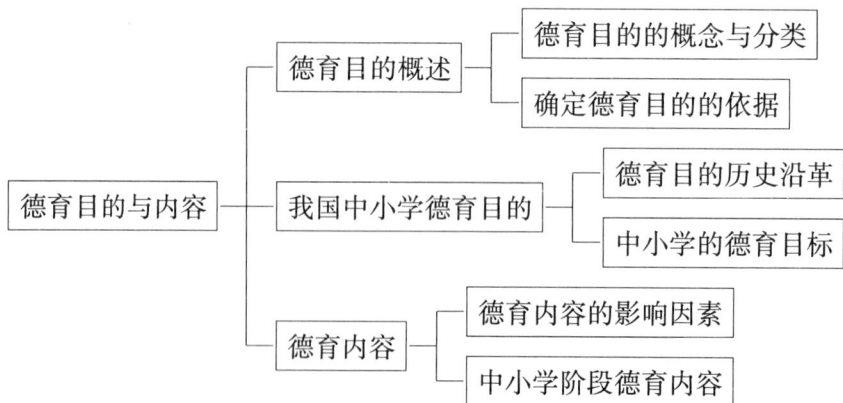

德育目的与内容
- 德育目的概述
  - 德育目的的概念与分类
  - 确定德育目的的依据
- 我国中小学德育目的
  - 德育目的历史沿革
  - 中小学的德育目标
- 德育内容
  - 德育内容的影响因素
  - 中小学阶段德育内容

教例 3-1

纳粹集中营的一名幸存者写了一封信①

第二次世界大战后,曾经一名纳粹集中营的幸存者,当上了一所学校的校长。每当有新老师来学校的时候,校长就会给这位新老师一封信。这封信是这样写的:"亲爱的老师,我是一名集中营的幸存者,我亲眼看到,人所不应该看到的情景:毒气室由学有专长的工程师建造,妇女被学识渊博的医生毒死,儿童被训练有素的护士杀害。看到这一切,我怀疑,教育究竟是为了什么?我对你们唯一的请求是:请回到教育的根本,帮助学生成为具有人性的人,你们的努力不应该造就学识渊博的怪物,或者多才多艺的变态狂,或者受过教育的屠夫,我始终相信,只有孩子在具有人性和健全的人格的情况下,读书写字算术的能力才有价值。"

这位纳粹集中营的幸存者提出的这个问题令人深思。

分析:教育的最初,不该是为了培养一众艺术家、科学家、经济家、政治家等等,其最重要的事,应是培养人。成人与成才相比,成人才是更重要的。

俗话说:成人成才。成人排在前面,人性才是教育的根本和精髓。教育的使命应该放在"育人"上,放到人性与人格的教育上,也就是人文德育上。

作为教师,若是教不好学生一门课的话,学生只会受到某个方面技能的影响,但若是教不会学生做人的话,毁掉的就不只是一项技能,而是学生的一生。

这个案例提出了一个较为尖锐的问题,教育最重要的事情是育人还是育才?与育才相比,育人更重要。所以,教育要把学生成长放在首位,在教学过程中应特别加强对学生的道德教育。赫尔巴特说:"教育的唯一工作和全部工作可以总结在这一概念之中——道德。道德普遍地被认为是人类的最高目的,因此也是教育的最高目的。"②这不仅是教育家的主观愿望,也是教育发展的客观规律。学校教育是具有鲜明目的性的活动,德育也是如此。德育活动之前,人们总是要对德育目的展开设想,作为德育活动的总方向。因此,研究德育目的是德育理论与实践的一个重要内容。

第一节 德育目的概述

马克思在《资本论》中写道:"蜜蜂建筑蜂房的本领使人间的许多建筑师感到惭愧。但

---

① 资料来源:纳粹集中营的一名幸存者写了一封信,令人深思[EB/OL]. (2018-12-01).
https://baijiahao.baidu.com/s? id=16185741315491317548&wfr=spider&for=pc.
② 张焕庭.西方资产阶级教育论著选[M].北京:人民教育出版社,1964:250.

是,最蹩脚的建筑师从一开始就比最灵巧的蜜蜂高明的地方,是他在用蜂蜡建筑蜂房之前,已经在自己的头脑中把它建成了。"这说明,作为理性动物,人做任何事情都具有目的。人类开展德育活动,也有德育目的。

一、德育目的的概念与分类

(一) 德育目的的含义

德育目的有广义和狭义之分。广义的德育目的是德育活动预先设定的结果,是德育活动所要生成或培养的品德规格。狭义的德育目的是各级各类学校教育培养人的品格的标准和规格要求。所谓预设的结果,是指期望达到的品德水平,它超越现有品德水平,是经过德育活动可以达到的水平。科尔伯格说:"不管是以阶段 5 还是阶段 6 来规定学校道德教育要达到的水平,都不要紧。但可以肯定地说,不能以比这两个阶段低的阶段的道德概念去规定道德教育的目的。"

之所以要设定德育目的,一是德育目的具有导向作用,德育目的是德育活动的出发点,德育目的一旦确定,其所涉及的德育内容、德育方法、德育途径等都要围绕德育目的进行设计。二是德育目的具有调控作用,德育目的能够克服德育活动的随意性,当德育活动的任一部分偏离正轨时,德育教育者就会自觉地通过反思进行纠偏。三是德育目的具有评价作用,德育目的是检验德育活动是否达到预期效果的评价标准的依据,如受教育者是否具有期望的品德、德育活动方案设计是否完备、德育内容选择是否恰当、德育方法的使用是否多样等。

(二) 德育目的的分类

按照不同的分类标准,德育目的可分为不同类型的德育目标。

(1) 按照学制划分的德育目标。我国当前学制由纵向划分的学校系统与横向划分的学校阶段所构成。横向划分可分为普通教育、专业教育、成人教育等类型,纵向划分可分为学前教育、初等教育、中等教育、高等教育等阶段。相应地,横向德育目标分为普通教育德育目标、专业教育德育目标、成人教育德育目标等;纵向上分为学前教育德育目标、初等教育德育目标、中等教育德育目标、高等教育德育目标等。

(2) 按照内容划分的德育目标。当前我国对于德育内容的界定不一,但一般认为德育内容分为政治教育、思想教育、道德教育、法制教育、心理教育等。相应地,德育目标分为政治教育目标、思想教育目标、道德教育目标、法制教育目标、心理教育目标等类型。

(3) 按照品德构成划分的德育目标。尽管对于品德结构的理解不同,但大都认为品德是由知情意行四要素组成。德育目的可以细化为道德认知目标、道德情感目标、道德意志目标、道德行为目标。也有研究者从内容与形式角度,将品德划分为品德形式维度、内容维度、能力维度,进而将德育目标分为形式维度目标、内容维度目标、能力维度目标。

(4) 按照抽象程度划分的德育目标。按照抽象程度不同,一般分为国家德育目的、学校德育目标、课程德育目标、教学德育目标。只要教师每节课的德育目标能够达成,那么这门课程的德育目标就能完成;若每门课的德育目标得以完成,则这所学校的培养目标就可能完成;若各级各类学校的德育目标能够实现,则国家的德育目的就能完成。所以,逐层级细化、具体化是德育目的实现的重要前提。

(5)按照所处层面划分的德育目标。按照所处层面,德育目的分为理念层面德育目的和实践层面德育目的,理念层面德育目的是指受到教育理念、教育思想影响而提出的德育目的,往往比较极端。如卢梭认为,人生来是善良的,如果能让其本性自由地发展,则必然趋于善,据此提出培养人的自然天性的目标。涂尔干则认为,社会利益高于个人利益,德育在于培养公民应该具备的品质。实践层面德育目的是指国家付诸实施的德育目的,如美国学校德育目标在于培养"爱国、爱他人、守法、履行公民义务"的合格美国公民,朝鲜德育目标是把青少年"培养成为树立了革命的世界观、具有共产主义新人的思想道德风貌的革命人才"[①]。

尽管分类依据不同,但每一类划分都是对德育总目的的不同细化,划分出的子目标总和覆盖总目的。这样的划分不仅有助于从不同角度理解德育目的,也有助于将德育目的落到实处。

二、确定德育目的的依据

德育目的的确定以客观现实为基础,符合当时社会政治经济发展的要求,亦遵循受教育者身心发展的规律。

推荐阅读

扫描本章二维码,阅读《中美学校德育目标的异同及对我国中小学德育的启示》一文。

(一)德育目的的确定受到社会因素的影响

德育目的从属于教育目的,德育目的的确定受到一定社会生产力、政治制度、文化传统等因素影响。

(1)德育目的的确定受到一定社会生产力发展水平的制约。古代社会,由于科学技术不发达,生产力水平低下,学校教育目的是培养安邦治国的政治人才,德育目的主要体现为培养有一定品德素养的统治者。到了近代社会,科技水平提高,生产力逐渐发达,机器大生产逐渐取代小作坊生产,劳动者的劳动条件发生了变化,社会要求劳动者具备科技、文化和团队素养,如要求劳动者具备合作意识、集体主义观念、团结协作的品质。

(2)德育目的的确定受到一定社会政治制度的制约。马克思和恩格斯曾指出:"一个阶级是社会上占统治地位的物质力量,同时也是社会上占统治地位的精神力量。支配着物质生产资料的阶级,同时也支配着精神生产资料。因此,那些没有精神生产资料的人的

---

① 黄恩进.东亚国家德育概况[J].中学政治教学参考,1998(4):9-10.

思想,一般是受统治阶级支配的。占统治地位的思想不过是统治地位的物质关系在观念上的表现,不过是以思想的形式表现出来的占统治地位的物质关系。"①为维护本阶级的统治地位,统治阶级利用政治优势制定出符合本阶级利益的德育目的,利用经济优势保证德育目的的实现。资本主义国家的德育目的明显不同于社会主义国家的德育目的,资本主义和社会主义国家的德育目的与古代社会的德育目的也有显著的不同。

(3)德育目的的确定受到文化传统的制约。历史文化作为一种隐性课程,潜移默化地影响人们的思想观念和行为方式。所以,德育目的不免受到传统文化的影响,具有一定的民族特色。如美国德育目的是培养受教育者勇于开拓的品质和资产阶级的民主精神,德国德育目的是培养虔信、尊重与使命感。两者之所以存在较大差别是两国历史文化不同所致,美国盛行实用主义,德国追求人的精神自由。

(二)德育目的的确定受到人性假设和受教育者身心规律的制约

个体是教育的对象,为保证德育目的的实现,在制订德育目的时需要考虑个体的品德基础及其发展规律。

(1)德育目的的确定受到人性论的影响。古人认为品德的基础是人性,德育工作要依据人性进行,如孟子认为人性中有善端:"恻隐之心,人皆有之;羞恶之心,人皆有之;恭敬之心,人皆有之;是非之心,人皆有之。"②教育(德育)目的是创造条件,让人本性中的善端得以发扬光大。同为儒家学派的荀子则认为:"目好色,耳好声,口好味,心好利,骨体肤理好愉逸,是皆生于人之惰性者也。"③即人性本恶,人所具有的善性是化性而起伪的结果。汉唐的董仲舒和韩愈都认为人性分为上、中、下三类,教育(德育)目的是改造"中民之性",使其趋齐圣贤。与东方国家相似,西方国家的学者对于人性善恶也存在争论,据此提出了不同的德育目的。现代社会倾向根据个体品德的时代特点、年龄特点确定道德教育目的。

(2)德育目的的确定要遵循受教育者的发展规律。首先,受到个体身心发展规律制约,个体身心发展具有顺序性、阶段性、不平衡性、个别差异性等特点,在确定德育目标时要根据受教育者不同的年龄特征和主要矛盾,考虑到其可接受性和达成度。其次,受到认知发展规律制约,根据皮亚杰认知发展理论,人的认知发展分为感知运动阶段、前运算阶段、具体运算阶段、形式运算阶段,这些阶段对应着一定的年龄段。相应地,将道德发展划分为前道德阶段、他律道德阶段、可逆期阶段、自律阶段,制定德育目标要考虑受教育者的年龄特点。再次,受到个体品德形成规律制约。品德形成是一个循序渐进的过程,德育目的应具有预期性和超越性。

---

① 中共中央编译局.马克思恩格斯选集(第一卷)[M].北京:人民出版社,1974:52.

② 《孟子·告子上》

③ 《荀子·性恶》

第二节　我国中小学德育目的

我国自古以来重视道德教育,在不同的历史时期具有不同的教育目的。自我国近代学制确立以来,颁布的德育目的包含于教育目的。如1906年,在《学部奏请宣示教育宗旨折》中提出了"忠君、尊孔、尚公、尚武、尚实"的教育宗旨,前三项即德育目的。1929年3月,国民党政府制定了"三民主义教育宗旨",提出要使教育融会贯通,以陶融儿童及青年"忠孝仁爱信义和平"之国民道德。新中国成立以来,由于受到特定历史时期政治经济等因素的影响,我国德育目的有不同表述。

一、我国中小学德育目的的历史沿革

🔊 **推荐阅读**

扫描本章二维码,阅读《习近平新时代德育工作重要论述及实践要求》一文。

1951年10月,政务院作出《关于学制改革的决定》,根据新学制制定了《小学暂行规程(草案)》和《中学暂行规程(草案)》,并于1952年3月颁布实施。根据《规程》,在中小学实施智育、德育、体育、美育的全面发展教育。小学阶段的德育目标是"使儿童具有爱国思想、国民公德和诚实、勇敢、团结、互助、遵守纪律等优良品质"。中学阶段的德育目标是"发展学生为祖国效忠、为人民服务的思想,养成爱祖国、爱人民、爱劳动、爱科学、爱护公共财物的国民公德和刚毅勇敢、自觉遵守纪律的优良品质"。

1956年我国进入社会主义建设时期,毛泽东《关于正确处理人民内部矛盾的问题》一文发表,明确提出了社会主义的教育方针:"我们的教育方针,应该使受教育者在德育、智育、体育几方面都得到发展,成为有社会主义觉悟的有文化的劳动者。"当时,"有社会主义觉悟"是社会主义教育区别于资本主义教育的标志,是新教育方针的重要特点,德育目的的政治性得到强化。

当时德育目的的表述非常具体,具有时代特色。如1963年《全日制小学暂行工作条例(草案)》中要求,"必须对学生进行共产主义思想品德教育",要求学生"热爱祖国,热爱社会主义,热爱共产党,学习和继承革命传统,好好学习,天天向上,为准备建设社会主义祖国而努力";要"尊敬劳动人民","学习劳动人民的勤劳、勇敢、诚实、俭朴等优良品质";"尊重兄弟民族的风俗习惯,加强民族团结";"热爱劳动""热爱科学";"爱护公共财物,遵守公共秩序";"尊敬教师和长辈,对同学、兄弟姊妹要互助友爱,对人要有礼貌"。1963年《全日制中学暂行工作条例(草案)》中提出,使学生具有爱国主义和国际主义精神,具有共

产主义道德品质，拥护共产党的领导，拥护社会主义，愿意为社会主义事业服务、为人民服务；逐步培养学生的工人阶级的阶级观点、劳动观点、群众观点、辩证唯物主义观点；使学生身心得到正常发展，具有健康的体质，培养良好的生活习惯和劳动习惯。这种表述具有明显的时代特征。

党的十一届三中全会后，关于德育目的的表述散见于教育法规与文件之中。1982年第五届全国人民代表大会第五次会议通过的《中华人民共和国宪法》明确规定"国家培养青年、少年、儿童在品德、智力、体质等方面全面发展"。1986年4月12日通过的《中华人民共和国义务教育法》规定："义务教育必须贯彻国家的教育方针，努力提高教学质量，使儿童、青少年在品德、智力、体质等方面全面发展，为提高全民族素质，培养有理想、有道德、有文化、有纪律的社会主义建设人才奠定基础。"1988年12月25日颁布的《中共中央关于改革和加强中小学德育工作的通知》要求："必须把他们培养成有理想、有文化、有纪律的一代新人。"

1993年和1995年国家教委先后颁布了《小学德育纲要》《中学德育大纲》，分别对小学阶段、中学阶段的德育目标做了具体规定。

小学阶段的德育目标："培养学生初步具有爱国家、爱劳动、爱科学、爱社会主义的思想情感和良好品德；遵守社会公德的意识和文明行为习惯；良好的意志、品格和活泼开朗的性格；自己管理自己、帮助别人、为集体服务和辨别是非的能力，为使他们成为德、智、体全面发展的社会主义建设者和接班人，打下初步的良好的思想品德基础。"

初中阶段的德育目标："热爱祖国，具有民族自尊心、自信心、自豪感，立志为实现祖国的社会主义现代化而努力学习；初步树立公民的国家观念、道德观念、法制观念；具有良好的道德品质、劳动习惯和文明行为习惯；遵纪守法，学会用法律武器保护自己，讲科学，不迷信；具有自尊自爱、诚实正直、积极进取、不怕困难等心理品质和一定的分辨是非、抵制不良影响的能力。"

高中阶段的德育目标："热爱祖国，具有报效祖国的情操，拥护党在社会主义初级阶段的基本路线；初步树立为建设有中国特色的社会主义现代化事业奋斗的理想志向和正确的人生观，具有公民的社会责任感；自觉遵守社会公德和宪法、法律；养成良好的劳动习惯、健康文明的生活方式和科学的思想方法，具有自尊自爱、自立自强、开拓进取、坚毅勇敢等心理品质和一定的道德评价能力、自我教育能力。"

2005年教育部出台的《教育部关于整体规划大中小学德育体系的意见》，对中小学阶段的德育目标做出了较为具体的规定。

小学阶段的德育目标："教育帮助小学生初步培养起爱祖国、爱人民、爱劳动、爱科学、爱社会主义的情感；树立基本的是非观念、法律意识和集体意识；初步养成孝敬父母、团结同学、讲究卫生、勤俭节约、遵守纪律、文明礼貌的良好行为习惯，逐步培养起良好的意志品格和乐观向上的性格。"

中学阶段的德育目标："教育帮助中学生初步形成为建设中国特色社会主义而努力学习的理想，树立民族自尊心、自信心、自豪感；逐步形成公民意识、法律意识、科学意识以及诚实正直、积极进取、自立自强、坚毅勇敢等心理品质，养成良好的社会公德和遵纪守法的行为习惯。中等职业学校还要帮助学生树立爱岗敬业精神和正确的职业理想。"

二、当前我国中小学的德育目标

我国中小学德育目标的最新表述见于《中小学德育工作指南》。2017年,教育部基教司发布《中小学德育工作指南》,将中小学德育目标分为总体目标和阶段目标。

(一) 总体目标

培养学生爱党爱国爱人民,增强国家意识和社会责任意识,教育学生理解、认同和拥护国家政治制度,了解中华优秀传统文化和革命文化、社会主义先进文化,增强中国特色社会主义道路自信、理论自信、制度自信、文化自信,引导学生准确理解和把握社会主义核心价值观的深刻内涵和实践要求,养成良好政治素质、道德品质、法治意识和行为习惯,形成积极健康的人格和良好心理品质,促进学生核心素养提升和全面发展,为学生一生成长奠定坚实的思想基础。

我国德育目标体现着中小学生在政治、思想、道德、法治、心理品质等方面应达到的基本要求。要求学生在政治上要理解、认同和拥护国家政治制度,增强中国特色社会主义道路自信、理论自信、制度自信、文化自信。在思想上要爱国爱人民,增强国家意识和社会责任意识;理解和把握社会主义核心价值观的深刻内涵和实践要求。在道德上要养成良好道德品质和行为习惯。在心理品质方面要形成积极健康的人格和良好心理品质,并具有良好的法治意识。成为政治正确、思想先进、道德高尚、有法治观念、心理健康的时代新人。

(二) 学段目标

小学低年级:教育和引导学生热爱中国共产党、热爱祖国、热爱人民,爱亲敬长、爱集体、爱家乡,初步了解生活中的自然、社会常识和有关祖国的知识,保护环境,爱惜资源,养成基本的文明行为习惯,形成自信向上、诚实勇敢、有责任心等良好品质。

小学中高年级:教育和引导学生热爱中国共产党、热爱祖国、热爱人民,了解家乡发展变化和国家历史常识,了解中华优秀传统文化和党的光荣革命传统,理解日常生活的道德规范和文明礼貌,初步形成规则意识和民主法治观念,养成良好生活和行为习惯,具备保护生态环境的意识,形成诚实守信、友爱宽容、自尊自律、乐观向上等良好品质。

初中学段:教育和引导学生热爱中国共产党、热爱祖国、热爱人民,认同中华文化,继承革命传统,弘扬民族精神,理解基本的社会规范和道德规范,树立规则意识、法治观念,培养公民意识,掌握促进身心健康发展的途径和方法,养成热爱劳动、自主自立、意志坚强的生活态度,形成尊重他人、乐于助人、善于合作、勇于创新等良好品质。

高中学段:教育和引导学生热爱中国共产党、热爱祖国、热爱人民,拥护中国特色社会主义道路,弘扬民族精神,增强民族自尊心、自信心和自豪感,增强公民意识、社会责任感和民主法治观念,学习运用马克思主义基本观点和方法观察问题、分析问题和解决问题,学会正确选择人生发展道路的相关知识,具备自主、自立、自强的态度和能力,初步形成正确的世界观、人生观和价值观。

总的来说,不同阶段中小学德育工作的侧重点不同,小学低年级注重培养基本行为习惯,小学中高年级注重养成良好的行为习惯,初中学段注重形成社会规范意识,高中学段注重形成正确的世界观。四个阶段的德育目标呈现螺旋式上升的过程。

技能训练

(一)训练主题:理解德育目标。

(二)训练内容:国家德育目的的实现有赖于学校课程目标的完成。请结合《中小学德育工作指南》、中小学德育大纲、义务教育学科课程标准,选择某门课程,从知、情、意、行四个维度设计一份德育目标达成度调查表。

(三)训练形式:小组成员共同研制调查表,班内交流,教师点评总结。

(四)训练要求:调查表有信度、效度,格式规范。

第三节 德育内容

一、影响德育内容选择的因素

德育活动所要传授的具体道德价值与道德规范及其体系就是德育内容。[①] 德育内容是德育目标的载体,只有德育内容被受教育者所内化,德育目标才能得以实现。德育内容的选择既受到德育任务、受教育者的年龄特征制约,也受到对品德结构与德育内容的理解影响。

(一)德育任务影响德育内容的选择

德育任务影响德育内容的类别。个人本位论和社会本位论的德育任务不同,所选择德育内容有较大差别。个人本位论德育目的对应的德育任务是培养公民自由、勇敢等品质,选取的是与公民自由、勇敢有关的理论与事例。社会本位论认为德育是培养公民应该具备的良好公德,选取的是与公德的内容、意义、途径有关的理论与事例。

德育任务决定着德育内容的性质。在阶级社会中,统治阶级利用政治优势制定德育目的,与此对应的德育任务就是培养出符合培养规格的受教育者。为此,就把统治阶级的政治观、世界观、价值观等作为德育内容。

---

① 檀传宝.学校道德教育原理[M].北京:教育科学出版社,2003:93.

推荐阅读

扫描本章二维码,阅读《中国革命道德的百年发展历程及启示》一文。

德育任务决定着德育内容的构成。不同的历史时期,面临的德育任务有所不同,具体的德育内容构成亦有所不同。如在封建社会,德育的主要任务是维护封建社会的统治,忠君、尊孔成为德育的主要内容。在资本主义社会,自由、平等、博爱成为德育的主要内容。而在社会主义社会,"爱祖国、爱人民、爱劳动、爱科学、爱社会主义"成为德育内容的主体。

(二) 学生的年龄特征影响着德育内容的选择

德育目的具有层次性,由于各级学校学生的年龄特征不同,理解与接受能力不同,中小学德育目标存在着一定的差别,这种差别影响了德育内容的选择。如《教育部关于整体规划大中小学德育体系的意见》针对小学、中学在不同德育目标的基础上提出略有差别的德育内容。

小学教育阶段德育主要内容:开展热爱学习、立志成才教育,开展孝亲敬长、爱集体、爱家乡教育,开展做人做事基本道理和文明行为习惯养成教育,开展热爱劳动和爱护环境教育,开展尊重国旗、国徽,热爱祖国文化的爱祖国教育,开展社会生活基本常识和安全教育。

中学教育阶段德育主要内容:开展爱国主义、集体主义、社会主义教育,开展中华民族优良传统和中国革命传统教育,开展法制教育和民主、科学教育,开展基本国情和时事教育,开展民族团结教育、国防教育和廉洁教育,开展青春期卫生常识和心理健康教育,开展社会公德和劳动技能教育。中等职业学校还要加强职业道德、劳动纪律和职业规范教育。

小学阶段的德育内容比较具体,紧密联系小学生日常生活,侧重于基本品德和行为习惯的培养。中学阶段德育内容相对抽象,侧重于中学生思想素质、政治素质的培养。

(三) 对品德结构与德育外延的理解影响德育内容的选择

对于品德结构的理解影响德育内容的选择。若认为品德是由"知情行"三要素构成,则德育内容涉及这三方面;同样,若持有"知情意行"四要素或"知情信意行"五要素构成的观点,则德育内容会涉及以上四方面或五个方面。对于德育外延的理解也影响德育内容的选择,若认为德育外延包括政治教育、思想教育、道德教育、法制教育,则德育内容限于这四个方面;若认为德育外延还涉及劳动教育、心理教育等,则德育内容也会涉及这些方面。

二、中小学阶段的德育内容

新中国成立以来,由于对德育目标表述的差异,不同教材对于德育内容构成的表述也不尽相同,大致包括"基本的文明行为习惯教育,行为规范教育,基本道德品质教育,马克思主义基本理论教育,爱国主义教育,集体主义教育,民主法制和纪律教育,劳动教育,青春期教育,良好个性心理品质教育"①等内容,最基本的成分为思想教育、政治教育、道德教育。2017年教育部颁布的《中小学德育工作指南》提出了与学段衔接的五个方面德育内容,鉴于劳动教育在学生发展中的重要作用,下面从六个方面论述中小学德育内容。

(一)理想信念教育

开展马列主义、毛泽东思想学习教育,加强中国特色社会主义理论体系学习教育,引导学生深入学习习近平总书记系列重要讲话精神,领会党中央治国理政新理念新思想新战略。加强中国历史特别是近现代史教育、革命文化教育、中国特色社会主义宣传教育、中国梦主题宣传教育、时事政策教育,引导学生深入了解中国革命史、中国共产党史、改革开放史和社会主义发展史,继承革命传统,传承红色基因,深刻领会实现中华民族伟大复兴是中华民族近代以来最伟大的梦想,培养学生对党的政治认同、情感认同、价值认同,不断树立为共产主义远大理想和中国特色社会主义共同理想而奋斗的信念和信心。

资料拓展 3-1

中小学各年级段理想信念教育的具体内容

小学低年级主要内容:知晓党的名称、党的生日;建立对党、对国家、对人民军队的基本认知与亲切感。了解英雄模范人物的光荣事迹;知道今天的幸福生活是无数先烈用鲜血和生命换来的;知道一些战斗英雄的事迹;了解人民军队的建国功勋。了解什么是中国梦,了解实现中国梦与自己的人生发展和幸福生活之间的密切关系;树立作为中国人的自豪感。

小学中高年级主要内容:了解中国共产党的基本性质和奋斗目标;了解我国的自然地理情况和国家政权构成的基本情况;了解国家发展的基本目标。学习革命先烈身上的优秀品质,有集体意识、组织观念和不怕苦、不怕累的精神;敬仰民族英雄和革命先辈。了解为什么提出中国梦,了解中国梦与自己努力学习知识和学会方法之间的密切关系;树立作为中国人的责任感。

初中阶段主要内容:了解中国特色社会主义的基本理念、基本特征和基本任务;了解我国现阶段基本经济制度和政治制度;了解国家在新的历史时期的指导思想和发展战略。了解革命先烈事迹;学习老一辈革命家艰苦奋斗、勤俭朴素、奉献社会、超越自我的崇高精神;敬仰民族英雄和革命先辈。了解中国梦具体内容,了解实现中国梦与作为中国人之间的密切关系;树立建设中国特色社会主义的坚定信念。

高中阶段主要内容:了解中国特色社会主义政治制度;加深对党的伟大使命的认知和爱党情感,坚信中国共产党的领导;深刻领会国家发展的历史使命。加深对党的情感,树立美好理想,形成科学严谨、不怕困难、锐意进取的学习品质和自尊自信、自立自强的生活

---

① 段作章,刘月芳.德育与班级管理[M].南京:南京大学出版社,2014:1-14.

态度;理解个人、集体、国家利益之间的辩证关系。了解中国梦的深刻内涵,了解实现中国梦必须在中国共产党的领导下,坚定地走中国特色社会主义道路的必然性;坚定对党的政治认同、情感认同、价值认同;树立为共产主义远大理想和中国特色社会主义共同理想而奋斗的信念和信心。

资料来源:教育部基础教育司组织编写.中小学德育工作指南实施手册[M].北京:教育科学出版社,2017:26-28.

(二)社会主义核心价值观教育

把社会主义核心价值观融入国民教育全过程,落实到中小学教育教学和管理服务各环节,深入开展爱国主义教育、国情教育、国家安全教育、民族团结教育、法制教育、诚信教育、文明礼仪教育等,引导学生牢牢把握富强、民主、文明、和谐作为国家层面的价值目标,深刻理解自由、平等、公正、法治作为社会层面的价值取向,自觉遵守爱国、敬业、诚信、友善作为公民层面的价值准则,将社会主义核心价值观内化于心、外化于行。

📢 推荐阅读

扫描本章二维码,阅读《习近平:国无德不兴,人无德不立》。

资料拓展 3-2

中小学各年级段社会主义核心价值观教育的具体内容

小学低年级主要内容:了解家乡的发展变化,了解家乡的风土人情和名胜古迹;引导学生讲文明、懂礼貌、知礼节、敬长辈、尊朋友、重友情、爱劳动,培养爱家乡、爱祖国的情感;引导学生了解个人和集体之间的关系,适应班级和学校集体生活。了解遵守纪律的重要性;养成良好的生活学习习惯;了解自由、平等和公正在同学之间交往行为中的具体体现;形成国家、国籍、公民的概念;学习在自然界和社会生活中的基本安全知识与安全技能。了解国旗、国徽、国歌的内容和意义;了解自己是班集体的一员,树立集体责任感,主动为集体做力所能及的事情;了解健康生活的重要性,培养良好的生活习惯;培养关心他人、帮助他人、学习他人长处、诚实待人、认真做事的习惯。

小学中高年级主要内容:了解祖国的发展变化,了解中华民族历史文化,感受家乡人的幸福生活与国家富强、社会文明之间的密切关系,引导学生赞美家乡、体验民俗、歌唱祖国,继承中华民族的优秀传统文化;引导学生珍视集体荣誉,维护集体利益,在集体生活中体验民主的意义及个人的权利和义务。了解遵守法规的重要性,了解制定规则要遵循一定的程序;养成良好的生活学习习惯;了解自由、平等和公正在同学之间、师生之间、亲子之间交往行为中的具体表现;建立对家庭关系的法律认识;了解人民代表大会制度、主要国家机构,认知国家主权与领土,认识国防的意义;了解公民的基本权利与义务;了解法律对未成年人的特定保护;建立对学生欺凌行为的认知与防范意识;学习在自然界、社会生活和同伴交往中的基本安全知识与安全技能;爱护公共财物,保护自然环境。了解民族的历史和国家的土地与海洋;理解个人、家庭和国家的内在联系,懂得"没有国哪有家,没有家哪有我"的道理,培养尊敬长辈、热爱人民、报效祖国的情感;体验团结的力量和价值,培养集体主义精神;培养刻苦学习的坚强毅力和诚实待人的道德品质。

初中阶段主要内容:通过一系列真实数据和案例,了解我国人民生活水平不断提高、文明不断进步、国家在世界民族之林的地位不断提升的事实;了解我国在农业、工业、商业及服务业、信息技术产业等方面的基本情况;了解中国特色社会主义的基本经济制度和政治制度;引导学生感受社会和谐的重要意义。了解人的意志自由、人的存在和发展的自由是人类社会的美好向往;了解与体验自由、平等和公正在社会生活中的具体行为表现;了解民事法律活动的基本原则;树立诚信意识和契约精神;了解政府和社会运行的法治原则,形成依法参与社会公共事务的意识;了解国家基本制度;了解政府依法行政的基本原则,了解重要国家机构的职权;认知国家尊重和保障人权的意义及公民的基本权利与义务;了解我国司法制度的基本原则,建立尊重司法的意识;建立对校园欺凌和暴力的防范意识,提高应对能力。了解我国各民族的历史文化,理解国家统一、民族团结的重要意义;树立团队意识,维护集体荣誉,保护同学使之不受欺凌;养成良好的学习习惯和行为习惯,养成自主自立、自强不息的良好心理品质;培育志愿服务精神。

高中阶段主要内容:通过对人口、地理、资源、环境等方面的学习,了解和理解我国当前推进社会主义建设事业的基本国情和国策;理解中国特色社会主义民主的基本制度,体会社会主义的优越性所在;理解文明发展与社会和谐是实现中华民族伟大复兴中国梦的机制要求,树立社会责任感。理解实现人的自由全面发展是社会主义的理想价值追求,实现平等是我国社会最重要的伦理价值目标,公正是中国特色社会主义的核心理念,法治是我国社会治理的基本制度;理解民事基本法律原则和核心概念,树立尊重所有权的观念,深化对诚信原则的认识;全面认知家庭、婚姻、教育、劳动、继承等与学生个人成长相关的法律关系;了解我国社会主义法律体系的构成;理解程序正义在实现法治中的作用;树立宪法意识,形成对中国特色社会主义法治道路的认同。了解我国优秀传统文化和中国特色社会主义新文化的主要内涵;了解文化多样性是世界构成的基本形态,理解文化交流、国际对话的意义,培养国际意识;培养尽心尽力学习、尽职尽责工作的态度和情感;理解诚信既是个人立身处世之本,也是国家经济发展之道;理解友善既是个人道德品质的根本所在,也是社会主义核心价值观的基础准则;体验志愿服务精神对个人、社会、国家和世界的意义与价值。

资料来源:教育部基础教育司组织编写.中小学德育工作指南[M].北京:教育科学出版社,2017:29-32.

(三) 中华优秀传统文化教育

📢 **推荐阅读**

扫描本章二维码,阅读《论中国共产党对传统道德文化的继承与发展》一文。

开展家国情怀教育、社会关爱教育和人格修养教育,传承发展中华优秀传统文化,大力弘扬核心思想理念、中华传统美德、中华人文精神,引导学生了解中华优秀传统文化的历史渊源、发展脉络、精神内涵,增强文化自觉和文化自信。

········· **资料拓展 3-3**

中小学各年级段中华优秀传统文化教育的具体内容

小学低年级主要内容:了解爱国志士的革命故事;知道中华民族重要传统节日;了解家乡的生活习俗,明白自己是中华民族的一员。初步了解传统礼仪,学会待人接物的基本礼节;培育热爱家乡、热爱生活、亲近自然的情感。孝敬父母、尊敬师长、友爱同学、礼貌待人;养成勤俭节约、吃苦耐劳、言行一致的生活习惯和行为规范。

小学中高年级主要内容:了解中华民族历代仁人志士为国家富强、民族团结作出的牺牲和贡献;知道重要传统节日的文化内涵和家乡生活习俗的变迁。学会理解他人,懂得感恩;有人生理想和远大志向。逐步提高辨别是非、善恶、美丑的能力;形成良好的行为规范。

初中阶段主要内容:知道中华民族发展过程中的重要史实和发展的基本线索,理解国家统一和民族团结的重要性;认识中华文明的历史价值和现实意义;有作为中华民族一员的归属感和自豪感。了解中华传统习俗的文化内涵;乐于奉献,积极参与志愿服务,自觉提升文明素养。培养道德判断能力,了解规则和道德要求背后的价值准则。

高中阶段主要内容:感悟中华文明在世界历史中的重要地位;深入理解中华民族最深沉的精神追求,更加全面、客观地认识国家前途命运与个人价值实现的统一关系,自觉维护国家的尊严、安全和利益。感悟传统美德与时俱进的品质,自觉以中华传统美德律己修身。培养豁达乐观的人生态度和抵抗困难挫折的能力。

资料来源:教育部基础教育司组织编写. 中小学德育工作指南[M]. 北京:教育科学出版社,2017:32-34.

(四) 生态文明教育

加强节约教育和环境保护教育,开展大气、土地、水、粮食等资源的基本国情教育,帮助学生了解祖国的大好河山和地理地貌,开展节粮节水节电教育活动,推动实行垃圾分类,倡导绿色消费,引导学生树立尊重自然、顺应自然、保护自然的发展理念,养成勤俭节约、低碳环保、自觉劳动的生活习惯,形成健康文明的生活方式。

----- 资料拓展 3-4 -----

中小学各年级段生态文明教育的具体内容

小学低年级主要内容:欣赏大自然的美,感受祖国的山水;知道生物的多样性;有喜欢大自然、热爱大自然的情感。以感知、感受为主,了解尊重大自然的基本行为表现;养成基本的环境保护行为规范和行为习惯;积极参与学校环境保护行动。爱护公物;节约水、电、纸张等资源,为保护周围的环境做力所能及的事;有初步的生态意识。

小学中高年级主要内容:了解祖国的大好河山;认识生物的多样性。了解家乡生态环境的一些问题,树立环境保护意识;理解人与自然、人与人和谐共存的重要性,体会"人类只有一个地球"的含义,主动参与力所能及的环境保护活动;对损害树木、攀花折枝、踩踏绿地等破坏环境的行为敢于劝阻纠正。爱护家庭周边环境,积极践行绿色消费和"光盘行动"。

初中阶段主要内容:感知物种的多样性;思考人与自然和谐发展的重要性。关注家乡所在区域和国家的环境问题;珍视生物多样性,尊重一切生命及其生存环境;积极参加林木绿地抚育管护,有积极参与环境保护行动的强烈愿望。提高价值判断能力,对绿色消费、低碳生活、节约资源等有正确的价值判断。

高中阶段主要内容:了解祖国地理地貌;认识人类活动与环境的密切联系,摆正人与自然的关系,追求人与自然的和谐发展,能够综合分析和思考资源环境生态问题。理解关于环境的不同观点,通过交流和协商,形成保护环境的共识;开展植树护绿志愿服务活动。理解人与自然的伦理问题,养成环保的生活习惯。

资料来源:教育部基础教育司组织编写.中小学德育工作指南[M].北京:教育科学出版社,2017:34-36.

(五) 心理健康教育

开展认识自我、尊重生命、学会学习、人际交往、情绪调适、升学择业、人生规划以及适应社会生活等方面教育,引导学生增强调控心理、自主自助、应对挫折、适应环境的能力,培养学生健全的人格、积极的心态和良好的个性心理品质。

----- 资料拓展 3-5 -----

中小学各年级段心理健康教育的具体内容

小学低年级主要内容:能欣赏自己的优点和长处;能看到自己的成长和变化,并为此高兴;学会照顾自己的生活,积极参加预防疾病的活动;遵守规则,有安全意识,避免意外伤害;有自我保护意识,知晓在紧急情况下的逃生或求助方法。懂得礼貌交往,乐于与老师、同学交往,在谦让、友善的交往中感受友情;能在成人帮助下控制和调整自己的情绪。愿意有计划、有目标地安排自己的生活;心中有榜样,并以此激励自己不断进步。感受学习知识的乐趣,培养良好的学习习惯;认识并适应班级、学校、日常学习生活环境;能适应新环境、新集体和新的学习生活;树立纪律意识、时间意识和规则意识;懂礼貌,守秩序。

小学中高年级主要内容:认识自己的优缺点和兴趣爱好,有自信心,悦纳自己;学习反省自己的生活和行为;知晓生命来之不易,要爱护自己的身体;知晓日常生活中有关安全的常识,有安全意识和基本的自护自救能力。有集体意识,善于与同学、老师交往,培养自主参与各种活动的能力;进行恰当的异性交往,建立和维持良好的异性同伴关系;正确面对厌学等负面情绪,学会恰当、正确地体验情绪和表达情绪;学习自我调节的方法,提高适应能力。提高分析问题和解决问题的能力,为初中阶段的学习生活做好准备。培养学习兴趣和学习能力,端正学习动机,调整学习心态,正确对待成绩,体验学习成功的乐趣;建立正确的角色意识,培养对不同社会角色的适应;积极促进亲社会行为,逐步认识自己与社会、国家和世界的关系。

初中阶段主要内容:加强自我认识,客观评价自己,认识青春期的生理和心理特征;认识自己生命的独特性,珍爱生命;能够进行基本的自护自救;珍爱他人生命,维护他人权益。积极与老师及父母进行沟通,把握与异性交往的尺度,建立和维持良好的异性同伴关系,建立良好的人际关系;进行积极的情绪体验与表达,并对情绪进行有效管理。把握升学选择的方向,培养职业规划意识,树立早期职业发展目标。适应中学阶段的学习环境和学习要求,培养正确的学习观念,发展学习能力,改善学习方法,提高学习效率;正确处理学习与兴趣、娱乐之间的矛盾;逐步适应生活和社会的各种变化,培养应对失败和挫折的能力。

高中阶段主要内容:形成正确的自我意识,树立人生理想和信念,形成正确的世界观、人生观和价值观;培养积极的生活态度,树立正确的生命观;在面对问题时能够积极主动地解决,在面对事情时能够做出自己的选择;爱护自己的生命,积极探寻人生的价值和意义。正确认识自己的人际关系状况,懂得人际间的积极情感反应,正确对待和异性同伴的交往,知道友谊和爱情的界限;提高承受失败和应对挫折的能力,形成良好的意志品质;积极应对考试压力,克服考试焦虑。在充分了解自己的兴趣、能力、性格、特长和社会需要的基础上,确立自己的职业志向,培养职业道德意识,进行升学就业的选择和准备。提高创新能力,掌握学习策略,开发学习潜能,提高学习效率;有担当意识和社会责任感。

资料来源:教育部基础教育司组织编写.中小学德育工作指南[M].北京:教育科学出版社,2017:36-39.

(六) 劳动教育

劳动教育是使学生树立正确的劳动观点和劳动态度,热爱劳动和劳动人民,养成劳动习惯的教育。马克思指出:"生产劳动同智育和体育相结合,它不仅是提高社会生产的一种方法,而且是造就全面发展的人的唯一方法。"①"正确的苏维埃教育如果是不劳动的教育,那是不能想象的。劳动永远是人类生活的基础,是创造人类生活和文明幸福的基础","劳动最大的益处还在于人们的道德上和精神上的发展"。我国非常重视劳动教育,将其作为落实立德树人根本任务的有效途径,针对近年来青少年中出现了不珍惜劳动成果、不想劳动、不会劳动的问题,2020年3月中共中央、国务院印发《关于全面加强新时代大中小学劳动教育的意见》,要求把劳动教育纳入人才培养全过程,贯通大中小学各学段,贯穿家庭、学校、社会各方面,与德育、智育、体育、美育相融合。

推荐阅读

扫描本章二维码,阅读《中共中央 国务院关于全面加强新时代大中小学劳动教育的意见》及教育部关于印发《大中小学劳动教育指导纲要(试行)》的通知。

资料拓展 3-6

小学低年级要注重围绕劳动意识的启蒙,让学生学习日常生活自理,感知劳动乐趣,知道人人都要劳动。小学中高年级要注重围绕卫生、劳动习惯养成,让学生做好个人清洁卫生,主动分担家务,适当参加校内外公益劳动,学会与他人合作劳动,体会到劳动光荣。初中要注重围绕增加劳动知识、技能,加强家政学习,开展社区服务,适当参加生产劳动,使学生初步养成认真负责、吃苦耐劳的品质和职业意识。普通高中要注重围绕丰富职业体验,开展服务性劳动、参加生产劳动,使学生熟练掌握一定劳动技能,理解劳动创造价值,具有劳动自立意识和主动服务他人、服务社会的情怀。

资料来源:中共中央 国务院关于全面加强新时代大中小学劳动教育的意见,2020年3月20日.

技能训练

(一)训练主题:理解劳动教育内容。

(二)训练内容:查阅中小学综合实践课程中"劳动和技术教育模块",及《教育部 共青团中央 全国少工委关于加强中小学劳动教育的意见》《中共中央 国务院关于全面加强新时代大中小学劳动教育的意见》两个文件,比较这三者在劳动教育内容上的差异。

(三)训练形式:个人独立查阅资料,小组交流调查结果,教师点评总结。

(四)训练要求:调查对象按照学段划分,内容准确,调查过程规范。

---

① 中共中央编译局.马克思恩格斯选集(第二卷)[M].北京:人民出版社,2012:230.

本章小结

本章包括德育目的概念和分类、我国中小学德育目的、德育内容三方面内容。德育目的是德育活动预先设定的结果,是德育活动所要生成或培养的品德规格。德育目的具有导向、调控、评价功能。德育目的既受一定社会政治、经济、文化、受教育者身心发展规律等因素影响,又受到教育目的的制定者的人性假设,以及教育者的教育理念、教育思想的影响。

由于受到特定历史时期政治经济等社会因素的影响,在不同的历史阶段,我国的德育目的有不同的表述。当前中小学不同学段的德育目标侧重点不同。总的来说是培养学生政治认同,引导学生养成良好政治素质、道德品质、法治意识和行为习惯,形成积极健康的人格和良好心理品质,促进学生核心素养提升和全面发展。

中小学德育内容包括理想信念教育、社会主义核心价值观教育、中华优秀传统文化教育、生态文明教育、心理健康教育、劳动教育六个方面。根据学生的实际情况,需要着重对学生进行基本的道德品质教育、基本的文明习惯教育、爱国主义教育、集体主义教育、社会主义教育、民主法制和纪律教育、劳动教育、人生观、心理健康教育。

思考与应用

1. 什么是德育目的? 德育目的的确定受哪些因素影响?
2. 如何理解我国中小学的德育目标?
3. 我国中小学的德育内容主要包括哪些?
4. 如何理解我国中小学校德育内容泛化现象?

推荐阅读书目

［1］周凤林.学校德育顶层设计实践案例［M］.上海:华东师范大学出版社,2018.

［2］教育部基础教育司.中小学德育工作指南实施手册［M］.北京:教育科学出版社,2017.

［3］汪秀丽,李雪梅.德育活动课程化设计与实施［M］.北京:北京师范大学出版社,2017.

第四章
德育方法与模式

学习目标

- 知识目标:了解德育方法的概念和作用,掌握中小学基本的德育方法及实施要求,了解西方社会主要的德育模式及实施要求。
- 能力目标:培养学生正确选择德育方法的能力、运用德育方法处理实际问题的能力,以及分析、评价和运用德育模式的能力。
- 育人目标:养成具体问题具体分析的思想,内化以生为本的理念,形成对待西方德育模式的批判反思精神。

思维导图

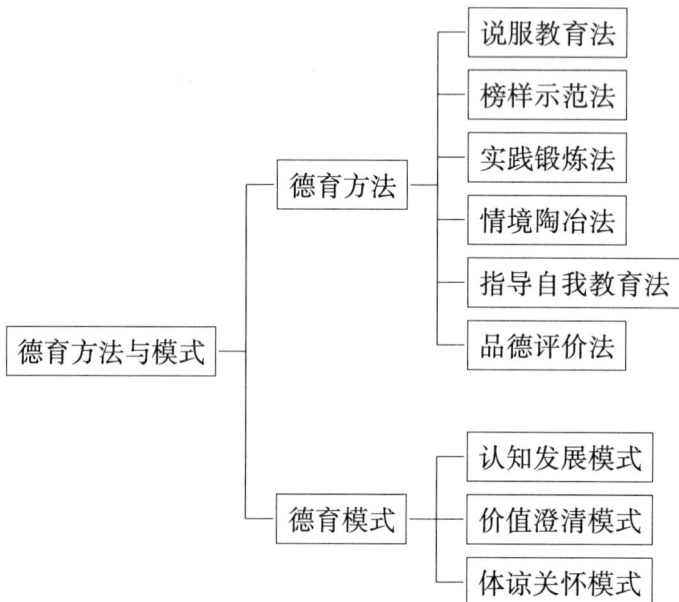

教例 4-1

最受欢迎的教育方式

联合国教科文组织曾举办一次世界范围的师生联欢活动,主题是"最受欢迎的教育方式"。说到了这样一个事例:

15 岁的杰克兄弟家住 30 公里外,上学很远。父亲为此买一辆车供他们上学用。但由于没有养成时间观念,上学老是迟到。一次,老师告诉他们明天考试,并再三叮咛不能迟到。杰克兄弟满口应允,并做出保证。但结果还是迟到了 20 分钟,说是路上汽车爆胎。考试后,老师独自查看并没有这回事。

主持人要求各国老师在纸片上写出具体的处理方式。

韩国老师:让同学们讨论并决定怎么办。

新加坡老师:少废话,让他们自打耳光。

美国老师:如果今天不是考试而是橄榄球赛,你们还会迟到吗?

俄罗斯老师:带到办公室,先讲说谎有害的故事,后启发他们今天有没有说谎行为。

埃及老师:回家后每人给真主写一封信,将今天路上发生的事情告诉真主,信的内容不用告诉老师。

巴西老师:查明你们撒谎,必须接受惩罚,半年内不得在学校球场踢球。

以色列老师:考试后每人加试,题目是(1)哪一个轮子爆胎?(2)在哪一家店补的?(3)共花了多少钱?老师微笑而不作声地凝视着两人作答。

中国老师:严厉批评,责令做检查;请家长来校配合教育;取消三好学生评选资格……

资料来源:裴重生.最受欢迎的教育方式[J].世界教育信息,2005(3):44.

这个案例说明同一个德育问题有不同的处理方法和模式。但不同德育方法与模式的效果存在差异,在众多的方法与模式中,需要选择最适合的方法与模式。

第一节　德育方法

朱熹说:"事必有法,然后可成。师舍是则无以教,弟子舍是则无以学。"德育工作需要具体的德育方法。德育方法是指教育者为完成德育任务所采取的方式和手段。德育过程中始终存在着两种根本对立的方法:一种是说服教育,依靠启发诱导和注重实际锻炼的方法;一种是压服,搞强迫命令,以力服人的方法。中小学常用的德育方法:说服教育、榜样示范、实践锻炼、指导自我修养和品德评价等。

📢 **推荐阅读**

扫描本章二维码,阅读《"破窗效应"对学校德育的启示》。

一、说服教育法

说服教育法是指通过摆事实、讲道理或者进行科学论证,向学生传授正确的思想观点和价值规范,并通过学生的理解与认同,提高学生道德认识的方法。说服教育是对学生进行教育的基本方法,是对学生进行道德教育的前提。因为人的行为受心理支配,只要做通学生的思想工作,让学生具有正确的道德认识,学生就可能形成良好的行为。说服教育法具有较为悠久的历史,至圣孔子教育学生时以理服人,即采用的这种方法。

📢 **推荐阅读**

扫描本章二维码,阅读《新中国德育理论中的"灌输"研究》。

说服教育有两种基本形式,即事实说服与语言说服。语言说服是借助逻辑性的语言、科学的论证,循循善诱地与学生进行思想交流,进而改变学生认知的方法。事实说服是通过参观、访问、调查、学生亲身实践等方式呈现事实材料,对学生进行教育的方法。事实说服材料鲜活、情感真切、具体直观,在不破坏氛围的情况下较为直接地表达自己的观点。

教例 4 - 2

某班一位品学兼优的学生在新学期一开始上课就不专心听讲、下课懒惰得不完成作业,各科老师都有所反映。我从各种途径了解到:他在新年里听到爸爸和妈妈谈到没文化一样挣大钱,读了书也没多少出息,再等两三年也带他去打工挣钱的事。我告诉他:你不是想当一名优秀的人民教师吗? 我们不是为自己的理想而活吗? 只有读书才能实现我们的理想,才能拥有知识能力,才具有真正的本领;自甘堕落者,不算好汉,现实社会没文化只能吃苦、吃亏。他听后,充满信心地说:"老师,我一定要实现我的理想,好好读书,回家还要说服我的父母。"老师的话语像一盏明灯照亮了他的心灵,让他树立了正确的人生观、价值观。

教例 4 - 3

去年冬天的一个早晨,天气有点冷,同学们早已缩成一团了。我正寻思着怎样激发学习动力时,眼前一下浮现出了窗外的三棵树:第一棵柏树,无论炎热与寒冷都是四季常青。第二棵树,正长出新枝嫩叶伸长了脖子与严寒做斗争呢! 第三棵树,只剩下光秃秃的枝条了,被恶劣的气候吓倒了。"同学们,你们想做哪棵树呢?"全班同学不约而同地昂起头,异口同声地说:"前两棵!"我适时地抽了一位同学问:"为什么呢?""我们要做一个不怕困难的勇敢者,而不做害怕困难的弱者!"接着就只听到哗哗的一片掌声。这一把金钥匙,一下子就打开学生心头的锁,使学生如临春风,如沐春雨。

说服教育法要想取得预期的效果,需要满足以下要求:

（1）内容的针对性与科学性。说服教育的内容选择取决于德育目的,德育目的决定说服教育内容,有针对性的内容才有说服力。因此,所传递的道德规范应是政治正确,符合党的路线、方针、政策的科学知识。

（2）表述的系统性和逻辑性。在说服教育前,要进行系统的设计,明确说服的论点、论据、时机、语气等;在说服时要循序渐进、循循善诱、逐步深入,让学生理解、认同、内化教师的观点,有效促进学生认知的转变。

（3）互动的民主性和情感性。在说服教育时,要创设良好氛围,允许学生表达自己的观点,以理服人;同时要让学生感受到来自教师的关心,心悦诚服地接受教师的观点。

二、榜样示范法

榜样示范法是指以榜样人物的高尚思想、模范行为、卓越成就等影响受教育者的思想、感情和行为的一种德育方法。榜样可使道德准则及行为规范具体化、形象化、人格化,因而具有极大的感染力、吸引力、鼓动力,为历代教育家所重视。学校德育可以为学生提供的学习榜样大致有四类:① 革命先烈、领袖人物、历史伟人等;② 社会主义建设中涌现出来的先进模范人物;③ 家长和教师等一般成人榜样;④ 学生中的先进分子,如"三好生"及某方面的特优生等。采用此法具体措施主要有:对榜样人物事迹做生动具体的介绍,包括组织学生参观访问,视听有关影片、录像、戏剧、录音资料等;观察和指导学生在行动中向榜样人物看齐,使榜样的品德最终内化于心,外化于行。实施过程中,教师以身作则,带头学习,直接示范,是取得良好教育效果的重要条件。[①]

教例 4－4

某教师言行得体,举止文明礼貌,仪表端庄,处处做学生的表率。例如学生擦黑板,对学生说句"谢谢";不小心把学生的本子弄在地上,赶忙说声"对不起";看到同学们和自己打招呼,马上用亲切的目光和话语表示问候;要求学生注意保持室内外清洁卫生,当看见地上有小纸屑时,弯下腰,拾起,再轻轻把它放入垃圾桶;要求学生每天 7:20 进行早读,自己 7:10 已经进了教室;当在清扫室外分担区时,第一个拿起最大的扫帚……他坚信榜样的力量是无穷的!

榜样示范法要想取得预期的效果,需要满足以下要求:

（1）选取的榜样真实。用榜样示范的方法进行道德教育,在德育活动中不能有半点欺骗。选取的榜样必须是真实的,没有经过任何包装和加工的,这样的榜样才贴近学生的

---

① 顾明远.教育大辞典[M].上海:上海教育出版社,1998.

生活,榜样在学生的心目中、在岁月长河中才不会变形,才能保证德育的长效性。

（2）榜样和学生具有共性。选取的榜样与学生在生活背景、成长经历、个人理想、当前任务等方面有共同点或相似性,这样的榜样才易于被学生接受,才易于启发学生自觉。

（3）帮助学生认识榜样。榜样混沌地呈现在学生面前,学生可能会被榜样身上无关因素所干扰,教师要引导学生认识榜样身上的优秀品质或长处,让学生知道学什么与为什么学。

（4）鼓励学生向榜样学习。教师要创造条件,如举办主题班会,开展课外活动、校外活动,号召全体同学向榜样学习,或在日常学习生活中自觉地向榜样靠拢。

教资国考真题

（简答题）简述实施榜样教育的基本要求。

答:（1）选好学习的榜样。榜样应具有先进性、时代性、典型性。（2）引导学生深刻理解榜样精神的实质,不要停留在表面模仿的层次上。（3）激起学生对榜样的倾慕之情。（4）激励学生自觉用榜样来调节行为、提高境界。

三、实践锻炼法

实践锻炼法是指教育者按照德育要求组织、引导受教育者参加各种实践活动,形成良好品德的方法。英国哲学家洛克认为:"儿童不是用规则可以教育好的,规则总是被他们忘掉。你觉得他们有什么必须做的事,你便利用一切时机,甚至在可能的时候创造时机,给他们一种不可缺少的练习,使它们在他们身上固定下来。这就可以使他们养成一种习惯,这种习惯一旦养成,便不用借助记忆,很容易地、很自然地发挥作用。"[①]实践是在理论指导下的实践,实践锻炼很好地做到理论联系实际,增强人的能力。2021年9月,习近平总书记在中央党校（国家行政学院）中青年干部培训班开班式上说:刀要在石上磨,人要在事上练,不经风雨,不见世面是难以成大器的。

实践锻炼法是一种培养学生品德的有效方法,教师通过组织学生参加学习活动、社会公益活动、校内劳动,让学生接受锻炼;通过组织学生制定和执行学校的各种规章制度,培养学生的组织性、纪律性以及自我严格要求的行为习惯。

教资国考真题

（单项选择题）孟子说:"天将降大任于斯人也,必先苦其心志,劳其筋骨,饿其体肤,空乏其身,行拂乱其所为。所以动心忍性,曾益其所不能。"这段话体现的德育方法是（ ）。

　　A. 实践锻炼法　　　B. 品德评价法　　　C. 情感陶冶法　　　D. 榜样示范法

答案:A。

---

① ［英］洛克.教育漫话［M］.傅敉,译.北京:人民教育出版社,1985:61.

实践锻炼法要想取得预期的效果,需要满足以下要求:

(1) 做好实践计划。计划是行动的先导,实践计划要有明确的目的、适宜的内容以及周密的组织。教师要指导班委会制定实践计划,为实践活动的顺利实施奠定基础。

(2) 做好说理教育。实践锻炼需要理论指导,教师在实践中对学生进行说理教育,通过说理让学生理解实践活动目的和意义,使其自觉认真参加实践锻炼。

(3) 做好督促检查工作。学生是实践的主体,但学生还不是完美的个体,有些工作还做不到位。为保证实践锻炼落到实处,教师在活动开始前要提出严格要求,在活动中加强监督检查。

(4) 做好实践总结工作。通过总结让学生谈谈实践收获,进而巩固实践效果。

四、情境陶冶法

情境陶冶法是指通过利用或创设有意义的教育情景,对学生进行潜移默化的熏陶和感染,使其受到感化,进而形成良好思想品德的方法。杜威认为:要想改变一个人,必须改变他的环境,环境变了,他自然也跟着改变。苏霍姆林斯基认为:只有创造一个教育人的环境,教育才能收到预期的效果。[①] 人的情感是由环境中某些因素引发的,情境陶冶法侧重人的情感的培养,能够加速学生良好品德的形成。

按照感化主体的不同,情境陶冶法分为人格感化、环境陶冶和艺术陶冶三种类型。其中人格感化是教育者以自身的人格威望、对学生的真挚热爱和期望,对学生进行陶冶的方式。环境陶冶是利用美化的校园环境、优良的校风和班风、美化的家庭环境和良好的家风等,对学生进行潜移默化的影响,以达到以境陶情、培养品德、净化灵魂的目的。艺术陶冶是借助音乐、美术、文学、戏剧、电影、电视等艺术手段进行陶冶的方式。

教例 4－5

解放路小学校园文化抓精抓细抓透,让教育美好与师生环环相扣

在云龙区教育局的亲切关怀和指导下,解放路小学提高站位,精心谋划,精细管理,精准施策,扎实做好校园文化"七个一"大文章,形成集"爱·真·创·乐"于一体,具有时代特色、人文特征、解放特质的精品文化景观。

一个名人雕塑:教人求真 爱满天下

作为江苏省首批陶行知实验学校,学校倡导并践行陶行知先生的"六大解放""知行合一""做中学"等理论,陶行知雕塑、画像不仅绘于壁,立于表,显于外,还融于景,寄于情,矗立在每个教师的心中,更隐于内,化为行,引领教师教人求真,立德树人,爱满天下。

一面文化墙:红军精神 永续传承

作为淮海战役红军小学,学校打造长征文化墙,通过水景、浮雕、石刻、壁画、实景等途径再现长征路上的经典场景,再现红军在崇高理想追求的支持下创造活生生的人间奇迹

---

① 韩国凤.创造良好班级环境的策略[J].中国德育,2019(2):70.

的"解放"精神。

一套小景小品:水韵雅园 杜鹃怒放

廊前楼后,曲水流觞,小桥流水,跌宕起伏,水景贯穿校园;娇艳顽强的映山红在枝头昂首怒放,成为校园中最美的景色,浓烈,淡雅,纯洁,热烈,都是生命的诠释。

一串文化故事:红色舞动 童年正红

结合重大节日和纪念日,以红领巾心向党、红军长征远足、红书伴我成长、红领巾淮塔小导游团、寻访红色足迹、红色乐团、唱响红星歌、做红军操等为载体,对学生进行全面的红色文化教育,激励学生爱党爱国,立德立行,向上向美,成长成才。

一组文化课程:以文化人 以美育人

学校深入挖掘优秀传统文化的精髓,赋予鲜活的时代内涵,编撰系列校本教材,关注生命、生长、生活,集趣味性、思想性、艺术性和发展性于一体,突出教育时代性、生命发展性、学习趣味性,成为学生积累语言、拓展知识、健全人格、丰富文化、展示自我、体验成功的良师益友。

一支艺术团队:艺彩纷呈 各美其美

本着让每一朵花都绽放,让每一颗星都闪亮的初心,学校成立"小红星"艺术团队,涵盖舞蹈、古筝、诗朗诵、童心童画、管乐、面塑、合唱等,每个孩子都能根据自己的特长选择最适合自己的社团,如鱼得水。在活动中,他们取长补短,展示风采,增强自信。

一套文化读本:推荐好书 慧品慧读

向师生推荐好书,学生慧读《12 岁以前的语文》,感悟中华文化的博大精深,分享阅读心得;引导教师品读《走近陶行知》《儿童立场》《孔子这个人》《帛书老子通俗读本》《正说传统文化智慧》,一人品读,一组共读,全校赏读,读思结合,做大道至简、有容则大、上善若水、不忘初心,成为有情怀、有艺术、有智慧的学生成长引路人。

资料来源:解放路小学校园文化抓精抓细抓透,让教育美好与师生环环相扣[EB/OL].(2020 - 05 - 06).https://www. sohu. com/a/393366725_393184.

分析:徐州市解放路小学通过一个名人雕塑、一面文化墙、一套小景小品、一串文化故事、一组文化课程、一支艺术团队、一套文化读本,形成了具有时代特色、人文特征、解放特质的景观环境,对学生成长起到良好的熏陶作用。

情境陶冶法要取得预期的效果,需要满足以下要求:

(1)创设良好的情境。学校要有目的、有计划地创设良好的校园文化、德育氛围;班主任要创设良好的班级环境,如整洁的教室、排列整齐的桌椅、丰富多彩的墙壁张贴、团结友爱的班风、严肃认真的学风等,同时教师要时刻注意自己的言行,用自己积极的行为影响学生。创设良好的情境是陶冶教育法的前提。

(2)在情境中激发情感。教师在情境中要引导学生认识环境美、艺术美、人格美,树立自觉欣赏美、维护美的意识,激发学生的情感。

(3)启发自觉。通过教师有意识的指导或暗示,让学生明确自己的行为方向,从而自觉规范自己的行为。

（单项选择题）张校长特别重视学校文化建设，提出"让学校的每一面墙都开口说话"，以此来促进学生品德的发展。张校长强调的德育方法是（　　）。

A. 陶冶法　　　　B. 示范法　　　　C. 锻炼法　　　　D. 说服法

答案：A。

五、指导自我教育法

指导自我教育法是指在教育者的指导下，受教育者在自我意识的基础上产生进取心，不断加强自我修养，从而形成良好品德的方法。任何德育活动，离不开受教育者的主动参与，因为外界的道德规范只有经过受教育者的自觉行为才能内化为品德，苏联教育家苏霍姆林斯基说："我深信，促进自我教育的教育才是真正的教育"[①]，只有在精神生活的所有领域内进行自我教育，"努力认识自己的内心世界，把他的精神力量用到使自己本身变得更好、更完美的时候，他才能成为一个真正的人"[②]。受教育者一旦具有自我教育能力，就会在自我意识基础上自觉提升道德品质，所以从某种意义上说，自我教育不但是一种方法，更是德育的最终目的和归宿。

教例 4-6

今后我还敢助人为乐吗？

上海市蒙山中学利用学校网站指导学生开展自我教育活动。学校要求学生在网站上写出自己最有感触的一件事情，以及个人体会。教师或者心理顾问给予点评，并告诉学生以后行动的方向。

（一）事情经过

周日，一个人走在回家的路上，在用买了不到一个礼拜的新手机发短信。这时一辆车停在我身边，一个叔叔坐在车的右排，示意要我过去。走近一看，是一个问路的，他问我金山区政府在哪里，我指了指路，叔叔说："能不能打扰几分钟，带我们去一下。"我思考了一下答应了。把他们带到区政府，那个叔叔说"能不能借一下手机？我打几个电话。"我想，反正里面钱快没了，给他用好了。我把手机借给他。他打电话。听他说，之前来金山的路上出车祸了，一个脑震荡，一个骨折，在医院，然后叫一个人拿15万过来，去付钱。他很有礼貌地问我："能不能手机借一下，我去拿东西。"我猜测是去拿钱了，他让我等在音乐喷泉边，过会儿回来，我就等在那里，30分钟过去了，我心里开始不安，开始自责起来，忘记把车牌号记下来了，但是又有人在说："他们开轿车的，用得着你那破手机？你放心吧，一定

[①] 苏霍姆林斯基.少年教育和自我教育[M].北京：北京出版社，1984：97.

[②] 苏霍姆林斯基.少年教育和自我教育[M].北京：北京出版社，1984：108.

会回来的。"就这样又一个30分钟过去了,我答应爸爸4:00前回家,我开始有点焦急。他们不会真的拿着我的手机跑了???我开始在马路上张望,一辆,两辆,三辆,许多和叔叔他们开的一样的车在我面前驰过,来来回回的。4:30了,他们还没回来,我跑向马路对面,问一个昨天教我溜冰的导师借手机,我用他的手机打我的手机。"对不起,您拨的用户已关机,请稍后再拨。"我一下子郁闷了,他们真的把我的手机骗掉了!!!我不敢相信,再打,还是一样的声音。我的心跌落到了谷底。我连忙打电话给爸爸,我刚把事情说一半,爸爸就说:"手机没有了是吧?"我没有回答,但是,眼泪带着满腔怒火和失望降临到了我的脸上。回到家,爸妈狂批评我,我也很难过,自己真的好笨,笨到忘记自己的生命安全。他们说的话里,我记得最清楚的就是:"碰到陌生人别睬,人家叫你,你也别理他。"

(二)个人体会

我在回家的路上还是不相信他们骗人,总有继续等下去的念头。看来,心太善也要吃亏啊!

(三)教师评语

心善并非不好,少了警惕之心,才被钻了空子!利用别人的同情心和善心行骗的不法分子,确实可恶可恨。上了一回当,也不能关闭善良之心,以后要擦亮眼睛,提高警惕,既要助人,也要防止被人骗。对不法分子,伺机报警,给予狠狠的打击!

资料来源:张玲帆.今后我还敢助人为乐吗[EB/OL].(2008-03-27).https://www.jsedu.sh.cn/mengshan/p/7237.html.

指导自我教育法要想取得预期的效果,需要满足以下要求:

(1)指导学生自我评价。自我评价是学生应用已有的道德标准和准则对自己的行为进行分析、判断的过程。教育者指导学生在教师评价、家长评价、学生评价的基础上形成自我评价,找到自己品德的不足之处,为自我教育找准方向。

(2)激发自我教育动机。教师对于学生提出品德发展的要求,让学生理解要求的合理性、必要性、迫切性,让学生产生道德需要和道德动机。

(3)指导学生自我教育。教师要求学生将自我教育落到实处,鼓励学生确定自我教育目标、制定自我计划,通过参加实践锻炼、自我反思等方式提高个人品德。

教资国考真题

(单项选择题)班主任王老师经常通过立志、学习、反思、箴言、慎独等方式来培养学生良好的思想品德,这种德育方法是( )。

A. 说服教育法　　B. 榜样示范法　　C. 情感陶冶法　　D. 自我修养法

答案:D。

六、品德评价法

品德评价法是指教育者通过对学生思想品德进行肯定或否定的评价,促使学生发扬优点、克服缺点的一种教育方法。学校中品德评价有四种方式：表扬奖励、批评惩罚、评比、操作评定，其中前两种最为常用，表扬奖励的主要形式有目光赞许、口头赞扬、通报表扬和奖励等。批评惩罚的主要形式有严厉的目光制止、口头批评、通报批评、警告、记过等。

品德评价之所以能产生效果，是因为评价能产生激励与抑制作用，肯定评价使学生产生愉悦的情感，以及自信心和积极性，有助于良好行为的持续；否定评价使学生产生消极的情感体验，为摆脱负向情感，学生倾向于收敛与控制自己的不良行为。

教例 4-7

王同学原是个极度自负的孩子，平日里自以为是，总以为自己是对的，听不进别人的意见。因此和同学缺乏交流，和老师难以沟通，常常谈不上几句就因为话不投机而中止。老师们都说她固执己见，让人受不了，真不愿管她了。有一次课间活动，她和另一个班的教师发生冲撞，说了一些不该说的话，把那位老师气得说不出话来。事后我找她谈心，批评她这样顶撞老师是不对的，她说了一句"老师为什么什么时候都想管人"。从她的话里我了解到她认识上出现了偏差，认为老师管她是不合时宜的，课下她做任何事都该是自由的。找到了问题所在，我趁热打铁对她说："老师的对错先放一边，先分析一下自己，课间追逐打闹会不会有危险？"她追问了一句："那又怎么样。"我说："那倒不能怎么样，但学生是来学习的，就要服从学校的纪律，家有家规，校有校规。你无视学校的纪律就是你的不对。"她沉默不语，我看时机已成熟，故意转换话题，采用了攻心战术，我说："平日里你是个很有爱心的学生，有一次刚开完家长会，你跑到教室来，我以为你有事找我，你却说你是来打扫卫生的，让老师好感动。"说到这里我看她低下了头，并且脸上有惭色，我趁机把话题转移过来："面对老师的批评，你不要以为老师跟你过不去，这是老师的责任，让你们安全地度过每一天。这些你想过吗？"她没有回答，但我看得出她已经默认了。孩子在成长中有很多困难和障碍是自己无法逾越的，他们需要有人帮助，去逾越这些障碍，让他们重新找到自己的方向。在这个过程中，作为老师的我们有着不可推卸的责任和义务，让我们做孩子的良师益友，甘心做孩子的铺路石吧。

分析：班主任是把祖国的昨天、今天和明天连接起来的智慧的桥梁，班主任的劳动铺就了一条学生成才之路。班主任工作是学校德育工作的前沿阵地，班主任是学生健康成长的引路人。现在的教育方法中提倡表扬、激励。但表扬是要讲究艺术的，不能见着什么都表扬，也不能采用夸张的手法把学生捧到天上去。批评也要讲究方法，用什么语言、什么方式一定要深思熟虑，要一拳打着她心理最虚弱的那一面，打开她被掩饰的内心，让她确实意识到自己的错误，这才是转变的开始。

品德评价法要想取得预期的效果，需要满足以下要求：

（1）坚持肯定评价为主，否定评价为辅。与否定性评价相比，肯定性评价容易使学生获得精神上的满足，产生愉快的心理体验，激发自信心、自豪感和进取心，从而对自己提出更高的要求。否定性评价尺度难以把握，如果言重了容易伤害学生的自尊心；言轻了引不起学生充分重视。

（2）评价要及时。及时地评价便于学生理清评价与行为之间的因果关系，产生即时的情感体验；若是时过境迁才进行评价，行为与情感淡化，效果就会大打折扣。

（3）评价要客观公正。切合实际、实事求是、公平合理、奖罚分明；同时要发扬民主，注意听取学生意见。

教资国考真题

（单项选择题）班主任王老师在"每月一星"活动中，将表现好、进步大的学生照片贴在"明星墙"上以示奖励，并号召大家向他们学习。王老师运用的德育方法是（　　）。

A. 说服教育法　　　B. 实际锻炼法　　　C. 品德评价法　　　D. 情感陶冶法

答案：C。

技能训练

（一）训练主题：理解和运用德育方法。

（二）训练内容：案例是为了突出主题而截取的教育教学行为片段，其中蕴含着一定的理论，编写案例能够更加深刻地理解理论。在学习本章德育内容和查阅资料的基础上，请编写与德育方法有关的典型德育案例，要求有题目、主要目标、背景材料（问题）、解决措施、案例分析、案例启示六个部分。

（三）训练形式：个人独立查阅资料，独立设计案例，全班交流，教师点评。

（四）训练要求：案例贴近学生的生活与学习，符合案例的编写原则，具有时代特点，符合学生身心特征，案例中对于问题的处理体现两种以上的德育方法。

第二节　德育模式

从20世纪60年代起，对"模式"问题的研究引起了人们关注。"模式"来源于英文model一词，在《现代汉语词典》中是指"某种事物的标准形式或是可以照着做的标准样式"。同一事物发展可以有不同模式，如经济发展的苏南模式、温州模式，中学教学的县中模式、衡水模式等。德育模式可以认为是在一定德育思想或德育理论指导下建立起来的较为稳定的德育活动结构框架和活动程序。不同模式有不同理论基础和操作方式，下面介绍西方的四种主要的德育模式。

一、认知发展模式

认知性道德发展模式是由瑞士心理学家皮亚杰和美国道德心理学家科尔伯格等人创

建的一种德育模式,该模式侧重学生道德认知水平的提高。该模式认为道德判断力决定道德认知能力,道德认知能力决定道德水平,因而在模式操作中侧重学生道德判断能力的提高。有两种常用的实践方法,具体如下。

(一)道德两难法

道德两难法旨在通过各种道德两难问题的呈现,刺激和引起学生的思维失调,使他们对自己目前的思维方式感到不满,并要寻求一种更完整、更合理和高级的道德思维方式,从而促进学生道德判断和推理水平的提高。基本步骤如下:

(1)了解学生当前的道德判断水平。呈现两难故事判断学生当前的道德判断水平,找准德育的起点,在此基础上呈现新的两难故事。

教例 4-8

"一个诚实与集体主义的两难问题讨论"

徐老师在开学初,从学校领取了桌子和长凳,并被告知:这是学校的公共财物,学校在学期结束时,将进行财物验收,若财物有损坏或丢失,则由班级按损坏程度进行赔偿。另外,该班在学期末的班级评比中将被扣分,集体荣誉会受到损害。

在徐老师的管理下,同学们的集体主义感日益增强。一学期下来,班级财物基本没有什么损坏和丢失。可是就在学期结束的前一个星期,班上的凳子连续丢失了 3 条,并出现在其他班级。很显然,凳子是被偷走的。同学们心里很不是滋味。

过了几天,凳子又回来了,但是并不是原来的那几条。徐老师觉得很奇怪,找来同学一问,原来有的同学气愤不过,也去另外的班级"拿"了凳子。

资料来源:徐嵘.一个诚实与集体主义的两难问题讨论[J].上海教育科研,2000(1):36.

思考:面对凳子被盗事件,徐老师该如何向同学们解释?在了解了 3 条凳子的由来后,徐老师又会对此事件采取什么态度?她将如何处理这几位同学?又如何向其他同学解释她的处理方案?

(2)运用道德难题引起学生的意见分歧和认知失衡。两难问题来源于学习或生活,没有标准答案。目的是让学生在讨论中表明个人观点和推理理由,诱发认知冲突,引起道德思维,促进学生道德能力的发展。

(3)向学生揭示比他们高一阶段的道德推理方式。教师对学生的答案进行总结,突出观点和理由。让推理能力低的学生受到推理能力高的学生影响,不断提升个人的道德判断能力和推理水平。

(4)引导学生在比较中自动接受比自己原有的道德推理方式更为合理的推理方式。让学生比较哪一种观点合理、推理充分,在比较中形成高级的推理。

(5)鼓励学生把自己的道德判断付诸行动。要求学生根据自己的选择行动。

（二）公正团体法

这是一种根据集体教育原则形成，旨在通过改善学校育人环境而达到影响学生的道德判断和道德行为统一发展的教育策略。

它通过建立一个公正的生活共同体，在师生共同参与的民主氛围中，实现学生自我管理和自我教育的目的，进而提升学生的道德判断水平、促发其道德行为。

教例 4-9

公正团体对偷窃行为的处理

和其他学校一样，学生偷窃在剑桥中学也是很普遍的事情。耳环、戒指、钱币不断丢失，学生约定，如在某个时间段内找不到偷窃者，集体赔偿。

一个星期中，没有人提供，看来每个人都要赔钱了。后来有几个同学承认他们知道是谁偷了钱，并准备私下告诉偷窃者，劝其坦白，但没有成功。于是，他们向团体讲出了偷窃者的姓名。最后，偷窃者被团体开除出学校，这以后就没有发生过偷窃。

资料来源：钟启泉，黄志成.西方德育原理[M].西安：陕西人民教育出版社，1998：212-213.

（三）简短评析

认知性道德发展模式提供了一个理论和实践结合的德育模式建构的范例。该模式不仅有深厚、扎实的理论基础，而且具有很大的实用性和可操作性。该模式反对灌输，可弥补我国传统德育模式偏重灌输，重视道德知识传授，忽视道德能力培养的倾向。

该模式实施起来门槛较高，首先，它要求教师准确确定学生道德发展所处的阶段，而那"六阶段"未必符合我国国情；即使符合国情，确定起来难度也很大，一般教师只能给学生乱贴标签。其次，教师不仅要有提问的策略、控制和指导班组讨论的能力，而且要对道德发展理论有精深的理解。如果教师没有受到良好的训练，就极有可能滥用和误用这个模式。再次，最令教育者感到头痛的并不是学生没有道德判断能力，而是如何把这种道德判断力转化为行为。① 因此，该模式并没有在我国中小学持久地推广。

二、价值澄清模式

价值澄清模式是德育模式的一种，目的在于塑造人的价值观。代表人物有美国的拉斯思、哈明等人。

（一）理论基础

价值澄清模式的理论基础是价值相对主义。它认为每个人都有自己的价值观，而且

---

① 景光仪.我国认知性道德发展模式研究综述[J].青海师专学报（教育科学），2007(1)：82-83.

价值是多元、相对和变化的。没有一种适合于任何人、任何情境的绝对价值观。一个人拥有什么样的价值观并不重要,重要的是他应该清楚自己所拥有的价值观是什么以及如何获得这种价值观。

1. 价值观的界定

价值观是指导人们如何生活的一套准则。它反映了人们在有限的时间和精力中是如何行事的问题。价值观不是恒久不变的。

通过下列关键词可以明确地判断学生价值取向:

(1) 目标或目的:一种期望或意向。

如:我想做……,我要……,我正考虑做……,我打算……

(2) 抱负:一种潜在的长期信仰。

如:将来……,我立志……,我长大后……,未来有一天……

(3) 态度:一种潜在的趋向。

如:我反对……,我赞成……,我的选择是……,我相信……

(4) 兴趣:表现出对事物非同寻常的倾向。

如:我喜欢干……,我乐意干……,我如能选择,就干……

(5) 情感:一种反映较深层的价值倾向。

如:如果……那我将很不高兴;假如……我会很生气;当……我觉得很内疚……

(6) 信念:体现人生内在的较稳固的信仰。

如:我从不怀疑……;我会坚信……

(7) 行动:表现人习惯的行为。

如:放学后,我经常……;我们……;假日里,我们……

(8) 忧虑、问题、障碍:表现人们的关心。

如:我担心……;最主要是……

2. 价值澄清的四大要素

第一,以生活为中心;第二,接受现实;第三,鼓励进一步思考;第四,培养个人能力。

3. 价值澄清的评价过程

价值澄清的完整过程可划分为选择、赞赏和行动三个阶段,具体又分为七个步骤:

(1) 选择。① 自由地选择;② 从各种可能的选择中选择;③ 认真思考每一种选择的后果后进行选择。

(2) 珍视。① 珍爱,对选择感到满意;② 愿意向别人确认自己的选择。

(3) 行动。① 根据选择行动;② 以某种生活方式不断重复行动。

(二)实践策略

1. 澄清反应

澄清反应是指教师针对学生所说的话或所做的事而做出的反应,旨在鼓励学生就自己的行为进行深入思考。通过这种思考,学生可以对自己所拥有的价值观进行澄清。

教例 4-10

杰里:积攒到 20 美元以后,我打算买一把吉他。

教师:杰里,你会弹吉他吗?

杰里:稍稍会一点,但是我打算在有了自己的吉他之后好好学。

教师:弹吉他对你很重要吗? 杰里。

杰里:是的,非常重要。

教师:你挣到 20 美元的可能性是多少?

杰里:恐怕现在还不太乐观。

教师:你有可能减少现在的开销,把它积攒下来吗?

杰里:你的意思是平时少花钱?

教师:这是一种可能选择。嗯,祝你好运,杰里,再见。

教例 4-11

教师:琼,据我观察,你很少在课堂讨论中发言。看来你习惯于这样,是吗?

琼:是的,我看是这样。

教师:这是你的一种行为方式吗? 我的意思是说,你在其他小组或是校外也是沉默寡言的吗?

琼:嗯,也许是吧。是的,通常是这样。

教师:我想,积极参加课堂讨论并把你的想法告诉其他同学是件有趣的事,我希望看到你这样做;但是我想如果你不想参与的话,这也未尝不可。你有没有考虑过这件事。

琼:不,我想我没有好好想过。

教师:嗯,琼,我不再打扰你学习。你可以回去学习了。

2. 价值单策略

价值单策略主要针对那些不适合交谈和讨论的问题而采用的一种澄清方法。价值单策略在使用时要求教师设计和编制出一些价值表,每个表的标题上列出主要讨论议题,然后陈述一种情况或事情,接着给出几个问题。有些问题下面呈现几个备选答案让学生自由选择,并要求学生解释选择这一答案的原因。

教例 4-12

友　谊

(1) 友谊对你来说意味着什么?

(2) 如果你有许多朋友,是你选择他们还是他们碰巧成为你的朋友?

(3) 你在什么方面表现出友谊?

(4) 你认为发展和维持友谊有多重要?

（5）如果你打算改变你的作风,请说出你会做出怎样的改变? 假如你并不打算有所改变的话,请写出"无变化"。

3. 团体讨论策略

团体讨论策略是指对于一些具有普遍性意义的问题,在全班范围内进行讨论,从而进行团体价值澄清时所采用的一种方法。其步骤通常为:

第一,选择主题;第二,深思熟虑;第三,结构交流;第四,帮助学生获取知识。

教例 4-13

关于"害怕"的课堂讨论

每个人都有自己害怕和恐惧的事。请大家以"害怕"为主题,尽量把"害怕"的事写下来,书写的纸片不具名,且书写的内容没有标准答案,因此不要观看别人的答案,写好后的内容只有老师会看到。若牵涉个人私密的问题,老师不会念出来,所以请大家安心地写。

写完的人就把纸片对折放入"偷窥袋",等到全部都放进去后,在老师拿出纸片"偷窥"之前,做了以下几点声明:

（1）老师会依序念出同学所写的内容,但是不会说出同学的名字。

（2）并不会就所有的问题进行讨论,只会挑选几个让大家讨论。

（3）请大家不要去猜测老师念的内容是谁写的,也不要去嘲笑别人写的内容。

（4）在老师念出内容及讨论时,同学只要表达自己的想法,不要对别人写的内容做出评论,老师也不会做出任何评论。

说完后,老师便开始念出同学写的内容,并挑选几个跟学生切身有关的议题让学生讨论。

在课程的尾声,老师让学生想一想:听了许多害怕的事之后,大家有何感想? 要让学生试着说出自己的感觉,但不要学生对害怕一事做出任何的决定、选择,或价值判断。

（三）简短评析

该模式的优点:第一,简单易行,容易被教师掌握和推广,具有较高的实用性和现实针对性;第二,明确反对灌输,注重学生主体性的发挥,容易调动学生参与的积极性和主动性。

该模式的不足:第一,价值观上的相对主义否定了道德教育的价值引导功能,使得学校德育陷入尴尬境地。第二,价值澄清模式对价值观概念的界定过于宽泛,许多问题超出了道德的范畴。第三,价值澄清模式完全否定了外部因素的作用。

技能训练

（一）训练主题:理解和运用价值澄清模式。

（二）训练内容:选择某一德育问题,采用价值澄清模式的某种策略(澄清反应/价值单策略/团体讨论策略)进行价值澄清。

（三）训练形式：在班内通过角色扮演方式进行，教师点评。

（四）训练要求：选材得当、组织到位、有实际效果。

三、体谅关怀模式

（一）体谅模式

体谅模式是由英国德育专家麦克菲尔等人创建的一种以培养学生道德情感为中心的道德教育模式。该模式假定与人友好相处是人类的基本需要，满足这种需要是教育的首要职责。它以一系列的人际与社会情境问题启发学生的人际意识与社会意识，引导学生学会关心，学会体谅。

1. 理论背景

英国历来坚持宗教德育，但随着战后科技发展，社会问题日益严重，因而加强学校德育研究，希望开设世俗德育课程来改善社会问题。1967—1971 年，麦克菲尔受命领导一个德育课程研究小组，以问卷、访谈等方式对 800 多名 13～18 岁的英国中学生进行调查，让学生用口头或书面形式各举一个成人对待他们的好或坏或谈不上好坏的情况实例。调查表明，青少年一致认为成人"好"的教育行为就是能体谅、宽容，"坏"的教育行为就是压制、支配的行为。

麦克菲尔指出，调查明确地显示，待人好主要表现为对学生需要、情感、兴趣的关心，反之就不好。他认为这项研究证明了人类的基本需要是与他人友好相处、爱或被爱，帮助人们去满足这种需要是德育的首要职责。

2. 实践策略

麦克菲尔认为，学校应该营造引导学生关心人、体谅人的人际氛围。为此，他强调两点：一是营造相互关心、相互体谅的课堂气氛；二是教师应在关心人、体谅人上起道德表率作用。教师引导学生学会关心的最佳办法，就是教师自己去学会关心。麦克菲尔还开发了一套专门的教材——《生命线》系列教科书。该系列是一套独具特色的德育教材，在英国课堂的 2 万多名学生中间得到现场检验，深受中学教师特别是中学生的喜爱。这套教材是实施体谅模式的支柱，它由"设身处地""证明规则""你会怎么办？"三部分组成，循序渐进地向学生呈现越来越复杂的人际与社会情境。

第一部分"设身处地"包括"敏感性""后果""观点"三个单元，所有情境都是围绕人们在家庭、学校或邻里中经历的各种共同的人际问题设计的，总的目的是激发学生体谅他人的动机。第二部分"证明规则"包含"规则与个体""你期望什么？""你认为我是谁？""为了谁的利益？""我为什么该？"5 个单元，以逐渐复杂的方式，探讨少年保罗以及他的家庭、朋友、邻居在各种社会背景中，面对各种社会压力和要求时发生的难题。第三部分"你会怎么办？"包括《生日》《禁闭》《逮捕！》《街景》《悲剧》《盖尔住院》6 本小册子，呈现的是以历史事实或现实为基础的道德困境，目的是培养学生的道德反思能力。

教例 4 - 14

盖尔住院

本故事以 1969 年伦敦为背景,描写一个因吸毒而住院的少女。

威廉森:来医院治疗以前最后几个月,你是怎么过的?

盖尔:打针。

威廉森:打针,什么意思?

盖尔:注射海洛因。

威廉森:怎么开始的?

盖尔:我在少年犯教养院的时候,他们常常说起它。我初次碰到它时,只是想尝一尝。

威廉森:那么,你住在哪里?

盖尔:没地方住。我们不睡觉,我们常常白天睡在厕所里,然后,晚上才上俱乐部跳舞。

威廉森:你们经常睡在厕所里?

盖尔:坐在地上睡觉,用大衣裹着。

威廉森:今后你怎么办,盖尔?

盖尔:我不知道。

威廉森:想结婚吗?

盖尔:不。

威廉森:为什么不?

盖尔:不喜欢结婚。

威廉森:除了吸毒,你就不想做一做别的事情?

盖尔:是的。

威廉森:那么,这有什么意义?

盖尔:实际上根本没有意义。

这些情境教材的目的,在于拓宽学生超越当前社会的道德视野,鼓励学生形成更为深刻、普遍的判断框架。

(二) 关怀模式

关怀模式是美国学者诺丁斯在其关怀伦理的基础上,通过哲学、伦理学构建起来的德育模式。她以关怀为核心,根据对自我、对他人、对动植物、对器具以及对思想等各个不同的关怀为中心组织起来的一个完整的道德体系。诺丁斯围绕学生的生活情境,设计一套由近及远的课程体系。该课程是由关怀自己开始,扩展到关怀身边的人、陌生人和远离自己的人,再到关怀动植物和地球,以及关怀人类创造的物质和文化成果。在教学中诺丁斯关注的是教育中的情感沟通和共鸣,强调的是人际关系和动机,重在培养学生的关心能力。为了实现这一目的,诺丁斯提出了榜样、对话、实践和认可四种主要的道德教育方法。

(三) 简短评析

该模式强调道德教育的情境性,注重道德教育过程中学生的道德动机激发和道德情感体验,并重视从实践的角度培养学生的关怀能力,在理念上具有一定的针对性。由于时间难以保证,内容过于笼统,该模式实施起来具有一定难度。

本章小结

本章包括德育方法和德育模式两部分内容。德育方法是教育者为完成德育任务所采取的方式和手段,中小学常用的德育方法有说服教育、榜样示范、实践锻炼、指导自我修养和品德评价法等。不同的方法有不同的适用条件和实施要求,在进行道德教育时要根据实际情况选择针对性的方法。

德育模式是指在一定德育思想或德育理论指导下建立起来的较为稳定的德育活动结构框架和活动程序。当前西方流行的是认知性道德发展模式、价值澄清模式、体谅关怀模式。认知性道德发展模式侧重学生道德认知水平的提高,该模式有道德两难法和公正团体法两种实践方法。价值澄清模式认为一个人拥有什么样的价值观并不重要,重要的是他应该清楚自己所拥有的价值观是什么以及如何获得这种价值观,该模式有价值澄清策略、价值单策略、团体讨论策略三种实践策略。体谅关怀模式包括体谅模式和关怀模式,分别由英国学者麦克菲尔和美国学者诺丁斯创建,这两种模式都侧重于学生道德情感的培养。

思考与应用

1. 什么是德育方法? 中小学基本的德育方法有哪些?
2. 试述如何选择合适的德育方法。
3. 什么是德育模式? 各种德育模式侧重培养品德的哪一要素?

推荐阅读书目

[1] 汪凤炎等. 德化的生活:生活德育模式的理论探索与应用研究[M]. 北京:人民出版社,2005.
[2] 赵志毅. 当代中国德育热点问题研究[M]. 北京:人民出版社,2012.
[3] 张妙龄. 德育从心灵开始:中小学典型德育案例荟萃[M]. 北京:北京师范大学出版社,2018.

第五章
德育原则与途径

学习目标

- 知识目标:了解德育原则概念,了解德育原则和德育规律的关系,掌握德育原则的实施要求,掌握我国中小学德育实施的基本路径。
- 能力目标:培养学生对于德育原则的归纳能力,形成对德育路径的选择与运用能力。
- 育人目标:渗透社会主义政治教育、集体教育、道德教育,培养学生共产主义道德品质,形成集体主义观念,树立学为人师、行为世范的职业理想,内化学生爱国守法、规范从教的职业操守。

思维导图

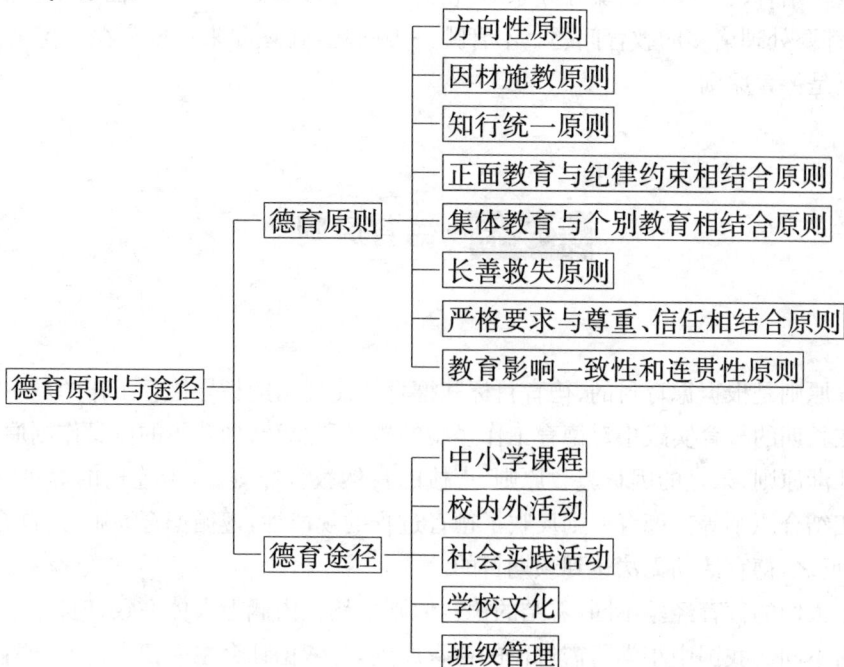

- 德育原则与途径
  - 德育原则
    - 方向性原则
    - 因材施教原则
    - 知行统一原则
    - 正面教育与纪律约束相结合原则
    - 集体教育与个别教育相结合原则
    - 长善救失原则
    - 严格要求与尊重、信任相结合原则
    - 教育影响一致性和连贯性原则
  - 德育途径
    - 中小学课程
    - 校内外活动
    - 社会实践活动
    - 学校文化
    - 班级管理

教例 5-1

陶行知的"四块糖果"

　　育才小学校长陶行知在校园看到学生王友用泥块砸自己班上的同学,陶行知当即喝止了他,并令他放学后到校长室去。无疑,陶行知是要好好教育这个"顽皮"的学生。那么他是如何教育的呢?

　　放学后,陶行知来到校长室,王友已经等在门口准备挨训了。可一见面,陶行知却掏出一块糖果送给王友,并说:"这是奖给你的,因为你按时来到这里,而我却迟到了。"王友接过糖果。随后,陶行知又掏出一块糖果放到他手里,说:"这第二块糖果也是奖给你的,因为当我不让你再打人时,你立即就住手了,这说明你很尊重我,我应该奖你。"王友更惊疑了,他眼睛睁得大大的。陶行知又掏出第三块糖果塞到王友手里,说:"我调查过了,你用泥块砸那些男生,是因为他们不守游戏规则,欺负女生;你砸他们,说明你很正直善良,且有批评不良行为的勇气,应该奖励你啊!"王友感动极了,他流着眼泪后悔地喊道:"陶……陶校长,你打我两下吧!我砸的不是坏人,而是自己的同学啊……"陶行知满意地笑了,他随即掏出第四块糖果递给王友,说:"为你正确地认识错误,我再奖给你一块糖果,只可惜我只有这一块糖果了。我的糖果没有了,我看我们的谈话也该结束了吧!"说完,就走出了校长室。

　　资料来源:孙天纬.伟大的志向[M].沈阳:辽宁大学出版社,2011:234-235.

　　面对校园常见的欺凌问题,陶行知采用说服教育法对王友教育,教育中遵循了严格要求与尊重相结合、长善救失、疏导等原则,收到了良好效果。一线教师面对丰富的教学情境,每天都要处理诸多的教育问题。不管哪一类问题,处理起来都要遵循一定的要求,这种要求就是德育原则。

第一节　德育原则

　　德育原则是根据德育目的、德育目标和德育规律提出的指导德育工作的基本要求,它是人们在长期的教育实践中对德育工作经验的概括和总结,如孔子的以身作则原则、荀况的防微杜渐原则、朱熹的因材施教原则、卢梭的自然教育原则、马卡连柯的尊重学生与严格要求相结合原则等。德育原则反映了德育过程的规律性,遵循德育原则,则德育活动效果良好;反之,德育活动无法达到预期目的。

　　由于人们的德育经验不同,总结的德育原则虽然在内涵上大体一致,但在具体名称上可能有所不同。我国中小学所需遵循的德育原则,是依据社会主义德育目的、德育任务及中小学生的思想品德形成规律,在总结实践经验的基础上提出的,反映了社会主义社会德育过程的客观规律。

一、方向性原则

方向性原则是指对学生德育活动要坚持社会主义政治方向和共产主义理想,要培养学生的共产主义道德品质。教育的方向性是毛泽东同志在 1938 年 3 月提出来的,他把"坚定正确的政治方向"作为抗日军政大学的教育方针之一,邓小平在新的历史条件下,提出"学校应当永远把坚定正确的政治方向放在第一位",教育的方向性主要是通过德育完成的。

📢 推荐阅读

扫描本章二维码,阅读《中国共产党德育工作的百年坚守》一文。

教例 5-2

"面对国旗,我们应该人人心存敬畏"

这是一个普通的周一早上,我拿着饭盒急匆匆地往教室走去,准备组织学生下楼参加升旗仪式。就在穿过旧教学楼四楼东长廊的时候,校园广播突然响起了《义勇军进行曲》,我低头看了看手表,断定这是工作人员在为升旗做准备工作,于是又加快脚步。但在我前方距离约 10 米处,一个低年级的男生听到音乐声便戛然止步,只见他脚穿雨鞋,左手提着饭盒袋,右手行起了标准的队礼,向着国旗的方向,表情庄重、严肃。我不由得停下了脚步,几乎同时,一种羞愧难当的感觉涌上心头,向着国旗的方向行起了注目礼,我心潮起伏,思绪万千——从学校的学生到教师,三十几年来,我从没有见过有人对升旗礼如此重视,即便是升旗礼正在进行时,学校围墙外围观的家长也不是人人都能做到这点的,更别提那些来来往往穿梭忙碌的身影。

下午的班会课上,我发表了"面对国旗,我们应该人人心存敬畏"的即兴演讲,把自己一早看到的这一幕与学生分享、交流。"我相信我们六年级的同学没有人不知道国旗的含义,没有人不知道红色象征着什么,也没有人不会写'国家'两个字。先写'国',后写'家',先有'国',后有'家',没有'国',何来'家'? 敬畏国旗,敬畏的不只是这面'旗',更是旗帜后面那些为国捐躯的先烈英灵,是他们用生命的代价给了我们一个'国'、一个'家'。"

这个陌生的男生也许从未想过自己一个小小的举动会成为我的思政教育故事,我也不认识他,但是他的故事,我会一直给我的学生讲下去。

分析:这是一个班主任分享的案例,班主任利用这个案例对学生进行爱国、爱家、缅怀革命先烈的教育,符合德育目标的方向性要求。

贯彻这一原则的要求:首先,在德育工作中,特别是在制定德育目标、选择德育内容时以马克思主义、毛泽东思想、习近平新时代中国特色社会主义思想为指导,坚持社会主义的政治方向。其次,德育工作要以党的路线、方针和政策为依据,结合时代特征进行教育。据人民网报道,湖南省株洲市某重点中学一语文老师在入学教育课上教导学生:"读书是为了自己",将来"挣下大把的钱","甚至找一个漂亮的老婆"。① 这位教师的说法引起了很大的社会争议,最后,该教师被学校依据《教师法》解聘。教育要树立和褒扬健康向上的主流价值观,批判、纠正错误的价值观。从教育视角看,这位教师的教育教学目标偏离了我国的教育目标,违背了教师职业道德,被学校依法解聘不可避免。再次,德育工作要结合学生生活实际,进行社会主义理想、信念和价值观教育。

二、因材施教原则

因材施教原则是指在德育过程中,要从学生的品德基础、年龄特点、个性差异出发,选择合适的教育内容和方法,有的放矢地进行教育,使每个人的品德获得最充分的发展。学生是品德形成的主体,教师提出的德育要求要通过学生的内化和自我教育才能起作用,这就决定了德育目标、内容和方法要符合学生个人的实际。因材施教原则是我国古代教育经验的结晶,孔子教出了众多成名弟子,南宋朱熹对此总结"夫子教人,各因其材",这就是因材施教的来历。

教例 5-3

《论语·先进》载,子路问:"闻斯行诸?"子曰:"有父兄在,如之何其闻斯行之?"冉有问:"闻斯行诸?"子曰:"闻斯行之。"公西华曰:"由也问'闻斯行诸?'子曰'有父兄在',求也问'闻斯行诸?'子曰'闻斯行之'。赤也惑,敢问?"子曰"求也退,故进之;由兼人,故退之。"

同一个问题,而孔子的回答却因人而异。他说:"中人以上,可以语上也;中人以下,不可以语上也。"孔子本人并没有提出"因材施教"这个概念,宋代理学家、教育家朱熹概括孔子的教学经验时指出:"夫子教人,各因其材"。

教例 5-4

因人而设的动物兴趣小组

开学第一天的第一堂课,因一只被李小明放在一个学生书包中的青蛙窜出来"呱呱"直叫,影响了上课,班主任当着全班同学的面狠狠地批评了他。可是,第二天,教室里出现了一只小猫,接着又出现了小狗、麻雀、老鼠……有一次,李小明竟将一条蚯蚓放到了讲台上。班主任对他批评、监视、处罚,都没有使他转变,认为他是不可救药的"皮大王"。到了初二,李小明依然那样调皮。新来的班主任仔细地观察他,不久发现他喜欢上生物课,于是找他谈话,非但没有批评他,还告诉他班上要成立一个动物兴趣小组,准备让他当小组长。他非常激动,向班主任表示了决心。半年后,李小明从观察昆虫的活动中,懂得了学

---

① 佚名.某重点中学一语文老师这样讲入学教育课:读书是为了挣大钱娶美女[EB/OL].(2002-08-30). http://www.people.com.cn/GB/guandian/182/6330/index.html.

好各门功课的重要性,对学习产生了浓厚的兴趣,也逐渐改掉了散漫的坏习惯,认真学习,有了很大的进步。他写了《蚯蚓在农业生产中的作用》科学小论文;在全市昆虫考察比赛中,动物小组制作的标本还得了奖。

分析:案例中班主任为转变李小明同学,根据他喜欢小动物、喜欢上生物课的特点,专门为他设置了动物兴趣小组,很好地满足了李小明的兴趣特点和学习需要,促进了小明同学的发展。

贯彻这一原则的要求:第一,识才识因,了解是因材施教的前提,教育者要深入了解学生的个性特点、品德实际及其影响因素。教育者通过观察、谈话或查阅档案等途径,深入了解学生个人的兴趣、爱好、家庭、交往等情况。第二,根据学生的年龄特点和个性特征有针对性地进行教育。由于生活家庭及成长经历的差异,世上很难找到两个完全相同的学生,教师应根据不同学生的特点进行教育。第三,结合时代特点和现实进行教育。时代特点和现实是影响学生品德形成的重要因素,结合时代特点和现实能够增加德育的针对性、趣味性。

教资国考真题

(单项选择题)"一把钥匙开一把锁"体现的德育原则是(　　　　)。

A. 理论联系实际　　　　　　　　　B. 长善救失

C. 教育影响的一致性　　　　　　　D. 因材施教

答案:D。

三、知行统一原则

知行统一原则是指对学生进行思想品德教育,既要重视对学生进行系统的理论知识教育,又要重视对学生进行实际锻炼,把提高学生的思想认识和培养学生的道德行为结合起来,使他们成为言行一致的人。

理论联系实际是马克思主义的基本原理,知行统一是这一原理在德育中的具体应用。马克思主义理论告诉我们,人们的正确认识是在实践中形成的,实践是检验真理的唯一标准。在品德构成的要素中,知和行是最基本的要素,"知是行之始,行是知之成"。没有正确的认识,行动往往是盲目的,甚至会出现错误的行为,而正确的认识如不能在行动中体现出来也就是言行不一。只有做到知行合一、言行一致,才能成为社会所需要的人。

教例5-5

考风考纪的班会课

本次主题班会由班主任和班长一起主持,形式比较新颖。班主任首先讲了本次班会的主题,接着班长总结了以前考试班里发生的一些问题及其后果,如某同学因作弊而被开除学籍。然后五位同学分别谈考试作弊的行为动机、后果。最后全班同学起立,举右手宣誓,以诚信做保证,在考试中不作弊。

听了这堂班会课,仿佛在听一次关于考试作弊的研讨会。而我观察到,在大家宣誓的场景中,一些学生还是选择了沉默。

分析:班会课之所以达不到效果与教育过程中的重知轻行有关。教师为让学生遵守考风考纪,选择了从提高认识入手,学生都知道考试作弊是不对的,所以考风考纪教育应从活动与训练入手,只有这样才能做到知行统一。

贯彻这一原则的要求:首先,组织学生系统地学习社会主义理论和道德规范。通过学习,学生能对社会、人生、道德有一个正确的看法。掌握明辨是非的标准,以指导和评价自己的行为。其次,组织学生参加各种社会实践活动。在实践中训练道德行为,养成良好的行为习惯。其中实践活动包括学习实践、生产劳动、社会公益活动、文体活动、科技活动等。学生在这些活动中深化认识,增加情感体验,磨炼意志,养成社会所需要的道德行为习惯。最后,教师要以身作则,言行一致。教师言传身教的榜样作用对学生影响非常大,教师以身作则,并以自己的模范行动去影响教育学生,比言教发挥更大的作用。教师的言行一致,对学生知行统一具有重要的引导作用。

四、正面教育与纪律约束相结合原则

正面教育与纪律约束相结合原则是指对学生进行思想品德教育,既要以说服教育为主,积极疏导,启发自觉,提高认识,调动学生接受教育的内在动力,又要辅之以必要的纪律约束,并使两者有机结合起来。在《大教学论》一书中,正面教育和纪律约束是德育的两种重要方法。夸美纽斯认为,道德教育要尽早开始正面教育,他说:"如果你不把优良的种子撒在地上,它便生不出别的东西,只会生出最坏的莠草,……,德行是由经常做正当的事情开始的,……,孩子必须得到忠告和榜样的帮助,因为孩子爱去模仿他们所见的一切,不管是好是坏。"[1]夸美纽斯同样强调了纪律的重要性,他说"学校没有纪律,犹如磨盘没有水"[2],"只有对道德方面的过失才能采用一种比较严格的纪律"[3]。现代学者则强调了制度(纪律)与道德的关系:"制度与道德是密切联系在一起的,每一种制度都有一种道德价值观在起作用,每一种制度都有自己的德行。"[4]

📢 **推荐阅读**

扫描本章二维码,阅读《制度何以育德?》一文。

---

[1] [捷]夸美纽斯. 大教学论[M]. 傅任敢,译. 北京:教育科学出版社,2014:148.
[2] [捷]夸美纽斯. 大教学论[M]. 傅任敢,译. 北京:教育科学出版社,2014:175.
[3] [捷]夸美纽斯. 大教学论[M]. 傅任敢,译. 北京:教育科学出版社,2014:176.
[4] 胡金木,王云. 校规的制度性德性审视[J]. 中国教育学刊,2007(10):45.

教例 5 - 6

霍夫兰德(Hovland)的"单面与双面宣传"实验①

美国的霍夫兰德等人在第二次世界大战末期,曾根据美国政府的要求,希望说服士兵们相信对日本的战争可能要延长,以防止他们产生日本会提前投降的幻想。霍夫兰德等人准备两种不同的说服信息。第一种是只提供正面论据,强调日本军队人数多、士气高,有武士道精神,还控制了不少当地资源。而美国到太平洋盟军基地的补给线很长,不容易迅速供应补给品,因而战争可能要继续两年。第二种是提供正反两面的证据。除介绍上述第一种论据外,还强调了不利于日军继续作战的因素。如"盟军的海军力量强于日本""在过去两次海战中,日本海军损失惨重"等等,结论还是战争要继续两年。结果发现,对于受教育程度较高的士兵来说,提供正反两方面论据比较容易改变态度。而只提供正面论据更有助于受教育程度较低的士兵改变态度。

分析:尽管霍夫兰德的说服实验是针对成年士兵的,但说服的结果和实验对象的文化程度密切相关。这启示我们,教师在说服文化水平较低的学生时,应以正面论据为主。

这条原则符合中小学生年龄特点,以正面说理、宣传正面事例为主要内容,通过正面教育,可以提高学生思想觉悟和道德认识;另外,处于发展中的学生,他们的可塑性非常大,为了使学生养成良好的行为和习惯,必须建立合理的规章制度,把耐心说服和合理的规章制度结合起来,发挥思想品德教育的效力。

贯彻这一原则的要求:首先,坚持以理服人,通过摆事实、讲道理,循循善诱,不断提高学生的思想认识。其次,要以正面事例教育学生,教育中以表扬、激励为主,批评、惩罚为辅。最后,建立健全学校规章制度,并严格管理,认真执行。

五、集体教育与个别教育相结合原则

集体教育与个别教育相结合原则是指在教育学生的过程中,要对受教育者的集体进行教育,同时依靠并通过集体,针对每个成员的特点进行个别教育。这一原则来源于苏联教育家马卡连柯《教育诗》中的一个故事——彼得连科到工厂晚了,马卡连柯没有直接批评他,却把他所属的分队长找去说:"你们的队伍里有迟到的人,希望以后不要再有了。"彼得连科第二次又迟到了,马卡连柯把全分队集合起来说:"你们分队的彼得连科又迟到了。"并指责了全分队。以后,全分队的人都教育彼得连科,他再也不迟到了。

彼得连科迟到,马卡连柯采取批评其所在分队的方式,通过集体影响个人,使得彼得连科再也不敢迟到。马卡连柯依据集体在培养学生思想品德中所具有的特殊作用,以及集体和个人的辩证统一关系,提出"在集体中,通过集体,为了集体",即对个人的教育与对

---

① 皮连生. 智育心理学[M]. 北京:人民教育出版社,1997:203 - 204.

集体的教育相一致的平行教育思想,既有面向集体的教育,又根据个人特点个别施教,把教育集体和教育个人辩证地结合起来。

集体教育和个别教育相结合在我国具有特殊的意义。我国是以公有制为基础的社会主义国家,我们的教育目的是将学生培养成为共产主义接班人,共产主义的道德核心是集体主义,必须在集体中、依靠集体,培养学生的集体主义品德,集体是学生思想品德形成和发展的最佳环境。

贯彻这一原则的要求:第一,把班级培养成班集体。教育者要依靠科任教师和班干部将班级建成班集体,使其成为教育力量。第二,充分运用健康的集体舆论和优良传统,对每个成员施加影响。第三,针对集体中每个成员的特点和问题,加强个别教育。

六、长善救失原则

长善救失原则是指在德育过程中要依靠和发扬学生品德中的优点、长处、成绩等积极因素,限制和克服缺点、短处、不足等消极因素,长善救失,因势利导,使学生思想品德不断进步。学生思想品德发展的动力在于他们思想内部的矛盾运动,即学生思想品德的发展,就是一个不断以自身的积极因素克服消极因素的过程。教师要善于利用契机、创造条件,促使学生思想内部矛盾的转化,形成良好的品德。

教例 5－7

有一个学生,在老师上课板书时,常用两手食指敲打桌沿,发出"哒哒哒"的响声。有的老师警告说:是谁! 查出来要处分。可是总是禁而不绝。

后来,一位音乐老师找到了这个学生。他怯生生地站在老师面前,等待批评和处分。但老师没有责备他,笑着说:"你参加乐队打鼓好吗?"学生愣了,以为老师讽刺他,不敢答话。老师接着说:"我们乐队缺一名鼓手,我觉得你有条件当。但是,你在上课时要认真听课,遵守课堂纪律,不要再敲桌子了,好吗?"学生点点头,泪水却扑扑地掉了下来。后来,这个学生敲鼓进步很快,上课再也不敲桌子了。

分析:教师在学生问题行为中发现该生有敲击的节奏感,为这个学生特长的发挥创造机会,这个学生后来上课很好地遵守纪律。该音乐老师对于学生的教育遵循了发扬积极因素、克服消极因素原则。

贯彻这一原则的要求:首先,要辩证地看待学生。既要看到学生身上积极的一面,也要看到学生身上消极的一面,特别要看到后进生身上的"闪光点"。其次,要长善救失,因势利导。教师要创造条件,促使学生身上的消极方面向积极方面转化。再次,要引导学生进行自我教育,提高修养水平。学生的进步离不开教师的教育,也需要他们的自我教育、自觉努力。所以,教师要帮助学生认清自身的消极因素,自觉进行反思与反省,通过自我教育提升思想道德水平。

教资国考真题

1.（单项选择题）初二(1)班小王同学在黑板上画了一幅漫画,并写上"班长是班主任的小跟班"。班主任冯老师看了,发现漫画画出了自己的特征,认为他有绘画天赋。于是请他担任班上的板报和班刊绘画编辑,并安排班长协助他。在班长的帮助下,小王发挥了自己的才能,出色地完成了任务,克服了散漫的毛病,后来还圆了他考取美术专业的大学梦。冯老师遵循的主要德育原则是(　　)。

A. 疏导原则

B. 教育影响一致性与连贯性原则

C. 长善救失原则

D. 严格要求与尊重学生相结合原则

答案:C。

2.（简答题）简述贯彻长善救失德育原则的基本要求。

答:(1)对学生要有全面的、发展的观点。(2)注意发挥学生自我教育的积极作用。(3)有意识地创造条件,将消极因素转化为积极因素。

七、严格要求与尊重、信任相结合原则

这一原则是指在德育过程中要对学生严格要求,同时要尊重学生人格、相信他们通过努力能够达到预期的教育要求。这一原则是由马卡连柯最先提出的,他认为,在教育过程中应尽可能多地要求一个人,也要尽可能多地尊重信任一个人。在严格要求的基础上,对学生尊重信任,能充分发挥学生的自主性,调动起自我教育的积极性;在尊重信任的前提下,提出更高的要求,包括提出明确具体、力所能及的教学目标,并使之转化为学生的努力目标。

教例5-8

上课铃响了,教室里还是乱哄哄的。进去一看,原来是张明同学在黑板上画孙悟空,一边画还一边做鬼脸,惹得大家哄堂大笑。联想到以往张明调皮捣蛋的表现,李老师满肚子是火,板着面孔就是一顿挖苦:"画又画不像,'齐天大圣'写成'齐天大怪',不害羞,还好笑……"张明不服气,就顶嘴。李老师更火了,用他哥哥曾经劳教的事来讽刺他,说:"你和你哥哥都不是好货,都是劳教的坯子。"张明一气之下离开了学校,李老师也没去把他劝回学校而放任自流,最后张明走入了歧途。

分析:张明同学辍学和李老师的教育方式有很大关系。学生是具有尊严的人,是具有可塑性的人,李老师在教育过程中若能尊重学生,不借题发挥伤害学生的自尊,张明同学也不至于离开学校;李老师若能耐心予以教育,张明同学可能不会走入歧途。

贯彻这一原则的基本要求:首先,教师要尊重、信任学生。教师要尊重学生的人格和自尊心,相信学生能够达到预期要求。尊重、信任是教育学生的基础,只有尊重、信任学生,才能使学生"亲其师,信其道",教育的作用才能得到充分的发挥;只有尊重学生才能激

起他们的自信心、自尊心和上进心,使他们不断进步。其次,对学生要严格要求。教师对学生提出的要求要合情合理,符合学生的年龄特征和品德实际,并要求学生做到。最后,提出的要求要贯彻到底,要创造条件督促、帮助学生完成,不姑息迁就。

八、教育影响一致性和连贯性原则

教育影响一致性和连贯性原则是指在德育过程中教育者要协调各种教育力量,使之方向一致、协调配合,系统连贯地进行,以保障学生的品德能按教育目的的要求发展。一致性,一是指校内各种教育力量保持一致,二是指校外教育力量保持一致。"如果没有这种一致性,学校的教学和教育过程就会像纸做的房子一样倒塌下来。"①连贯性是指德育的内容和要求应循序渐进,前后连贯,有目的、有计划、有系统地进行。学生品德形成受到各种力量影响,只有这些力量方向一致、系统连贯,形成合力,德育工作才能取得实效。

教例 5-9

俄国寓言《天鹅、大虾和梭鱼》
作者:伊万·安德烈耶维奇·克雷洛夫

有一次,天鹅、大虾和梭鱼,想把一辆大车拖着跑,他们都给自己上了套,拼命地拉呀拉呀,大车却一动也不动。车子虽说不算重,可天鹅伸着脖子要往云里钻,大虾弓着腰使劲往后靠,梭鱼一心想往水里跳。究竟谁是谁非,我们管不着,只知道,大车至今仍在原处,未动分毫。

在这个寓言中,天鹅、梭鱼和虾好比学校、家庭和社会影响,大车相当于班级学生。对于班级学生的教育,需要家庭、学校、社会三方形成合力,否则,整体效益是零,就像"车子一动也没动"。这就要求学校在德育过程中争取家庭、社会教育力量的配合,逐步形成以学校为中心的"三位一体"的德育网络。

贯彻这一原则的基本要求:第一,统一学校内部的各种教育力量,校领导、任课教师、班主任的教育力量要一致,教师的教学工作、班级管理工作、课外活动、生产劳动、团队活动的目的要一致。第二,校内外的教育力量要一致。学校应与家庭和社会有关机构建立和保持制度化联系,制定相互配合的方案,共同努力,控制和消除环境中的不利影响。第三,对学生进行德育要有计划、系统地进行,做好衔接工作,使对学生的教育前后连贯一致。要防止时紧时松,时宽时严,断断续续。

---

① 苏霍姆林斯基.给教师的建议[M].杜殿坤,编译.北京:教育科学出版社,1984:526.

技能训练

（一）训练主题：理解和运用德育原则。

（二）训练内容：在学习本章德育原则和查阅资料的基础上，请编写体现德育原则的典型案例，要求有题目、目标、背景材料（问题）、解决措施、案例分析、案例启示等部分。

（三）训练形式：个人独立查阅资料，独立设计案例，全班交流，教师点评。

（四）训练要求：案例贴近学生的生活与学习，具有时代特点，符合学生身心特征，案例中对于问题的处理体现两个以上的德育原则。

第二节　德育途径

教例 5－10

在某地召开的德育工作会议上，与会的一位负责德育工作的教师抱怨学校不重视德育工作，说："学校整天上课补课，我们搞德育连时间都没有。"

这位教师的说法是否正确？

分析：这位教师的说法显然存在问题，学校德育工作搞不好，除了有"不重视德育"这一原因外，还与该教师对德育途径的片面理解有关。

德育途径是实现德育内容、完成德育任务、达到德育目的的活动渠道，即在德育实践中所采取的比较稳定的组织形式。[①] 德育途径可以按照不同标准分类，按照实施地点不同，分为社会德育、家庭德育、学校德育途径；按照呈现形式不同，分为显性德育途径与隐性德育途径，显性德育途径是指采用明确的、直接的、外显的方式开展教育活动，隐性德育是指通过无意识的、间接的、内隐的方式潜移默化地影响受教育者的教育活动。按照作用方式的不同，分为德育课程、校内外活动、社会实践活动、文化环境、班级管理等。

一、中小学课程

（一）德育课程

推荐阅读

扫描本章二维码，阅读《美国没有班主任　德育怎么抓》一文。

---

① 檀传宝.德育与班级管理[M].2 版.北京:高等教育出版社,2007:110.

德育课程是以培养学生品德为根本任务的课程。义务教育阶段设置的德育课程是"道德与法治",高中设置的德育课程主要是"思想政治"。德育课程的基本任务是对学生进行系统的品德教育,使学生养成良好的思想品德和行为习惯,促进学生知、情、意、行等品德要素的协调发展。

"道德与法治"融合道德、心理健康、法律、国情等相关内容,旨在促进学生道德品质、健康心理、法律意识、公民意识的进一步发展,形成乐观向上的生活态度,逐步树立正确的世界观、人生观和价值观。与其他学科相比,其目的性、计划性、系统性更强。所以,"道德与法治"课是对学生进行品德教育的主要学科。"思想政治"以立德树人为根本任务,以培育社会主义核心价值观为目的,旨在帮助学生确立正确的政治方向、提高思想政治学科的核心素养,增强社会理解和参与能力的综合性、活动性学科课程。

德育课程主要通过课堂教学、实践教育、体验教育、养成教育等方式,引导学生学习道德知识,内化道德规范。在小学阶段将教材讲解与情景模拟、角色扮演、参观访问结合起来;在中学阶段将教材讲解与讨论互动、参观访问、现场调查等结合起来。这样可以让学生在活动和实践中与社会产生情感互动,获得真实体验,内化道德认知,提升道德品质。[①]

(二)学科课程中的德育

学科课程中的德育是指利用学科中蕴含的德育资源对学生进行道德教育。不论是我国古代的"文以载道",还是西方的"知识即美德""教育性教学原则",都说明教学内容是科学性与思想性的统一,在学科教学中对学生进行品德教育切实可行。为此,2001年教育部印发的《义务教育课程设置实验方案》提出:"各门课程均应结合本学科特点,有机地进行思想道德教育。环境、健康、国防、安全等教育应渗透在相应课程中进行。"为把德育工作落到实处,义务教育新课程改革设定的三维目标中,专门设置蕴含德育元素的情感、态度、价值观目标。

中小学开设的课程中都蕴含着丰富的德育资源。语文、历史、地理、外语等人文课程中,蕴含着人文情怀、社会伦理等内容,有助于培养学生的社会责任感和社会公德意识。数学、物理、化学、生物、科学等科学类课程中,蕴含着世界观、方法论等元素,有助于学生科学精神、科学方法、科学态度的培养。音乐、体育、美术等艺体类课程中,也蕴含着德育元素,有助于对学生进行健康体魄、意志品质和审美情趣教育。

········ 资料拓展 5-1 ···

中小学学科课程中蕴含的德育资源

语文课要注重利用课程中的语言文字潜移默化地对学生进行价值引导和道德熏陶,培养学生的爱国主义情感、民族精神和社会责任感、审美情趣,以及对多样文化的尊重、对人类发展的关注等。

---

① 教育部基础教育司. 中小学德育工作指南[M]. 北京:教育科学出版社,2017:44.

历史课要注重弘扬以爱国主义为核心的民族精神和以改革创新为核心的时代精神，传承中华民族的优良传统，加强国家认同和国家主权教育，培养学生的社会责任感。

地理课要注重利用地理常识引导学生从地理的视角认识和欣赏人类所生存的世界，增强学生对地理环境的理解力和适应力，加强对学生人口观、资源观、环境观以及可持续发展观的培养。

外语课要注重利用语言学习培养学生的国际视野，增进学生的国际理解，引导学生了解并尊重世界文化的多样性。

数学课重在引领学生通过学习数学知识，在观察、实验、猜想、证明等活动中发展演绎推理能力，发展观察问题、提出问题、分析问题、解决问题的科学探究能力，养成认真勤奋、独立思考、合作交流、反思质疑的学习习惯，形成爱科学的精神、实事求是的人生态度，提升创新意识和审美意识。

物理课要使学生在学习物理知识的同时，学习唯物主义的物质观、联系发展观、实践观等；在了解现代科技成就的同时，激发爱祖国的情感，养成实事求是、尊重自然规律的科学态度，形成健康的个性品质，如执着的追求、坚强的意志、质疑的习惯等。

化学课是科学教育的重要组成部分。化学课重在从学生实际和社会发展需要出发，引导学生体验科学探究的过程，启迪学生的科学思维，帮助学生形成关心自然、关心社会、爱护环境、珍惜资源、合理使用化学物质的观念，形成科学的自然观和严谨求实的科学态度。

生物课重在引领学生通过对生命规律的探索和学习，理解人与自然和谐发展的意义，提高环境保护意识；培养学生热爱自然、珍爱生命、热爱祖国的情感和责任感；培养学生实事求是的科学态度、探索精神和创新意识；让学生逐步养成良好的生活与卫生习惯，形成积极、健康的生活态度。

科学课重在引导学生通过观察、实验、制作等活动，学会科学地看问题、想问题，形成大胆想象、尊重证据、敢于创新的科学态度；引导学生将科学知识应用于日常生活中，养成科学的行为习惯和生活习惯；培养学生爱科学、爱家乡、爱祖国的情感，让他们形成与自然界和谐相处的生活态度，增强其社会责任感。

体育课要引导学生在学习和掌握相关知识、技能、技巧的基础上，培养学生进行体育锻炼的积极态度，养成锻炼身体的习惯；在对抗和竞争中，培养学生的规则意识、竞争意识和合作精神，培养学生胜不骄、败不馁、锲而不舍的勇敢精神和坚强的意志品质。

音乐课要引导学生充分体验音乐的美和蕴含于其中的丰富情感，提高学生的音乐文化素养，培养学生健康、高尚的审美情趣和积极乐观的生活态度，为其热爱音乐、热爱艺术、热爱生活打下良好基础。

美术课重在引导学生获得以视觉为主的审美体验，陶冶学生的审美情操，提高学生的审美意识和审美能力；增强学生对大自然和人类社会的热爱及责任感，培养学生尊重和保护自然环境的态度以及创造美好生活的愿望与能力。

资料来源：教育部基础教育司. 中小学德育工作指南[M]. 北京：教育科学出版社，2017:47-53.

资料拓展 5-2

美国老师如何讲灰姑娘的故事

上课铃响了，孩子们跑进教室，这节课老师要讲的是《灰姑娘》的故事。

老师先请一个孩子上台给同学讲一讲这个故事。

孩子很快讲完了，老师对他表示了感谢，然后开始向全班提问。

老师：你们喜欢故事里面的哪一个？不喜欢哪一个？为什么？

学生：喜欢辛黛瑞拉（灰姑娘），还有王子，不喜欢她的后妈和后妈带来的姐姐。辛黛瑞拉善良、可爱、漂亮。后妈和姐姐对辛黛瑞拉不好。

老师：如果在午夜12点的时候，辛黛瑞拉没有来得及跳上她的南瓜马车，你们想一想，可能会出现什么情况？

学生：辛黛瑞拉会变成原来脏脏的样子，穿着破旧的衣服。哎呀，那就惨啦。

老师：所以，你们一定要做一个守时的人，不然就可能给自己带来麻烦。另外，你们看，你们每个人平时都打扮得漂漂亮亮的，千万不要突然邋里邋遢地出现在别人面前，不然你们的朋友要被吓着了。

好，下一个问题：如果你是辛黛瑞拉的后妈，你会不会阻止辛黛瑞拉去参加王子的舞会？你们一定要诚实哟！

学生：（过了一会儿，有孩子举手回答）是的，如果我是辛黛瑞拉的后妈，我也会阻止她去参加王子的舞会。

老师：为什么？

学生：因为，因为我爱自己的女儿，我希望自己的女儿当上王后。

老师：是的，所以，我们看到的后妈好像都是不好的人，她们只是对别人不够好，可是她们对自己的孩子却很好，你们明白了吗？她们不是坏人，只是她们还不能够像爱自己的孩子一样去爱其他的孩子。

孩子们，下一个问题：辛黛瑞拉的后妈不让她去参加王子的舞会，甚至把门锁起来，她为什么能够去，而且成为舞会上最美丽的姑娘呢？

学生：因为有仙女帮助她，给她漂亮的衣服，还把南瓜变成马车，把狗和老鼠变成仆人。

老师：对，你们说得很好！想一想，如果辛黛瑞拉没有得到仙女的帮助，她是不可能去参加舞会的，是不是？

学生：是的！

老师：如果狗、老鼠都不愿意帮助她，她可能在最后的时刻成功地跑回家吗？

学生：不会，那样她就会成功地吓到王子了。（全班再次大笑）

老师：虽然辛黛瑞拉有仙女帮助她，但是，光有仙女的帮助还不够。所以，孩子们，无论走到哪里，我们都是需要朋友的。我们的朋友不一定是仙女，但是，我们需要他们，我也希望你们有很多很多的朋友。

下面，请你们想一想，如果辛黛瑞拉因为后妈不愿意她参加舞会就放弃了机会，她可能成为王子的新娘吗?

学生:不会! 那样的话,她就不会到舞会上,王子也不会遇到、认识和爱上她了。

老师:对极了! 如果辛黛瑞拉不想参加舞会,就是她的后妈没有阻止,甚至支持她去,也是没有用的,是谁决定她要去参加王子的舞会的?

学生:她自己。

老师:所以,孩子们,即使辛黛瑞拉没有妈妈爱她,她的后妈不爱她,也不能够让她不爱自己。就是因为她爱自己,她才可能去寻找自己希望得到的东西。如果你们当中有人觉得没有人爱,或者像辛黛瑞拉一样有一个不爱她的后妈,你们要怎么样?

学生:要爱自己!

老师:对,没有一个人可以阻止你爱自己,如果你觉得别人不够爱你,你要加倍地爱自己;如果别人没有给你机会,你应该加倍地给自己机会;如果你们真的爱自己,就会为自己找到自己需要的东西,没有人可以阻止辛黛瑞拉参加王子的舞会,没有人可以阻止辛黛瑞拉当上王后,除了她自己。对不对?

学生:是的!!!

老师:最后一个问题,这个故事有什么不合理的地方?

学生:(过了好一会)午夜12点以后所有的东西都要变回原样,可是,辛黛瑞拉的水晶鞋没有变回去。

老师:天哪,你们太棒了! 你看,就是伟大的作家也有出错的时候,所以,出错不是什么可怕的事情。我担保,如果你们当中谁将来要当作家,一定比这个作家更棒! 你们相信吗?

孩子们欢呼雀跃。

资料来源:看看美国老师是如何讲灰姑娘的故事(略有删改).https://learning.sohu.com/20060216/n241841860.shtml.

分析:美国教师讲述的《灰姑娘的故事》,也是我国原人教版四年级上册三单元的一篇课文,该教师在教学中潜移默化地教育学生:要做一个守时的人;每个人平时要注重仪表,大方得体;后妈并不是坏人,只是她不能够像爱自己的孩子一样爱别人,我们应该要做到"老吾老以及人之老,幼吾幼以及人之幼";要学会爱自己;每个人都需要很多朋友;出错不是什么可怕的事情,再伟大的人物都会出错。该教师透过谈话、讨论渗透,很好地落实了情感、态度和价值观目标。

二、校内外活动

活动是中小学开展教育教学的重要形式,也是学生品德形成和发展的重要途径,更是学生喜欢的一种学习方式。学校内常见的活动有节日纪念日活动、仪式教育活动、共青团少先队活动、校园节活动等。[①] 这些活动蕴含丰富的德育资源,可以潜移默化地促进道德

---

① 教育部基础教育司.中小学德育工作指南[M].北京:教育科学出版社,2017:90-91.

认知和道德情感的发展。因此,校内外活动是对学生进行思想品德教育重要的途径。

(一) 节日纪念日活动

我国历史悠久、文化丰富、节日众多。有凝结着中华民族的民族精神和民族情感,承载着中华民族的文化血脉和思想精华的中华传统节日,如春节、清明节、端午节、中秋节、重阳节等;有为铭记国际国内重大事件而设立的纪念节日,如劳动节、青年节、儿童节、国庆节等;有为纪念重大事件,为伟人、先烈而设立的纪念日,如学雷锋纪念日、中国共产党建党纪念日、中国人民解放军建军纪念日、九一八事变纪念日等;有为引发对特定问题关注而设立的主题教育日,如世界地球日、中国航天日、世界健康日、全民国家安全教育日等。

节日、纪念日承载着丰富的教育资源。《中宣部 中央文明办 教育部 民政部 文化部关于运用传统节日弘扬民族文化的优秀传统的意见》指出:"传统节日中所蕴含的民族文化的优秀传统,是对青少年进行思想道德教育的宝贵资源。"中共中央办公厅印发的《关于培育和践行社会主义核心价值观的意见》要求,挖掘各种重要节庆日、纪念日蕴藏的丰富教育资源,利用政治性节日、国际性节日、党史国史上的重大事件、重要任务纪念日等,举办庄严庄重、内涵丰富的庆祝和纪念活动。在节日纪念的教育活动中,通过教师讲解、学生实践调查、主题演讲、公益活动、社会实践等形式进行德育渗透。

(二) 仪式教育活动

仪式是指典礼的秩序形式,它承载着深厚的历史文化,蕴含着丰富的德育资源。中小学校常见的仪式有升国旗仪式、团队仪式,以及入学、毕业、成人仪式等。《中华人民共和国国旗法》第十四条规定:"学校除假期外,每周举行一次升旗仪式。"1990 年 8 月,国家教委发布的《关于施行〈中华人民共和国国旗法〉严格中小学升降国旗制度的通知》规定,中小学校的升国旗仪式在周一早晨举行(寒暑假除外,恶劣天气可以不举行),重大节日和纪念日应举行升旗仪式。升国旗仪式是对学生进行爱国主义教育的重要形式,有助于进一步增强国家意识、强化国家认同、厚植爱国主义情怀,激发爱国主义精神。

中国共产主义青年团是中国共产党领导的先进青年组成的群众性组织,中国少年先锋队是中国少年儿童的群众组织。仪式教育是共青团、少先队活动的重要载体,共青团在开展团的活动、学生入团、团员离团,少先队在建队、开展主题活动,少先队员入队、离队时也要举行仪式。团队仪式能给团员、队员带来庄严感与使命感,利于政治启蒙,促进团员、队员的身份认同,增强团员、队员的责任感和荣誉感。

入学、毕业、成人等仪式是道德教育的主要载体。中共中央、国务院《关于进一步加强和改进未成年人思想道德建设的若干意见》(中发〔2004〕8 号)指出,未成年人的入学、入队、成人宣誓等是有特殊意义的重要日子,蕴藏着宝贵的思想道德教育资源。入学仪式与毕业仪式是学生在学校生活的开始与结束。入学仪式能够使新生结识同学、老师,感受学校环境氛围,感知礼仪规范,形成对班级和学校的认同感。毕业仪式能激发学生对学校生活与学习的怀念,对母校的留恋、感恩之情,培养学生的光荣感、自豪感和使命感。成长仪式重点是让小学三到四年级的学生学会感恩、懂得分享,理解父母的养育之恩、师长的教诲之恩、朋友的帮助之恩。青春仪式是让进入青春期的初中学生学会交往沟通,控制情绪、包容他人,迈好青春第一步。成人仪式是让年满十八岁的学生懂得成人之责,做守法公民,担社会责任,不断完善自我,立志成才报国。

(三) 校园节活动

校园节活动是以节日、重要活动为载体,以学生特有的思想观念、心理素质、价值取向、行为方式等为核心,通过文化、体育和思想教育活动实现对学生的教育。校园节活动突出反映一所学校的办学特色和文化氛围,开展校园节活动,有利于传承、发扬校园文化,调动学生的兴趣、积极性、参与性,寓教于乐。《中小学德育工作指南》(教基〔2017〕8 号)要求,学校应结合实际情况,每学期至少举办一次科技节、艺术节、运动会、读书会。

科技节有助于营造浓厚的校园科学氛围,提高学生的科学素养,普及科学知识,弘扬科学精神,传播科学思想,拓展学生的特长,丰富学生的课余生活,培养学生动手能力、思维创造能力、批判质疑能力。艺术节是展示学校艺术教育成果的平台,是提高学生审美素养的主要渠道,也是传承和发展中华民族优秀文化的重要载体,能够培养学生感受美、鉴赏美、表现美、创造美的能力。运动会有助于提高学生身体素质,促进学生身心健康,培养学生团结协作、努力拼搏的意志品质。读书会通过营造良好的读书氛围,有助于学生增长知识、开阔视野,学会学习,培养阅读能力,养成阅读习惯。

(四) 共青团、少先队活动

学校共青团是学校党委(党总支、党支部)领导下的群众组织,主要采取团校教学和社会实践两种活动方式。团校教学重在讲解党、团的基本知识和理论,社会实践往往采用参观访问、社会调查、志愿服务、公益活动以及演讲、征文、阅读等形式。共青团活动有助于中学生形成团员意识、树立理想信念、增强社会责任感和适应社会的能力。

学校少先队是学校团委领导下的少年儿童群众组织,主要通过组织教育、自主教育、实践活动等形式,培养学生的组织归属感、社会责任感以及创新精神和实践能力,引导学生听党话、跟党走,自觉培育和践行社会主义核心价值观,为实现中华民族伟大复兴的中国梦时刻准备着。《中小学德育工作指南》要求确保少先队活动时间,小学 1 年级至初中 2 年级每周安排 1 课时。所以,团队活动是中小学德育的重要途径之一。

学生会是由学生组成的群众性自治组织,在党组织的领导和团组织的指导帮助下,依照法律、学校规章制度和各自的章程开展工作。在学生会领导下开展的体育、艺术、科普、环保、志愿服务等社团活动,能够陶冶学生情操,发展学生特长,养成遵规守纪观念,促进学生德智体美劳全面发展。

三、社会实践活动

社会实践活动是指学生利用假期或休息时间在社会上参加的实践活动,有助于学生观察社会、了解国情,获得道德体验,增强社会责任感、创新精神和实践能力。

（一）主题教育实践活动

主题教育实践活动是指围绕某一主题开展的实践性活动。中华优秀传统文化教育实践活动；革命传统、国防教育实践活动；法治、安全、健康教育实践活动；科普、文化艺术教育实践活动；保护环境，关爱老人、孤儿、残疾人教育实践活动等是中小学经常举办的活动。

中华优秀传统文化教育实践活动主要利用博物馆、纪念馆、文化馆、图书馆、美术馆、音乐厅、剧院、故居旧址、名胜古迹、文化遗产、具有文化价值的遗址等，对学生进行社会实践教育，增强学生对中华优秀传统文化的认同感和自豪感。

革命传统教育实践活动主要通过组织学生参观革命遗址、历史文化遗产，或者利用其他红色文化资源，培养学生的爱国主义情感，坚定学生的意志信念。国防教育实践通过祭扫烈士墓，参观革命纪念馆、纪念室展厅，走进红色教育基地、国防基地等进行实践体验，培养学生国防观念意识，增进国防知识，提高爱国情感。

法制教育实践通常利用法院、检察院等法治实践基地进行，让学生在真实的法治实践情境中学习；也可与社区合作，组织学生参加社区法治服务活动，旨在培养学生的法制观念和法制意识，形成自觉守法、解决问题靠法的思维习惯和思维方式。校内的安全教育实践主要有应对地震、火灾等情况的应急疏散演练，校外的主要利用交通队、消防队和地震台等社会资源开展实践活动，提高学生的安全意识，培养学生守护自身安全的技能。健康教育主要是组织学生在体育场馆、心理服务机构、儿童保健场所等机构开展活动，培养学生乐观向上的心理品质，开发学生的心理潜能。

科普教育实践主要是组织学生到科技馆、科研机构、科普基地从事参观、实践、体验活动，激发学生的科学兴趣，提升学生的科学素养。文化艺术教育实践是组织学生参加文艺活动，或者组织学生到展览馆、美术馆、音乐厅欣赏和体验生活之美、艺术之美，进而提高学生文化品位和审美修养，丰富学生的精神世界。

环境是人类生存的空间，环境与人类命运息息相关。学校通过组织学生走进能源展览馆、污水处理厂、自然保护区参观访问，或进行区域和主要环境问题的调查，促进学生形成保护环境的情感和对环境友善的行为。尊老爱幼、扶弱助残是中华民族的传统美德，学校通过组织学生开展帮扶空巢老人、关爱留守儿童、帮助残疾人等志愿服务活动，增进学生的亲身体验，形成我为人人、人人为我的社会风气。

（二）劳动实践

2020 年 3 月，中共中央、国务院印发《关于全面加强新时代大中小学劳动教育的意见》，要求有目的、有计划地组织学生参加日常生活劳动、生产劳动和服务性劳动，让学生动手实践、出力流汗，接受锻炼、磨炼意志，培养学生正确的劳动价值观和良好的劳动品质。

校内劳动实践是学校日常教育中常规的劳动实践方式。小学阶段以校园劳动为主，组织学生参加校园卫生保洁、绿植养护、种植养殖、动物饲养等力所能及的实践活动；中学阶段可开展手工制作、电器维修、班务整理、室内装饰和勤工俭学等较为复杂的实践活动。校外劳动实践是校内实践的补充与延伸,可以组织小学高年级学生和中学生适当走向社会、走进劳动实践基地,通过参加农业生产、工业体验、商业和服务业实习等集中劳动,在实践中体验劳动的艰辛与乐趣。

家庭是孩子的第一所学校,教师应引导家长抓住衣食住行等日常生活中的劳动实践机会,鼓励孩子自觉参与、自己动手、随时随地、坚持不懈地进行家务劳动,让学生在布置房间、打扫家庭卫生、整理个人用品和维修家用设备等家务劳动中承担家庭责任,理解和尊重家庭成员,养成劳动习惯,体会劳动的价值和乐趣。

(三)研学旅行

中小学生研学旅行是教育部门和学校有计划地组织安排,通过集体旅行、集中食宿的方式开展的研究性学习与旅行体验相结合的实践教育活动,是实践育人的有效途径。[①]通过组织学生走进实践基地、教育基地,有针对性地开展自然类、历史类、地理类、科技类、人文类、体验类的专题活动,促进书本知识与生活经验的深度融合,推动学生认识社会、适应社会,激发学生对国家对人民的热爱之情。

四、学校文化

学校文化是指学校全体成员或部分成员习得且共同具有的思想观念和行为方式。学校文化的核心是价值观,它依托学校内的有形载体,潜移默化地影响学生的思想观念和行为方式。

(一)校园环境

校园建筑是校园环境的重要组成部分,主要包括校园建筑布置、校园景观设计、室内环境建设等方面。校园建筑根据育人目的设计,能够有效地陶冶学生情操、提高学生审美观、规范学生行为,激励其勤奋学习,树立正确的人生观和世界观。

校园建筑布置包括建筑物的哲理性命名、建筑物内外墙拟人化的装饰、校园橱窗生活化的装扮等。哲理性命名,如"励志楼""明德礼堂""慎思馆",能激励学生勤奋学习;拟人化的装饰,如走廊、楼梯墙壁的名人名言与警句,能教会学生学习与做人;橱窗生活化的装扮能达到主题教育的目的。

校园景观主要是指除校园固定建筑物外,学校利用留白空间结合校园文化创设的教育场景。校园景观设计,如校园内的绿化设计、道路命名、名人雕像的摆放、亭榭假山的样式设计、小桥与流水的搭配等,能够使学生有美的体验和感受,自觉规范个人的行为。

室内环境建设包括共青团、少先队活动室的环境建设,校史陈列室、图书室、广播室的环境建设,普通教室和专业教室的环境建设等。团队活动室的建设具有教育性、时代性、思想性,并符合学生年龄特点;校史陈列室、图书室、广播室的建设具有安静、整洁、有序等

---

① 教育部基础教育司.中小学德育工作指南[M].北京:教育科学出版社,2017:160.

特点,能激发学生的读书情感与欲望;普通教室和专业教室的建设具有整洁、明亮、美观的特点,有助于形成良好的学习氛围,陶冶学生情操。

(二) 文化氛围

文化氛围是指一种可以通过人的视觉听觉而认知感受的充满文化气息的气氛、阵势、情景、活动、环境。文化氛围是无形的,以潜在的运动形态使师生受到感染,体验到学校的整体精神追求,因而产生思想升华和自觉意愿。

校风是一所学校各种风气的总和,是学校在办学过程中长期积淀而成的具体行为和道德意义的风气,是在校内乃至社会上具有极大影响并被普遍认可的思想和行为风尚。良好的校风有一股巨大的同化力、促进力和约束力,是一种精神力量和优良传统。学校要通过组织师生设计校徽、校歌、校规、校训、校旗等活动加强校风建设,使师生了解、认同学校文化,逐渐形成主流价值观。

········· 资料拓展 5 - 3 ·········

徐州市解放路小学:红色文化滋润学生心田

始建于 1945 年的徐州市解放路小学,2010 年 6 月被命名为"淮海战役红军小学",爱国、担当、奉献的精神浸润着学校的文化。作为全市唯一的"红军小学",解放路小学以传承红色基因、赓续红色血脉为己任,在课堂中育人,在体验中成长,主要从国家课程渗透体验活动和校本课程特色体验活动两方面建构"红色文化"课程体验活动体系。

国家课程渗透体验活动

国家课程是学生德育实践养成优秀品格的重要平台与载体。学校开展了在学科教学中渗透学党史的体验活动,并组织老师梳理了学科中的"红色文化"课程,覆盖一到六年级所有学科中有关党史的内容,打造红色课堂。老师们在教学中结合《朱德的扁担》《为中华之崛起而读书》《开国大典》《金色的鱼钩》《红星歌》等课文、歌曲,有机拓展、延伸教学内容,通过红色引领、典型示范、情景体验等把红色资源融入课堂,让学生在参与和体验中浇铸"红色魂"、播撒"初心苗"。

老师们在教学中结合建党 100 周年和国家课程体系,挖掘渗透红色基因的传承,同时,在作业延伸中结合本土红色资源,拓展学生学习的宽度。如,在学生阅读理解的教学中结合目标和类型要求,利用徐州本地的革命先辈的故事和事件,让学生在提高阅读和信息提炼能力的同时,渗透本土的红色文化;再如,在数学中,把淮海战役中的各种数据渗透在解决实际问题的拓展练习中,让学生通过做题,潜移默化地了解战役中的各种数据,把国家课程校本化落到实处,走向学科育人,涵育"爱国家有担当"的情怀。

校本课程特色体验活动

作为淮海战役红军小学,学校坚守、实践、传承淮海战役精神,拓展立德树人路径,开展"红军长征远足""红书伴我成长""红领巾淮塔小导游团""寻访红色足迹""诵红军诗、唱红歌、跳红军舞、做红军操"等丰富多彩的红色文化特色体验活动,厚植学生家国情怀,砥砺责任担当。一年级的入队、四年级的成长礼都渗透红色教育主题活动,引导学生从小胸怀美好理想,志做有用之才,忠于祖国,忠于人民,将理想信念的火种和红色文化基因代代相传。

每届四年级的成长礼主题只有一个,那就是"淮海战役精神伴我成长"。为此,学校专门研发了贯穿一学年的校本课程,编辑相关读本,内容涵盖认识淮塔、观看红色电影、走进实践基地、融入学科教学、开展综合评价、在"成长仪式"上展示学习成果等,让中华优秀传统文化和革命传统文化更有抓手,能够更好地落地生根。下一步,学校将牢记党的嘱托,不忘初心,砥砺前行,让淮海战役精神在解放路小学落地生根、永续传承。

解放路小学红色文化筑牢了学校发展的根基,培育了学校发展的灵魂,滋润学生心田,为学校的发展注入强大动力,社会各界对学校的满意度越来越高。

资料来源:徐州市解放路小学:红色文化滋润学生心[N].新华日报,2021-04-22(8).

班风是指一个班级稳定的、具有自身特色的集体风范,是一个班级中大多数学生在学习、思想等方面的共同倾向。良好的班风使班级里形成亲切、和睦、互助的关系,勤奋进取、文明礼貌的氛围,以及遵守班集体行为规范和维护班集体荣誉的精神状态。教师可通过组织学生设计班名、班训、班徽、班刊等活动,塑造良好的班风,培养学生的道德情操,增强班级凝聚力。

五、班级管理

班级管理是指在师生合作的前提下,教师通过适当的管理策略,有效地处理班级的人、事、物等各种事务,培养学生的良好行为,营造支持性的学习环境与健康和谐的班级文化氛围,达成教育目标,促进学生发展的过程。班级管理有助于创设良好的班级环境,提高学习效率;有助于学生形成良好的品德和行为习惯;有助于锻炼学生能力,学会自治自理。

班主任是班级的主要管理者。《中小学班主任工作规定》指出,设立班主任是为进一步推进未成年人思想道德建设,班主任是中小学日常思想道德教育和学生管理工作的主要实施者。班主任通过班级日常管理,维护班级良好秩序,培养学生的规则意识、责任意识和集体荣誉感,营造民主和谐、团结互助、健康向上的集体氛围;通过组织、指导开展班会、团队会(日)、文体娱乐、社会实践、春(秋)游等形式多样的班级活动,进行系统的集体教育;通过操行评定促进学生品德发展;通过与其他教育力量沟通协调形成教育合力。

任课教师与学生是班级管理的参与者。任课教师通过对学生进行课堂气氛管理、课堂纪律管理、课堂问题管理,培养学生良好的品德和学习习惯;学生是班级管理的对象,也是班级管理的主体,学生在班级管理过程中,既管理自己,也监督他人。所以,学生参与班级管理有助于增强班级凝聚力,有助于培养学生遵规守纪观念,亦有助于增强学生的民主意识。

中小学德育有多种路径,但不同路径所起的作用不同,不同学校的管理方式、办学特色、资源占有量也不同。所以,在选择德育路径时要综合考虑德育目标、德育内容、学段特点、品德要素短板、学校实际等因素,以便最大程度地发挥德育路径的作用。

教 资 国 考 真 题

1.(简答题)简述小学德育的实现途径。

答:小学德育实施的主要途径:(1)思想品德课与其他学科教学;(2)课外、校外活动;(3)劳动;(4)少先队活动;(5)班会、校会、周会、晨会;(6)班主任工作。

2.(单项选择题)小学德育的基本途径(　　　)。

A.课外活动和校外活动　　　　　　B.少先队活动

C.品德课和各科教学　　　　　　　D.班主任工作

答案:C。

技 能 训 练

(一)训练主题:学科教学中德育途径。

(二)训练内容:中小学学科教学是德育实施的主渠道,以你执教的学科为例,设计一份中学(小学)德育途径调查问卷,要求包含题目、指导语、个人特征资料、问题等部分。

(三)训练形式:小组合作设计、班内交流,教师点评。

(四)训练要求:问卷有效度、信度,项目完整、格式规范。

本 章 小 结

本章包括德育原则、德育途径两部分内容。德育原则是教育者对受教育者进行德育时必须遵循的基本要求,德育原则是德育规律的反映。在德育工作中,教师应遵循方向性原则、因材施教原则、知行统一原则、正面教育与纪律约束相结合原则、集体教育与个别教育相结合原则、依靠积极因素克服消极因素原则、严格要求与尊重信任相结合原则、教育影响一致性和连贯性原则。

德育途径是在德育实践中所采取的比较稳定的组织形式,学校途径分为中小学课程、课外校外活动、社会实践活动、学校文化、班级管理等形式。不同路径的实施策略和效果存在差异。

思 考 与 应 用

1.什么是德育原则? 中小学常见的德育原则有哪些?

2.简述德育长善救失原则。

3.什么是德育途径? 中小学常见的德育途径有哪些?

4.论述德育的学科渗透路径。

5. 论述如何通过学校文化进行道德教育。

6. 材料题：

王晓是我班一名对学习缺乏兴趣的学生。当其他同学在课堂上求知若渴地学习时，他却经常开小差，时而做出古怪的动作，发出干扰的声音，时而在教材上临摹插图，毫不在乎老师的批评。在多次苦口婆心劝说无效后，我决定换个思路。

经过细心观察，我发现他在班上没有一个朋友，谁也不爱理他。课间，他四处溜达，无所事事，偶尔趁人不备拍打一个同学的背后迅速离开。透过这一幕，我看到了他自暴自弃的背后是对友情的渴望。

为了转变他在同学中的不良形象，我创造时机对他表扬。这种积极的评价果然有效。他的书写从"狂草"变"潦草"，作文从数行到一页，学习有了较明显的进步。过了一段时间，我发现他的一篇作文有些新意，就帮他输入电脑并加以润色，在班级网页上展示，结果被同学们热烈"点赞"；他绘画有基础，我请美术老师私下指点，他的画也上了学校的展板。同学们开始对他另眼相看，他也找回了一些自信。

在此基础上，我策划开展"伸出手、不抛弃"的班级活动，先在班干部中讨论了与王晓交友的行动计划。班干部动起来了，更多的同学参与进来，关注他、帮助他、跟他交流、找他玩的同学渐渐多了起来，被他欺负而打小报告的同学逐渐少了，他为引发他人关注的恶作剧也逐渐没有了，他终于融入了这个班集体，成为班上积极的一员，我们班也因此获得了"包容友善先进班集体"的称号。

问题：材料中这位老师贯彻了哪些德育原则？请结合材料加以分析。

7. 材料题：

上学期初，我们班转来个学生叫王伟，他沉迷于网络游戏，导致学习不认真，对班级活动漠不关心，还常常旷课。

我对王伟定期家访。在家访中了解到，早在王伟读小学的时候，父母为了不让他到处乱跑，便常给他零花钱去玩电子游戏，以至于形成了网瘾。基于此，鉴于此，我建议王伟的父母多抽些时间来与他交流、沟通，并控制好他的零花钱，尽可能地限制他玩网络游戏。

同时，我发动了全班同学利用各种报刊、网络收集资料，并召开了一次题为"网络游戏给我们带来什么"的主题班会。通过激烈辩论，最终同学们得出结论：中学生玩网络游戏的弊远远大于利，我们不能沉迷于网络游戏。王伟在班会课后感中写道："通过主题班会，我才真正意识到经常旷课上网是多么愚蠢。过去我对学习一直不感兴趣，上课听不懂，整天无所事事。为了消磨时间，我就常常逃课去上网了……"

针对王伟的情况，我语重心长地与他谈心并采取了一项措施：他每坚持一天不上网，就会有一位同学给他写上一句祝福或鼓励的话。我们班共有五十个同学，有四十九颗火热的心愿意帮助他，我希望他不要辜负同学们的期望。王伟爽快地说："没问题。"

此外，为了培养王伟对班集体的责任心，我与班委协商，让王伟担任学校清洁区卫生评分员，他也非常乐意地接受了。同时，同学们充分发掘王伟的特长，在每次出黑板报时，就把画报头和插图的任务交给他。班干部们也非常热心，主动担任王伟各科学习的辅导员，常常辅导他做作业。

一学期过去了,他不再沉迷于网络游戏,学习成绩明显比以前提高,思想也有了很大进步。

问题：案例中的"我"贯彻了哪些德育原则？结合材料加以分析。

推荐阅读书目

［1］周凤林.学校德育顶层设计实践案例[M].上海:华东师范大学出版社,2018.

［2］教育部基础教育司.中小学德育工作指南实施手册[M].北京:教育科学出版社,2017.

［3］汪秀丽,李雪梅.德育活动课程化设计与实施[M].北京:北京师范大学出版社,2017.

第六章
班级管理的理论基础

学习目标

- 知识目标:掌握班级管理的概念、功能、主体、内容,理解班主任在班级管理中的作用;了解群体动力理论、人性化管理理论、教师领导理论的主要观点,理解这三个理论对班级管理的启示;理解班级管理的过程、环节及其实施要求;了解班级管理常见的模式。
- 能力目标:培养学生运用班级管理理论分析班级问题的能力,对班级管理过程的操作能力,对于班级管理模式的选择能力。
- 育人目标:培养学生人本意识和人文情怀,渗透团队意识、规则意识,突出管理过程设计科学性,树立学生学为人师、行为世范的职业理想。

思维导图

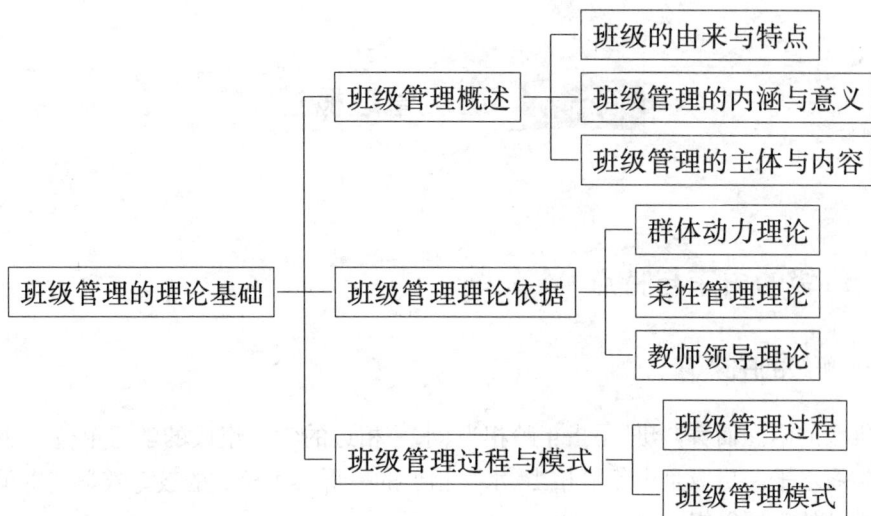

班级管理的理论基础
- 班级管理概述
  - 班级的由来与特点
  - 班级管理的内涵与意义
  - 班级管理的主体与内容
- 班级管理理论依据
  - 群体动力理论
  - 柔性管理理论
  - 教师领导理论
- 班级管理过程与模式
  - 班级管理过程
  - 班级管理模式

教例 6-1

一个新教师的无奈和困惑

刚做教师一个月,对于学校的生活还算适应,但是对于学生真有种无奈的感觉,不是说学生很差,而是无奈于学生的行为习惯和态度。作为一个"副课"教师,我只是希望在教学中认真上课,和学生良好互动,在课后可以和学生平等交往。但是一个月下来感觉很累,主要在于学生的课堂纪律。你让学生发言,他们无人举手;而你在上课,他们却在私下里说话,或者高声喊叫。你在强调班级纪律的时候,他们都在很认真地听,可是一转身,又在那里闹了。使眼色、点名,甚至罚站都没有效果。该吵的还在吵,站着的继续动,难道真的要狠下心来凶一下才会有效果吗?难道真的就讲不通道理了吗?我曾经问过全班这个问题:为什么课堂上会有那么多声音?有学生回答说课堂上有很多有趣的事情发生。我又问,是每节课都这样吗?学生说是的。我继续问:那是不是所有课都这样?学生回答说"主课"不是的。

资料来源:太空翼.一个新教师的无奈与困惑(2007-10-01).转引自徐长江,宋秋前.班级管理实务[M].北京:高等教育出版社,2010:2.

分析:这位新教师所遇到的问题具有一般性,很多新教师都遇到过类似的问题,究其原因是教师不善于管理。所以,教师既要善于教学,又要善于管理。

班级是学生学习和社会化的重要场所,几十名秉性各异、活泼好动的学生聚集在一起,若不能进行有效的管理和教育,则不能为学习创设良好的环境,亦难以培养学生良好的品德和行为习惯。但管理能力不是每个教师都具备的,特别是新入职的教师。案例中的新教师就面临着不会管、管不好的窘境。所以,教师具备班级管理的知识与能力非常必要。

第一节 班级管理概述

一、班级的由来与特点

(一) 班级的由来

就班级的内涵而言,"班"是指年龄相当、水平相近的学生组成的学习单位,"级"是指学生的学习水平。班级是由年龄相当、水平相近的一群学生组成的教育教学基本单位,也是教育教学的基层组织。

班级是近代出现的教学组织形式。"班级"一词萌芽于古罗马时期,古罗马教育家昆体良在《雄辩术原理》中说:"大多数的教学可以用同样大小的声音传达给全体学生,更不必说那些修辞学家的论证和演说,无论有多少听众,每个人一定能全都听清楚。"①他曾经把儿童分成班级,按照每个人的不同能力,指定他们依次发言的时间。随着西方社会经济的发展,个别授课已经不能适应教育的需要,在文艺复兴时期出现了班级教学的尝试,教育家埃拉斯莫斯率先使用"班级"一词。夸美纽斯撰写于 1632 年的《大教学论》一书中提出按班级授课的设想,他说:"国语学校的一切儿童规定在校度过六年,应当分成六班,如有可能,每班应有一个教室,以免妨碍其他班次。"②1650 年,夸美纽斯在《泛智学校》中提到建设班级的原则与设想,他说:"分班制度通过把学生按年龄和成绩分成班组,在学校中建立起关于人员的制度,班不外是把成绩相同的学生结合为一个整体,以便更容易地带领学习内容相同、对学习同样勤勉的学生奔向同一目标。"③自此,夸美纽斯奠定了班级教学的理论基础,在他去世多年后班级授课制在西欧成为现实。1862 年,班级授课制传入我国,首先在京师同文馆被采用,并在癸卯学制中被固定下来,现在班级已经成为我国教学的基本组织形式。

(二) 班级的特点

一是班级的组织性。组织是按照一定目的、任务和形式形成的社会集团,组织不仅是社会的细胞、社会的基本单元,而且可以说是社会的基础。组织一般包含人、目标、结构、管理四要素,其中人是最基本的要素,他们为了共同的目标、按照一定的结构组合在一起,接受组织的管理。

班级是一种社会组织。学校为达成教育目的将年龄相当的学生编排进一个班级,他们之间通过班委会形成一定结构,接受班主任和学校的管理。但班组织和其他组织不同点在于组织成员的幼稚性、差异性和发展性。班组织是由未成年的学生组成,他们认知模糊、知识经验不足,往往凭着感性做事;虽然他们来自不同的家庭和成长环境,具有不同的教育经历,个体之间存在较大差异,但进入学校的主要任务是相同的,就是促进自身德智体等方面的发展。

二是班级的社会性。班级不仅是一种组织,也是学生初步接触的小社会。社会是共同生活的个体通过各种各样关系联合起来的集合,这种关系叫作社会关系,包括个体之间关系、个体与集体关系、个人与国家关系等。学生从家庭走进班级,走近了同学与教师,就要面临各种人际关系,在处理人际关系的过程中逐渐社会化。

班级是一种过渡性社会。班级社会的复杂性比不上外部世界,学生经由班级社会走向成人世界,在班级里接受社会规范,学会处理人际关系,为将来走向外部社会打下良好的基础,避免了从家庭直接走进社会可能出现的惊惶与无措。

三是班级的教育性。学校以立德树人为根本任务,班级是学校的基层教育组织。学

---

① 滕大春.外国教育通史(第1卷)[M].济南:山东教育出版社,1989:362.

② [捷]夸美纽斯.大教学论[M].傅任敢,译.北京:教育科学出版社,2014:189.

③ 任钟印.夸美纽斯教育论著选[M].北京:人民教育出版社,1990:246.

校按照一定的教育目标建立班级,班主任按照教育目标管理班级。班级管理者通过加强管理、创设班级文化,努力消除不良因素对于学生的影响,尽可能为学生塑造良好的成长环境。同时,通过纪律约束、开展活动、学科教学、榜样示范等方式培养学生良好的品德和行为习惯。

二、班级管理的内涵与意义

(一) 班级管理的内涵

班级是由几十名年龄相近、性格各异、活泼好动、自控能力不强的学生组成,若是没有科学规范的管理,班级就难以有效促进学生社会化。至于班级管理的定义,《中国大百科全书》的表述:"班级管理是一个动态的过程,它是教师根据一定的目的要求,采用一定的手段措施,带领全班学生,对班级中的各种资源进行计划、组织、协调、控制,以实现教育目标的组织活动过程。"这个概念指出了班级管理的主体、对象、过程、任务,认为教师是班级主要管理者,学生是班级管理的参与者;管理的对象是班级中的各种资源;管理的过程是计划、组织、协调、控制;管理的目标是促进学生全面发展。

其他研究者基于不同视角对班级管理进行界定。如班级管理是在师生合作的前提下,教师通过适当的班级管理策略,有效地处理班级的人、财、物等各种事务,培养学生的良好行为,营造支持性的学习环境与健康和谐的班级文化氛围,以达成教育目标,促进学生发展的过程。[1] 班级管理是指班级管理者(主要是班主任)带领学生按照教育管理规律的要求,为了更好地实现教育目标而进行的一系列活动。[2] 班级管理是班主任和教师通过对班级教育条件的理顺,采用适当的方法,建构良好的班集体,从而有效推进有计划的教育行为的过程。[3] 我国台湾学者李园会把"班级管理"定义为:"为了使儿童能够在学校与班级中愉快地学习各种课程并拥有快乐的团体生活,而将人、事、物等各项要件加以整顿,借以协助教师开展各种活动的一种经营方法。"[4]这个概念点明班级管理需要学校、家庭、社会的参与。

从以上定义可以看出,班级管理是培养学生遵守班级规则,形成良好的学习环境,最终促进学生发展;班级管理的对象是班级的人、财、物、时间、空间、信息等;班级管理的方法由以往的教师权威与经验累积的应用,转而为讲求系统化、组织化,符合客观、人性的精神与原则。[5] 综上所述,班级管理是指班级管理者(主要是班主任)为促进学生发展,采用一定的方法和策略,对班级的人、事、物等资源优化配置,从而实现班级管理目标的活动。

---

① 徐长江,宋秋前. 班级管理实务[M]. 北京:高等教育出版社,2010:4.
② 曹长德. 当代班级管理引论[M]. 北京:中国科学技术大学出版社,2005.
③ 全国十二所重点师范大学联合编写. 教育学基础[M]. 北京:教育科学出版社,2005.
④ 李园会. 班级经营[M]. 台北:五南图书出版公司,1990:2.
⑤ 戴文琪. 台湾"班级经营"博硕论文之整合研究[D]. 台北:台北师范学院硕士论文,2003.

(二) 班级管理的意义

班级管理服务于班级目标。班级目标是班级管理者为实现学校教育目标,完成育人任务,从班级实际出发,所确定的一定时期内班级管理活动的结果和所要达到的标准。按照内容维度,班级目标分为德育目标、智育目标、体育目标、美育目标、劳动教育目标,班级管理是班级目标实现的保障,也是学校德育的重要途径。

一是有助于创设良好的班级环境。原上海市育才中学校长、学者段力佩说:"每所中学有二三十个班级,每个班级都有几十个学生集合在一起上课、活动。如果学校没有一支二三十人的班主任队伍起主导作用,则各班就不能形成健全的班集体,学校就只有二三十个难以驾驭的学生群。"确实,班级是由几十名性格各异、活泼好动、自控能力较差的青少年组成,若没有规范的管理,则难以维持正常的班级环境。夸美纽斯特别强调班级管理的作用,他特别重视学校纪律,他说:"你从学校取消了纪律,你就是剥夺了它的发展动力。"①赫尔巴特认为,对儿童的管理是教育者的一部分教育工作和责任,对儿童的管理是进行正常教育教学工作的前提和必要准备。他进一步强调:"如果不坚强而温和地抓住管理的缰绳,任何功课的教学都是不可能的。"通过班级管理,可以营造良好的班级秩序,形成良好的班级环境和健康的班级风气,为学生发展提供良好保障。

二是有助于学生形成良好的品德和行为习惯。现代心理学研究表明:"青少年具有一种半儿童、半成年人的心理特征,正处在半幼稚、半成熟时期,是独立性和依赖性、自觉性和幼稚性错综矛盾时期,是心理发生巨大变化的时期。"②他们思维片面、肤浅,认知水平较低;情绪易于动荡,不善于克制自己;意志不太稳定,自控力弱。某些青少年学生由于受到外界不良影响,有可能形成错误的人生观和世界观,是非观念模糊、道德情感淡漠。赫尔巴特认为,在学生道德观念尚未形成之前,必须对他们进行管理。他说:"千万要谨慎,一时一刻也不要认为,放任儿童撒野,不予监督,不予教养,就能培养出伟大人物。"通过班级管理,让学生逐渐认同、遵守规章制度并将之内化,形成良好的品德和行为习惯。

三是有助于锻炼学生能力,学会自治自理。班级管理不仅是教师对于班级的管理,也是学生对班级的管理。作为管理的主体,学生一方面协助教师处理班级事务,一方面管理自己、教育自己,班干部管理和教育其他同学。特级教师魏书生担任实验中学校长期间,兼任两个班的班主任,承担两个班的语文教学,一年平均外出开会达 4 个月之久,他的学生升学成绩却能比重点中学平均高 7.8 分。魏书生班级管理是成功高效的,他说:"埋怨学生难教,常常是我们的方法太少。"他的方法之一是引导学生参与班级管理,通过竞赛机制、代谢机制、协调机制、督导机制、引导机制、监控机制提高了班委会的活力,调动了学生管理班级的积极性,实现了班级的高度自治,也锻炼了学生的管理能力。

---

① [捷]夸美纽斯. 大教学论[M]. 傅任敢,译. 北京:教育科学出版社,2014:175.
② 卞庆奎. 最成长:青少年成长手册(心理篇)[M]. 安徽人民出版社,2013:33.

三、班级管理的主体与内容

(一)班级管理的主体

班级管理的主体是指谁来管理班级。从学校的实际看,班级管理的主体有四类:一是学校领导者对于班级的管理,主要是对于学校编班、对任课教师的任命,以及举办以班级为单位的活动。学校层面的班级管理主要是对于班级外部事务的管理。二是班主任对于班级事务的管理,班主任是由学校任命对一个班的学生全面负责的教师,是班级的主要管理者。班主任在充分了解学生的基础上,做好班级的组织、活动、教育力量等事务的管理。班主任对于班级的管理主要是对于班级内部事务的管理。三是科任教师对于班级事务的管理。"科任老师跨班多,接触面广,与班级学生接触面少。但从科任教师影响面看,每一位科任教师都对班级全体学生产生不同程度的影响,科任教师集体是一股强大的教育力量。"①科任教师的管理主要是对课堂内教育秩序的管理,以及协助班主任制定、落实教育措施。四是学生对于班级事务的管理,学生也是班级管理的主体,通过学生干部管理班级、普通学生管理自己来参与班级管理。

在四类管理主体中,班主任是中小学日常思想道德教育和学生管理工作的主要实施者,是中小学生健康成长的引领者。所以,班主任是班级管理的主要承担者。

(二)班主任的职业角色

班主任是指受学校委派,主持一个班级整体工作,对一个班级全面负责的教师。在我国,班主任是伴随着班级授课制产生的。

1. "班主任"一词的由来

1904 年清政府颁行了《奏定学堂章程》,班级成为当时基本的教学组织形式,同时规定:"小学设级任教师","通教各科目","任教授学生之功课,且掌所属之职务",级任教师承担现代班主任的部分职责。"中华民国"南京政府,在 1932 年颁布的《中学法》中明确规定中学实行级任制,级任教师负责一个学级的主要课程的教学和组织管理工作,职责相当于现代班主任。

"班主任"这一名称最早是在老解放区使用的。1942 年,绥德专署教育科编制的《小学训导纲要》首次提到了"班主任"这一岗位:"实行教导合一制,必须加强班主任的责任。"②1949 年 7 月公布的《陕甘宁边区政府关于新区目前国民政府改革的指示》规定在学校组织上(适用于完小)校长下设教育主任。取消级任导师,班设主任教员,主任教员的任务职责与今天的班主任基本相当。

① 冯克诚,田晓娜.教师行为基本功全书[M].北京:中国三峡出版社,1997:159.
② 陕西师范大学教育研究所.陕甘宁边区教育资料(小学教育部分上)[M].北京:教育科学出版社,1981:27. 转引自王立华,李增兰.我国中小学班主任的历史考察与当代发展[J].济南:当代教育科学,2007(5-6).

1951 年,我国颁布《政务院关于改革学制的决定》。1952 年教育部颁布《小学暂行规程(草案)》和《中学暂行规程(草案)》,分别规定"小学各班采取教师责任制,各设班主任一人","中学以班为教学单位,每班设班主任一人,由校长就各班教员中选聘"①。从此,班主任的职业角色在我国学校中固定下来。2009 年 8 月,教育部颁发的《中小学班主任工作规定》对于班主任的配备与选聘、职责与任务、待遇与权利、培养与培训、考核与奖惩做出了明确的规定。

2. 班主任的职业角色

教师角色的最大特点是角色多样化,每种身份角色都包含着不同的行为期望。班主任的职业角色也是如此,依据《中小学班主任工作规定》,班主任是中小学日常思想道德教育和学生管理工作的主要实施者,是中小学生健康成长的引领者,班主任要努力成为中小学生的人生导师。

(1)班主任是学生日常思想道德的教育者。班主任在最初设立时主要是对学生进行政治教育,后逐渐转变为德育。这种教育渗透在日常教学之中,贯穿于班主任工作的各个环节。在学校中,班主任隶属于政教处领导,根据政教处的要求落实国家德育工作意见,对学生进行日常行为规范和道德教育。

(2)班主任是学生管理工作的主要实施者。学生管理工作涉及学生日常的学习与生活的方方面面,在学校诸多的管理人员中,班主任负责的事务最多。《中小学班主任工作规定》第三章规定了班主任需要履行的五条职责与任务,包括深入了解学生、做好班级日常管理工作、组织开展好班队活动、做好综合素质评价、协调校内外管理力量等方面。

(3)班主任是中小学生健康成长的引领者。引领体现在方向和活动上,班主任通过班会让学生树立正确的人生观、世界观、价值观;通过塑造良好的班级环境和举办各种班级活动推动学生健康成长。

(4)班主任是中小学生的人生导师。班主任不能局限于对班级事务的管理,要关注每一个学生的发展,从学生人生发展的角度处理班级等具体事务。既要关注学生的成长状况,又要关注学生的未来发展,对于发展中的问题及时进行纠正引导,对于学生思想上的困惑及时给予解答,用自己的人格影响学生的人格。

(三)班级管理的内容

班主任是班级的主要管理者,任课教师、学生是班级管理的参与者。班级管理内容由班主任工作内容决定。依据《中小学班主任工作规定》,班主任的主要任务是按照促进学生德智体美全面发展的要求,积极主动开展班级工作,全面教育、管理、指导学生,使他们成为有理想、有道德、有文化、有纪律、体魄健康的公民。班主任应做好思想道德教育、班级日常管理、班级活动管理、学生综合素质评价、班级教育力量沟通与协调等工作。

---

① 《中国教育年鉴》编辑部. 中国教育年鉴 1949—1981[M]. 北京:中国大百科全书出版社,1984:727 - 731.

📢 **推荐阅读**

扫描本章二维码,阅读《中小学班主任管理规定》(〔2009〕12 号)文件。

一是思想道德教育。全面了解班级内每一个学生,深入分析学生思想、心理、学习、生活状况。关心爱护全体学生,平等对待每一个学生,尊重学生人格。采取多种方式与学生沟通,有针对性地进行思想道德教育,促进学生德智体美全面发展。一般包括理想信念教育、社会主义核心价值观教育、中华优秀传统文化教育、生态文明教育、心理健康教育等方面。

二是班级日常管理。维护班级良好秩序,培养学生的规则意识、责任意识和集体荣誉感,营造民主和谐、团结互助、健康向上的集体氛围。指导班委会和团队工作。一般包括确定班级奋斗目标、培养优良班风、选拔和使用学生干部、撰写班级工作计划与总结、对学生奖惩及操行评定、处理班级偶发事件等方面。

三是班级活动管理。组织、指导开展班会、团队会(日)、文体娱乐、社会实践、春(秋)游等形式多样的班级活动,注重调动学生的积极性和主动性,并做好安全防护工作。一般包括班会活动、课外活动、团队活动的管理方面。

四是学生综合素质评价。组织做好学生的综合素质评价工作,指导学生认真记载成长记录,实事求是地评定学生操行,向学校提出奖惩建议。一般包括思想品德、学业成就、身心健康、艺术素养、社会实践等方面的评价。

五是教育力量的沟通与协调。经常与任课教师和其他教职员工沟通,主动与学生家长、学生所在社区联系,努力形成教育合力。一般包括与科任老师协调、与学校各部门协调、与学生家长沟通、与社会联系等方面。

教资国考真题

1.(简答题)简述班主任应具备的基本条件。

答:(1)拥护党在社会主义初级阶段的基本路线,坚持四项基本原则;(2)热爱学生,热爱教育事业,热心班主任工作;(3)品行端正,能以身作则,为人师表;(4)教育思想端正,有一定的教育科学知识和一定的教学能力;(5)有一定的组织管理能力和较强的责任心。

2.(简答题)简述班主任工作的基本内容。

答案:班主任工作的基本内容如下:(1)了解学生,这是班主任工作的前提条件;(2)组织和培养班集体,这是班主任工作的中心内容;(3)建立学生档案;(4)个别教育,这是指对全体学生进行各方面的辅导教育;(5)班会活动;(6)协调各种教育影响,包括对社会、家庭的协调教育;(7)操行评定;(8)写好工作计划与总结。

3.（单项选择题）班主任工作的核心内容是（　　）。

A. 教育学生　　　　　　　　　B. 开展班级活动

C. 班级日常管理　　　　　　　D. 建设班集体

答案:D。

技能训练

（一）训练主题:理解班级管理者的管理内容。

（二）训练内容:近期,国内相继爆出几起"学生校外溺亡,家长索赔学校"的事件,校方迫于无奈安排教师巡河。请同学们结合《教师法》《中小学班主任工作规定》中教师的职责和任务,对校方这种安排做出评价。

（三）训练形式:学生查阅教育法律法规,明确自己的观点,在班内分享,教师点评。

（四）训练要求:思路清晰、表述有条理、符合教育规律,有依据,观点创新。

第二节　班级管理理论依据

理论是指人们对自然、社会现象,按照已知的知识或者认知,经由一般化与演绎推理等方法,进行合乎逻辑的推论性总结。班级管理需要理论引导,群体动力理论、柔性管理理论、教师领导理论为班级管理的实践操作提供了理论依据。

一、群体动力理论

（一）群体动力理论的内容①

群体动力理论是美国心理学家勒温（Kurt Lewin）在研究群体影响个人态度方面提出的理论,该理论认为,人们结成的群体不是静止的,而是处于不断相互作用、相互适应之中。群体动力来自群体的一致性,这种一致性表现为群体成员有着共同的目标、观点、理想,共同的思想感情、兴趣和爱好等。无论是正式群体还是非正式群体,群体动力对其成员的行为均有重要影响。群体动力主要是指群体规范、群体压力、群体内聚力、群体士气、群体冲突等。

群体规范是指群体所确立的行为标准与行为准则。为了保持群体的一致性,每个群

---

① 贺云侠,程昌柱.管理心理概说[M].北京:农村读物出版社,1986:145-153.

体都有它独特的行为标准,群体成员都必须遵守。群体规范有的是正式规定的,如规章制度、法律、法令等;但大部分规范是非正式的、约定俗成的,如风俗、习惯、群体舆论等。无论哪一种规范,都同样具有约束和指导群体成员的效力。

群体压力是指已经形成的群体规范对其成员的行为产生的一种压力。群体对其成员的行为影响,主要就是通过规范所形成的群体压力。当一个人在群体中与多数人发生意见分歧时,就会产生一种紧张恐惧的心理状态,促使他产生一种与群体保持一致的愿望。在群体压力非常大的情况下,个体会产生从众行为。

群体内聚力是指群体成员固守在群体之内的全部力量。群体内聚力既包括群体对其成员的共同吸引,也包括成员对其群体的向心力,同时还包括群体成员之间的相互作用和感情交往。群体内聚力不仅是维持群体存在的必要条件,也是增强群体功能、实现群体目标不可缺少的条件。一个群体如果丧失了内聚力,不仅完成不好组织任务,甚至其本身也难以继续存在。

群体士气就是个人对群体或组织感到满足,乐意成为该群体的一员,并协助达到群体目标的一种态度。管理心理学认为,当个人目标与组织目标一致时,士气高,生产性也高。所以,要提高组织的生产性,管理者应该经常注意提高职工的士气。

群体冲突是指个人、群体以及个人与群体之间由于目标或利益上的矛盾而产生的对立过程。"冲突"具有两面性,既有"冲突的破坏性",也有"冲突的建设性"。破坏性冲突是由于目标矛盾而造成的消极的冲突,应该预防和避免;建设性冲突是双方在目标一致的情况下,由于方法上和认识上的分歧所产生的积极的冲突,应该提倡和发扬。

(二) 群体动力理论对班级管理的启示

班级是教育性的组织,班级是由不同个体组成的群体。群体动力理论对班级管理的启示如下:

(1) 注重班级制度建设。班级制度也称班级规范、班级规则,是全班同学必须遵守的行为标准与行为准则。为实现班级的管理目标,维持正常的教学秩序,培养学生良好的品德和行为习惯,班级管理者要带领班级学生建立、健全班级的规章制度。

(2) 重视对班级群体的管理。班级群体分为正式群体和非正式群体,正式群体是指组织结构确定、职务分配明确的群体;非正式群体是指无正式组织结构的自发联盟。在对正式群体管理的同时,不能忽视了班级的非正式群体。

(3) 强化班集体建设。班级群体是由班级成员及其所处的心理环境共同组成,班级成员的行为表现受到班级群体"心理场"的影响。教师要进行群体规范与舆论、群体凝聚力、班级气氛方面的建设,最大限度上促进班级群体的发展。班级作为一个组织,不可能在朝夕之间建成班集体,班集体建设是一个动态的过程,不断地从一个阶段发展到另一个阶段。

(4) 正确看待班级内的冲突。班级内的人际冲突有消极的一面,也有积极的一面,班级管理者善于把冲突变为一种生成性的教育资源,在处理冲突的过程中完成班级目标。

二、柔性管理理论

(一)柔性管理理论的内容

柔性管理是相对于刚性管理而言的。刚性管理是一种以工作为中心,强调规章制度的管理模式,它是管理者凭借严密的组织结构,依靠制度约束、纪律监督、奖惩规则等手段进行的管理,强调的是遵守和服从。[①] 这种管理使每位员工都有自己相应的职位,一切行为都有章可循、有据可依,有利于组织目标的完成。但刚性管理一般是站在管理者的角度,把组织成员看成接受监督的对象,以组织成员可能要违反这些规定为前提,难以充分调动组织成员的积极性,容易使组织僵化,缺乏活力。所以,刚性管理不是一种完美的管理。

柔性管理是基于人性的管理,人性学认为人的自然属性是要求拥有快乐而不是痛苦,要求得到尊重而不是贬抑,希望有长久的目标而不是虚度一生。社会属性是对行为后果的考虑,对自己长远目标的考虑,对人生价值的考虑。所以,"以人为中心"的柔性管理符合人性特点,能够还"人"本来的价值和尊严,是一种有利于人性最优发展的管理理念。

柔性管理是指在充分尊重人的心理和行为规律的基础上,运用诱导、感化、启发等非强制方式,促进员工对组织行为规范、规章制度的认知、理解与内化,塑造他们的共同价值观和心理文化氛围,从而实现管理目标的一种管理模式。柔性管理的最大特点主要在于不是依靠权力影响力,而是依赖于员工的心理过程,依赖于每个员工内心深处激发的主动性、内在潜力和创造精神。因此,具有明显的内在驱动性。

(二)柔性管理理论的启示

教师的工作对象是学生,是具有潜能、渴望独立的发展中的学生。在"以生为本"的课改理念下,柔性管理理论对班级管理的启示如下:

(1)情感化管理。管理中要关注学生的内心世界,根据情感的可塑性、倾向性和稳定性等特征进行管理,其核心是激发学生的积极性,消除学生的消极情感。

(2)民主化管理。在进行班级决策时,要让学生参与进来,集思广益,虚心听取学生的意见,保护学生的自尊心,提高学生做好班级工作的积极性。

(3)自我管理。班级管理最终都要转化为自我管理,管理中要求学生根据班级目标和个人目标,自主制订计划、实施控制、实现目标,即自己管理自己。

(4)文化管理。文化是一整套由一定的集体共享的理想、价值观和行为准则形成的,使个人行为能为集体所接受的共同标准、规范的整合。在班级管理中要努力培育班级文化,使学生形成共同的价值观和共同的行为规范。

总之,班级管理过程中要践行以生为本理念,确立学生在管理过程中的主体地位,遵循学生身心发展规律,调动学生参与班级管理的主动性、积极性和创造性。在管理过程中

---

① 李向成.高校学生思想政治教育探析[M].成都:四川大学出版社,2006:236.

要充分认识学生的潜能,注意学生的个别差异,满足学生的基本需要。

三、教师领导理论

(一)教师领导理论的内容

教师领导特指教师在班级管理过程中对学生的领导。教师领导需要权力,教师权力使教师对学生的管理成为可能。权力是指一方对另一方具有某种能力,并对另一方产生影响。教师权力主要涉及教师的权力影响力和非权力影响力。

1. 教师的权力影响力

French 和 Raven(1959)将权力分为法定性权力、奖赏性权力、强制性权力、专家性权力、参照性权力[①],其中前三种是身份赋予的权力。

(1)法定性权力。法定性权力是教师因为其职位所拥有的权利,教师接受一定专业教育,取得法定资格,担任教师职位时所享有的法定权利与义务。例如教师可以要求学生上课,参加课外活动,遵守学校的规章制度等。

(2)奖赏性权力。学生之所以服从教师的愿望或指示,还在于服从能为学生带来益处。教师奖励学生的方式有物质方面的,如给予文具、奖品;有言语方面的,如表扬;有象征性的,如给予奖励卡。

(3)强制性权力。强制性权力是建立在畏惧基础上的,学生如果不服从教师的管教可能产生消极后果。出于这种畏惧,学生就会对强制性权力做出反应。

2. 教师的非权力影响力

教师的非权力影响力,即指教师不是通过硬性要求和强制指令来达到教育教学目的,而是凭借自身内在的力量促使学生自觉完成教育教学任务。决定教师非权力影响力的主要因素有四个方面:

(1)品德因素。高尚的品德是教师的首要素质,也是教师赖以建立威信的基础。它包括思想、品行、道德、作风等。概括地讲,教师应该具有热爱教育、教书育人的信念,具有教育、爱护学生及为人师表的品质,具有勤奋学习、钻研教学的精神,具有严谨细致、言行一致的作风。

(2)知识因素。知识是才能的基础,教师必须具备相应的知识结构和知识面,教师的层次越高,所需要的知识也就越广博。知识渊博、学识丰富的教师容易得到学生的钦佩,从而转化为强大的影响力。

(3)才能因素。才能是教师的重要素质,体现在教师教育教学活动的全部过程中,涵盖了组织能力、协调能力、指挥能力、决策能力、创新能力、口头表达能力等。教师才能的多寡,关系到教师在学生和家长心目中的信任程度,关系到教师影响力的大小。

---

① French J R P J, Raven B. The bases of social power[J]. University of Michigan, 1959(2): 150 - 167.

（4）感情因素。教师对学生的关怀、体贴、爱护、尊重，可以引起学生的情感反应，从而起到沟通双方感情的桥梁作用，并转化为学生行为的思想动力，从而产生凝聚力。

教资国考真题

（简答题）简述建立教师威信的途径。

答：第一，正确使用权力。管理者要明确自身具有的权力，在管理过程中正确行使权力，不能滥用权力，否则可能引发师生冲突，甚至导致班级失序。第二，不断提升个人道德品质，提高教学水平，强化管理能力，关爱学生，做学生的良师益友。

（二）教师领导理论的启示

一是保持权力影响力。权力的本质就是影响力，管理者要明确自身具有的权力，在管理过程中正确行使权力，不能滥用权力，否则可能引发师生冲突，甚至导致班级失序。

二是拓展非权力影响力。教师要严格要求自己，严格遵守教师职业道德规范；同时不断学习教育教学知识与技能，提升教学管理能力。

总之，教师担负着管理班级的职责，教师领导理论为教师管理班级提供了理论依据。教师在班级管理中要正确行使行业赋予的权力，同时不断加强自身修养，提高个人的非权力影响力。

技能训练

（一）训练主题：班级管理理论。

（二）训练内容：行为主义心理学家认为，一种行为重复21天就会变为习惯，重复90天会形成稳定的习惯。早在1961年，美国的凯尔曼就提出了习惯的养成要经过三个阶段：第一阶段，顺从；第二阶段，认同；第三阶段，内化。我国的成功学专家易发久研究发现，习惯的形成大致可分为三个阶段：第一阶段1—7天，此阶段表现为"刻意，不自然"，需要十分刻意地提醒自己；第二阶段为7—21天，此阶段表现为"刻意，自然"，但还需要意识控制；第三阶段为21—90天，此阶段表现为"不经意，自然"，无须意识控制。据此谈谈"21天理论"对班级管理的启示。

（三）训练形式：学生独立研究"21天理论"，形成观点，在班内分享，教师点评。

（四）训练要求：符合教育理论，内容明确，结论有教育性，观点有所创新。

第三节 班级管理过程与模式

一、班级管理过程

(一)管理过程的概念

管理是人类各种组织活动中最普通和最重要的一种活动。管理有广义和狭义之分，广义的管理是指应用科学的手段安排组织社会活动，使其有序进行。其对应的英文是Administration 或 Regulation。狭义的管理是指为保证一个单位全部业务活动而实施的一系列计划、组织、协调、控制和决策的活动，对应的英文是 Manage 或 Run。[①]

20 世纪初期，法国工业家亨利·法约尔提出，所有的管理都履行计划、组织、指挥、协调、控制五种职能。PDCA 循环是美国质量管理专家休哈特博士首先提出的，由戴明采纳、宣传，获得普及，所以又称戴明环。PDCA 循环将质量管理分为 Plan(计划)、Do(执行)、Check(检查)和 Act(处理)四个阶段。其中，计划包括方针和目标的确定，以及活动规划的制定；执行是指具体运作，实现计划中的内容；检查是总结执行计划的结果；处理是对总结检查的结果进行处理，找出成功的经验和失败教训。

(二)班级管理过程的环节

班级管理可以依据班级组织的特点，借鉴 PDCA 循环理论，在管理过程中突出计划、实施、检查、总结四个基本环节。[②]

1. 计划

计划是班级管理的起点，对于班级管理具有导向作用。班级工作计划是为了达成班级某种目标而制定的工作安排和行动步骤，班级计划是班级管理活动的起始环节，是进行班级管理活动的重要依据。制定班级计划可以做到有的放矢地管理，保证班级管理任务的完成。

班级管理计划的制定要遵循科学程序：第一，根据管理任务，广泛收集信息。收集与任务有关的各方面的信息，阅读理论材料，学习别校别班的经验等。第二，根据班级实际，研制管理方案。发动师生充分讨论，把各种意见归纳起来，形成多种方案。第三，民主比较，果断决策。在分析、比较、研究的基础上果断决策，在几种不同的可行方案中选择一种最佳的行动方案，并以计划的形式体现出来。

---

① 孙永正.管理学[M].北京：清华大学出版社，2007：8.
② 段作章，刘月芳.德育与班级管理[M].南京：南京大学出版社，2014：77-79.

班级计划有多种类型。按照时间段不同,分为学期计划、月计划和周计划三种;按照内容不同,分为德育工作计划、智育工作计划、体育工作计划、美育工作计划、劳动技术教育计划;按照活动规模不同,分为班级活动计划和小组活动计划。计划的制定要考虑具体的内容、时间、地点、方式和措施。计划为班级管理过程描绘了一种蓝图,要使计划变成现实,必须付诸实施。

2. 实施

实施是管理过程的中心环节,是把学生组织起来,落实计划。在实施阶段,班主任的主要任务是做好组织、指导、协调、激励工作。

组织是指合理统筹人、财、物、时间、空间、信息等资源,为班级管理任务的顺利完成提供保障。指导是指对于班级活动提供智力支持,班级活动大多与学生有关,为培养学生的自我管理能力,发挥学生的才干,班主任应该放手,让学生自己组织、设计、实施,教师在"台后"帮助想办法,帮助解决实施中遇到的问题。在计划实施过程中,可能会遇到活动资源短缺或不足等问题,同学、师生之间也可能会有矛盾和冲突,所有这些问题都需要班主任予以协调。另外,班级活动能否取得成效,取决于师生的积极性和主动性。因此,班主任要善于动员,通过理想教育、前景教育、物质奖励、精神奖励等手段做好激励工作,激发学生投身班级工作的热情。

总之,组织、指导、协调、激励是班主任在执行阶段自始至终要重视的工作,只有做好了这些工作,才能保证计划的顺利实施。

3. 检查

检查是班级管理过程的中继环节。完好的计划能否顺利实现,有缺点错误的计划能否及时得到修正,有赖于检查。检查具有双重作用,既能监督和考核班级的各项工作实施状况,又能检验和考查班主任以及班干部的管理水平。客观有效的检查就像一面镜子,把班主任和班干部的实绩照得清清楚楚,从而促使班主任和班干部学习管理、研究管理,更好地提高管理水平。

检查有平时检查、阶段检查,有自上而下的检查、学生自查和互查。班主任应该重视平时的检查,每天到学生中走一走、看一看,包括学生的早操、课间操、课外活动,学生的进餐、进校和放学都应该在观察之列。很多问题往往就在"走一走"和"看一看"时发现的。同时,还应该重视学生的自查和互查,这种方式比自上而下的检查更为深入和具体,能起到相互学习、取长补短、共同勉励的作用。

总之,在班级管理中,班主任应该充分重视检查,灵活地确定检查的种类和方法,使检查切合实际。在检查过程中,班主任要对计划的执行情况及时评价,表扬先进,鞭策落后,促使全体学生为实现班级计划而努力奋斗。

4. 总结

总结是班级管理过程的终结环节。总结就是回顾过去,把班级实践中的大量素材加以概括、提炼,从中找出规律性的东西,使今后的管理活动减少盲目性。做好总结应有严格的要求,所做的总结应该与计划相对应。总结要突出中心,不能面面俱到;总结要立足现实,又要着眼于未来,这样才能产生鼓舞的作用。

总之,总结一定要实事求是,不夸大,不缩小,如实地反映班级的面貌,不能有意拔高,或者将未来的设想当成现实来编造,这种弄虚作假的作风要坚决摒弃,否则就失去了总结的意义。

计划、执行、检查、总结的有机结合,构成了班级管理的全过程,这些环节不是简单的重复,而是阶梯式的螺旋上升,不断前进,不断提高。加强班级管理的这些环节,就完善了班级管理的全过程。

二、班级管理模式

管理模式是在管理理念指导下建构起来,由管理方法、管理模型、管理制度、管理工具、管理程序组成的管理行为体系结构。[①] 班级管理模式是指班级管理主体在一定的理论指导下,运用一定的方法和手段,通过一定的途径,实施一定的管理内容,从而形成某种班级管理模式。[②] 在长期的教育实践中,逐渐形成了四种比较有影响的模式。

(一)常规管理模式

常规管理是指通过制定和执行规章制度去管理班级的活动。班级规章制度是学生学习、工作、生活中必须遵循的行为准则,这些规章制度分为三个层面:一是国家层面的规章制度,如《中学生守则》《中学生日常行为规范》;二是学校层面的校规校纪,是对学校的所有学生在学习、生活、卫生、纪律、出勤等方面提出的规定,使学生有章可依;三是班级制定的班级规则,是立足于班级实际,对于班级成员具有约束力的班级契约。

班级常规管理的内容大致包括:① 班级教学常规管理,包括教育正常秩序、新学期学生座位的安排、自习课、考试纪律、考勤、请假制度等;② 班级各项建设,包括班干部队伍建设、班级小图书馆组织、黑板报小组组织、教室布置等;③ 了解研究学生,包括班级日志、班史编写、周记检查、学生档案建设等;④ 学生卫生保健,包括卫生习惯培养与检查、常见病的预防、学生体检等;⑤ 班级总结评比,包括年级操行评定、三好学生评选、班级总结及奖惩等;⑥ 假期生活管理,包括校外学习小组组织、假期作业布置及检查、学生联络网的组织等。[③]

班级常规管理不仅有利于塑造良好的学习环境,亦有助于建立一个健康活泼、积极向上的班集体。但班级管理者不应满足于按照常规办事,而应根据班级的实际情况,创造出班级常规管理的新方法、新经验。

(二)平行管理

平行管理是指班级管理者通过对班级集体的管理间接影响班级每一个同学,又通过

---

① 杨少龙.企业文化与企业安全教程[M].北京:北京理工大学出版社,2017:117.

② 齐学红.班级管理[M].武汉:武汉大学出版社,2011:137.

③ 黎翔.教育学[M].北京:航空工业出版社,2014:249.

对个人的直接管理影响班集体,从而把对集体和个人的管理结合起来的管理方式。

平行管理来源于马卡连柯的"平行教育"理论,马卡连柯认为:"我们认为整体就是我们教育的对象,我们应该把有组织的教育影响针对着集体,并且是这样的一种保留,要使个人认为他留在集体里是按照自己的愿望,是自愿的;其次,要使集体也是自愿地容纳这些人。集体是个人的教师。"集体和个人既是教育的对象,也是教育的目的,平行教育的实质是把两种教育结合起来。班主任在工作中要把班级培养成班集体,同时注重对个别学生的教育。

管理者实施平行管理时,一要充分发挥班集体的教育功能,使班集体真正成为教育力量;二要充分通过转化个别学生,促进班集体的管理与发展;三要对班集体和个别学生实施双管齐下、互相渗透的管理。

(三) 民主管理

班级民主管理是指班级成员在服从班集体决定的前提下,参与班级管理的一种方式。在班级中实施民主管理,不仅有利于发挥学生的主体作用,有利于民主决策的执行,还有助于培养学生的民主意识和民主思维。

民主管理主要通过两种路径实施,一是制定民主的班级规则,如班干部轮流制、班级同学民主评价制、班级干部民主选举制等;二是学生对班级事务的全程参与,班级中的事务尽可能要求学生参与,无论是班级计划的制定还是班级工作总结的撰写,常规事务还是偶发事件,尽可能让学生参与其中。

班级民主管理没有固定的形式,但实质就是视学生为主体,"把班委的组建权交给学生,把班规制定权交给学生,把活动的组织指挥权交给学生"[①],让每个学生都成为班级的主人。

(四) 目标管理

目标管理就是将班级总目标依次细化为小组目标和个人目标,形成目标体系,以此管好班级事务的活动。目标管理理论是现代管理大师彼得·德鲁克根据目标设置理论提出,他认为管理人员必须明白自己的职责,虽然有些事情对公司来说是必要的,但必须界定自己的职务范围,把主要时间放在管理工作上,最大限度地提高工作效率。在班级管理中要分工明确,让每一个学生明确自己的任务,使人人有事做,事事有人做。

不同班级的情况不同,每种模式都有自身的优点与局限性。所以,在班级管理中,管理者要依据班级实际情况,以一种模式为主,辅以其他模式,灵活地管理班级。

技能训练

(一) 训练主题:班级管理过程。

(二) 训练内容:班级管理一般包括计划、实施、检查、总结四个环节,请以自己所在班

---

① 黎翔. 教育学[M]. 北京:航空工业出版社,2014:250.

级为例,调查班级工作计划内容、实施要领、检查方式、总结的要点。

（三）训练形式：以小组为单位访谈班主任、任课教师和班干部,整理访谈内容,在班内分享,教师点评。

（四）训练要求：访谈全面、深入,内容有条理、连贯,突出管理环节。

本章小结

本章内容涉及班级管理概念、特点、意义,班级管理的理论依据、过程与模式。班级管理是在师生合作的前提下,教师通过适当的班级管理策略,有效地对班级人、财、物等各种事务的管理。班级管理有助于创设良好的班级环境,提高学习效率;有助于形成良好的品德和行为习惯;有助于锻炼学生能力,学会自治自理。班主任、科任老师、校领导、学生都是班级管理的主体,其中以班主任所起的作用最大。班级管理者主要对班级进行组织管理、制度管理、活动管理和教育力量管理。

群体动力理论、柔性管理理论、教师领导理论是班级管理主要的理论依据。群体动力理论认为,班级成员的表现受到班级群体"心理场"的影响,班级管理者要对班级群体的构成与角色、群体规范与舆论、群体凝聚力、班级气氛有充分的了解,并建构良好的班级心理环境。柔性管理理论认为管理过程中要充分认识学生的潜能,注意学生的个别差异,满足学生的基本需要。教师领导理论认为教师在班级管理中要正确行使行业赋予的权力,同时不断加强自身修养,提高个人的非权力影响力。

班级管理活动是一个有步骤、分阶段的动态流程。与学校的管理过程一样,班级管理过程有计划、执行、检查、总结四个基本环节。在长期的班级管理中逐渐形成了四种有影响的模式,分别是常规管理模式、平行管理模式、民主管理模式、目标管理模式。

思考与应用

1. 什么是班级管理? 简述班级管理的内容。
2. 论述班级管理的理论基础。
3. 论述班级管理的基本环节。
4. 论述班级管理模式。

推荐阅读书目

[1] 李学农,陈震.初中班主任[M].南京:南京师范大学出版社,1997.

[2] 徐长江,宋秋前.班级管理实务[M].北京:高等教育出版社,2010.

[3] 韩东才.班主任基本功:班级管理的基本技能[M].广州:暨南大学出版社,2009.

微信扫码

配套数字资源

第七章
班级组织管理

学习目标

- 知识目标：了解班级组织的内涵、功能，了解班级组织建设的阶段性；掌握确定班级组织目标的方法，以及班干部选拔与任用的要点；掌握班级团队组织建设的内容与要点；了解班级非正式群体的特征、类型，掌握非正式群体的管理方式。

- 能力目标：初步培养学生建设班集体的能力，培养学生对班级共青团（少先队）组织建设指导的能力，对班级非正式群体管理的能力。

- 育人目标：培养学生的集体主义观念和为班集体的奉献精神；唤醒学生的团员意识和做共产主义事业的接班人的使命，增强学生对中国共产党和社会主义制度的政治认同、思想认同、情感认同。

思维导图

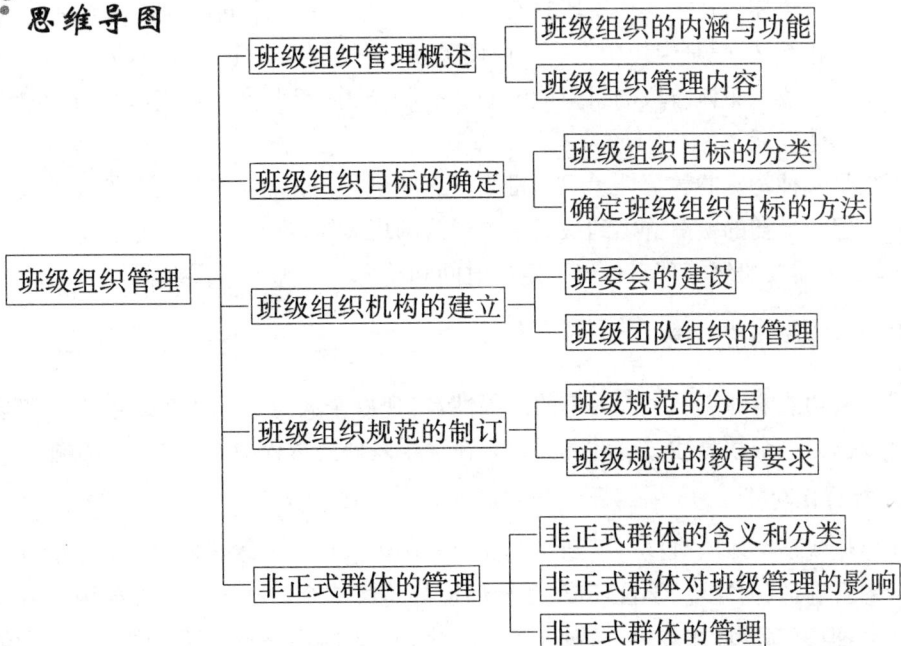

班级是学校教育工作的最基层组织,学校通常以班级为单位进行管理。所以,班级管理者特别是班主任要做好班级组织管理。

班级中的学生不是孤立存在的个体,他们通过相互交往形成各种群体。依据群体的正规程度,分为正式群体与非正式群体。正式群体是指在学校行政部门、班主任或社会团体领导下按照一定章程组成的群体,如班委会、团支部(少先队)等。非正式群体是指基于某种共同利益或以兴趣爱好为基础自发形成的,带有明显情绪色彩的学生友好伙伴,其中的首领人物是在成员交往中自然而然形成的。正式群体和非正式群体对班组织发展都会产生影响,为尽可能发挥群体的积极作用,有必要对这些群体进行分门别类管理。

第一节 班级组织管理概述

一、班级组织的内涵与功能

(一)班级组织的内涵

在现代社会生活中,组织是人们为了实现一定的目的而形成的系统集合。它由一群人组成,有一个特定的共同目标,有一个由规章制度、职位职权体系、角色分工等所构成的系统组织结构。组织不仅是社会的细胞、社会的基本单元,而且可以说是社会的基础。组织可以按照不同的标准分类,按群体的组织程度和成员相互作用的程度,可分为松散群体、合作群体、集体。达到集体阶段具有五个特征,一是有一个共同的目标或宗旨;二是有一定的系统化结构;三是组织中有一种协调关系;四是拥有一定的资源;五是组织中有一种信息交流。达到集体阶段的组织能够制造一种合力,产生协同效应,提高组织效率,促进组织中个体发展。

班级是一种特殊的教育性组织。班级只有达到最高形态,才能最大限度地促进学生的发展。但从最初的松散群体到最高组织形式的班集体,不是一蹴而就,其间不仅要经历一定阶段,还需要班级管理者付出一定的时间和精力。

(二)班级组织的功能

组织的功能能够克服个人力量的局限性,实现靠个人力量无法实现或难以实现的目标。班级作为一个教育性、规范性的组织,在学生发展的过程中具有重要的功能。

1. 社会化功能

社会化就是个体从"自然人"到"社会人"的转化过程。个体转化的关键是受到一定社会环境的影响,家庭环境、学校环境、社会环境都是影响个体社会化的重要因素。家庭虽是小社会,但家庭环境比较单一,对于个体的社会化影响不是太显著。学校是人为创设的促进学生发展的特殊环境,学生主要是在班级里接受有目的、有计划的教育,在此过程中逐渐掌握社会知识技能、伦理规范与社会生活经验,学会做人做事。所以,班级组织是影响学生个体社会化的重要场所。

2. 发展功能

班级是为促进学生发展而创设的特殊环境,这个环境中有具有专业知识的教师和班级管理者,有服务班级的班委、共青团与少先队,有按计划开展的班级活动。班级管理者通过创设良好班级氛围、组织师生开展丰富多彩的班级活动,最大限度上促进学生德智体美劳全面发展。

3. 保护功能

保护功能亦称照顾功能,是指班级管理者遵循伦理原则,特别是遵循教师职业道德规范,在管理过程中关爱学生、照顾学生,尤其是生活服务和心理呵护,促进学生身心发展。班级保护功能的发挥有赖于充分挖掘班集体的、社会的、认识的、情感的诸方面因素的积极作用,为学生身心健康服务。

4. 个性化功能

班级在培养学生社会性的同时,还会根据不同学生的身心发展特点、水平,以及形成和发展的规律,通过班级活动或不同层次的集体活动和人际交往,培养学生的兴趣、爱好、特长,形成学生的性格、发展学生的个性品质。

鉴于班级组织在学生成长中的重要作用,班级管理者要将班级组织管理作为重要任务,抓实、抓细、抓好,正确发挥班级组织促进学生发展的功能。

二、班级组织管理内容

班级组织管理分为静态的组织结构建设和动态的班集体建设两方面,静态的组织结构建设包括确定组织目标、组织机构、组织规范三个方面;动态的班集体建设包括从群体到集体的三个阶段,见图7-1。

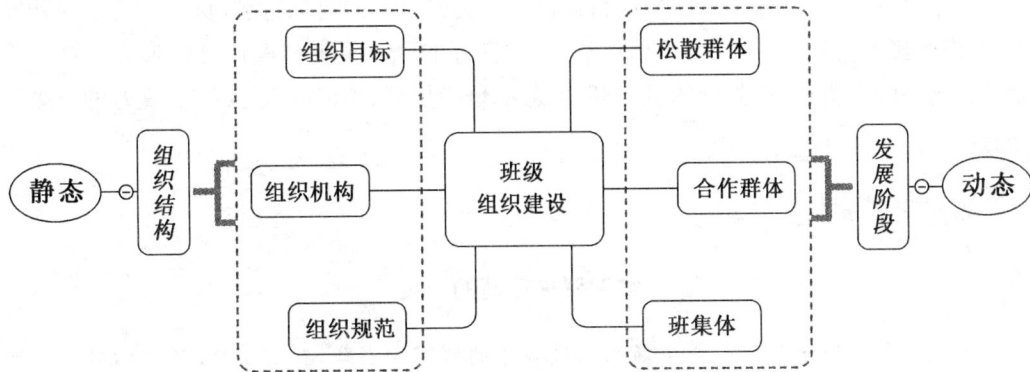

图7-1　班级组织建设内容

（一）班级组织结构的建设

一是班级目标的确定与实现。目标是对活动预期结果的主观设想，是在头脑中形成的一种主观意识形态，也是活动的预期行为结果，它为班级活动指明方向。所以，确定班级目标是班级管理的首要任务。班级不同，管理目标也不尽相同。但不管哪一类班级，班级组织目标的确定多采用师生共商法，班级目标的实现是班级师生共同努力的结果。

二是班级机构的建立与运转。班级组织机构包括班级委员会和班级团队组织，班级学生委员会简称班委会，它是班级学生自我管理、自我教育的组织，是班主任开展班级管理工作的助手。班委会成员一般经过班级全体同学选择产生，在班主任指导下开展工作。班级团队组织是指班级的共青团或少先队组织，共青团在班内设团小组或支部，少先队在班内设小队或中队，团队干部经由选举产生，班级团队在学校党组织的领导下开展工作。

三是班级规范的制订与执行。班级内两类组织有不同的组织规范：其一，班级全体成员所要遵循的班级规范，简称班规，是由班级全体成员民主制订，班委会成员按照班级规范管理班级。其二，班级团、队成员所应遵循的规范，包括《中国共产主义青年团章程》《中国少年先锋队章程》，分别由国家共青团、少先队代表大会代表制订，班级团、队成员在班级生活中只有遵守的义务而无变更的权力。

（二）班级组织发展的阶段

第一，松散阶段。又称组建阶段，此时班级组建不久，班级涌现出一批关心班级事务的积极学生，这批学生渐渐成为班级的核心，在此基础上组建了班委，选出了班级干部、制定了班级规范。但班干部的管理尚不到位，同学们也不能自觉地遵守班规。此时，良好的班级氛围和舆论尚未形成，学生之间处于松散状态。

第二，合作阶段。又称聚合阶段，这一阶段是班级组织发展阶段，班干部自觉地履行职责，班级同学对自己严格要求，自觉遵守班级纪律，班级目标正在转化为同学们的自觉需要，班干部积极主动地开展班级工作，良好的班级氛围和舆论正在形成。

第三，集体阶段。这一阶段班级目标已经成为同学们的自觉行动，班干部主动地开展工作，班级规范得到遵守，班级活动正常开展，良好的班级氛围和舆论已然形成。这一阶段具有明确的班级目标、称职的班干部、完善的班级规则、和谐的人际关系、良好的班级风气五个特征。

> **资料拓展 7 - 1**
>
> #### 彼得罗夫斯基的分类
>
> 苏联社会心理学家彼得罗夫斯基通过多年的研究和实践，在其著作《集体的社会心理学》（卢盛忠译，人民教育出版社，1985）中，根据群体发展的水平和群体成员之间联系的密切程度，把群体分为松散群体、联合群体和集体。
>
> 松散群体（loose group）指成员间的关系并不以共同活动的目的、内容、意义和价值为

中介的共同体。许多情况下,松散群体中根本没有共同活动。例如,飞机上的乘客、音乐厅的听众、宾馆中的房客、旅途中的游伴等,都属于松散群体。

联合群体(joint group)或合作群体是指通过共同活动,逐渐凝聚成为有组织的集合体,建立起成员之间带有各种情绪色彩的人际关系的群体。各个成员认识到彼此都属于同一个社会共同体,群体内部互相吸引日益明显。在这样的群体中,情绪等心理关系占主导地位。彼得罗夫斯基认为联合群体或合作群体似乎是松散群体与集体之间的过渡群体。

集体(collective)是群体发展的最高阶段,成员间的关系是以有个人意义和社会价值的群体活动内容为中介的群体。这就是说,集体成员不仅认识到群体活动对个人和集体的价值,而且还认识到其对整个社会的意义。一般地,真正的集体应兼顾个人、集体和整个社会的利益。

技能训练

(一)训练主题:班级组织建设的内容。

(二)训练内容:请你设想一下,当学校让你担任一个新班的班主任时,你将在班级内建立哪些组织?请按照组织的重要性排序,说出排序的理由。

(三)训练形式:个人独立思考,课堂口语表达,教师点评。

(四)训练要求:内容全面、观点明确、表达准确、有逻辑性。

第二节　班级组织目标的确定

目标是对活动预期结果的主观设想,是在头脑中形成的一种主观意识形态,也是活动的预期目的。班级组织目标是班级管理活动的预期结果,它为班级活动指明方向。班级管理是一种目的性的活动,不同班级、不同学校的情况不同,班级管理的目的也不尽相同。所以,根据班级实际情况确定班级目标是班级管理的首要任务。

一、班级组织目标的分类

班级目标可以根据不同的标准分类,但目标的总体内容是相同的。

（一）根据时间不同,分为长期目标、中期目标、短期目标①

（1）长期目标。长期目标通常是指学段目标,在小学阶段可以理解为1—6年级六个学年度的奋斗目标,在初中阶段是指7—9年级三个学年度的奋斗目标。这个目标是在教育目的指导下,以学校的培养目标为依据,根据班级的实际情况制定的。

（2）中期目标。中期目标通常指一个学年度的目标。不同年级的学生,身心发展有着不同的特点,班主任应根据学生的年龄特征、发展水平,制定出相应的班级奋斗目标。中期目标是长期目标的分解,是长期目标在某一年度的细化和具体化。

（3）短期目标。短期目标是指一个学期以内的阶段性目标。短期目标是对中期目标的分解,每一个短期目标的实现,都会使班级在发展过程中出现小的质变,若干个小的质变的集合,就会引起班级质的飞跃,进而实现班级的奋斗目标。

（二）根据任务不同,分为德、智、体、美、劳"五育"目标

教育目的是促进学生在德智体美劳五个方面全面发展,在班级管理中有必要按照"五育"维度制定班级目标。

（1）德育目标。德育目标是指班级管理在德育方面设定的目标,是期望学生通过班级管理,在政治、思想、道德等方面应该达到的标准与要求。

（2）智育目标。智育目标是指班级管理在智育方面提出的目标,具体是指通过班级管理对学生在掌握知识和技能、发展智力方面所设置的目标。智育目标的实现离不开班级任课教师的支持。

（3）体育目标。体育目标是指通过班级管理,在促进学生全面发育、提高身体素质与全面教育水平、增强体质与提高运动能力等方面所提出的目标。

（4）美育目标。美育目标是指通过班级管理,在培养学生认识美、爱好美和创造美的能力等方面所提出的目标。

（5）劳动技术教育目标。劳动技术教育目标是指通过班级管理,在掌握劳动知识、形成劳动技能、养成劳动习惯等方面所提出的目标。

（三）根据执行主体不同,分为班级目标、小组目标、个人目标

班级目标是对班级全体学生设置的目标。小组目标是根据小组承担的任务所设置的目标,小组目标是班级目标的细化。个人目标是小组目标在个人身上的体现。

二、确定班级组织目标的方法

不同的班级确定班级目标的方法略有差别,对于新组建班级,一般采用班主任定夺法;对于由老生组成的班级宜采用师生共商法。

（1）师生共商法。师生共商法是一种科学民主确定班级目标的方法。运用此法,一

---

① 吴小海,李桂芝.班主任九项技能训练[M].2版.北京:首都师范大学出版社,2010:53-54.

是有利于发挥教师的主导作用和学生的主体作用。教师根据学校行事历和班级实际拟定初稿,交由班级学生讨论,师生共同确定目标。二是有利于班级目标的实现。经由学生讨论制定的目标,学生熟悉目标的内容,对于班级目标比较认同,以后执行起来容易落实到位。

(2)班主任定夺法。班级目标由班主任根据行事历和班级实际制定并通报学生。与共商法相比,此法缺乏民主性,学生可能不了解、不认同班级目标的内容,以后实施起来难度较大。

技能训练

(一)训练主题:班级目标的确定。

(二)训练内容:选择你在教育实习(教育研习或见习)时任教过的某一班级,在了解班级实际的基础上,请确定包含德智体美劳五个维度的班级短期目标和中期目标。

(三)训练形式:学生在深入学校调查的基础上,选择合适的方法与程序确定班级目标,班内交流展示,教师点评。

(四)训练要求:依据科学、目标系统、方法恰当、符合班级实际。

推荐阅读

扫描本章二维码,查看《确定班级奋斗目标》。

第三节 班级组织机构的建立

开展班级工作,仅靠班主任和任课教师是不够的,还需要班级组织的支持,其中支持力度最大的是班级委员会和班级团队组织。

一、班委会的建设

(一)班委会的结构

班委会(Class Committee)是班级学生委员会的简称。班委会一般由班长、学习委员、体育委员、劳卫委员、生活委员、文娱委员、纪律委员等组成。班长负责组织和管理本班的全盘工作安排;学习委员负责本班教材的领取、作业的收发、学习园地的建设等工作;体育委员负责本班的早操、课间操的组织和考勤,积极配合学校开展各种体育活动,如校运会、体操比赛等,以及本班体育器材的借还、平时的体能训练、课前热身操、平时集会时的队列编排等;劳卫委员负责本班教室、清洁区的卫生安排与考勤;生活委员负责本班的生活与团结的管理,以及班费的开支;文娱委员负责组织并带领班级同学参加各项文娱活动;纪律委员负责本班平时在非自由活动时间的班级纪律。班委的构成及其隶属关系如图 7-2 所示。

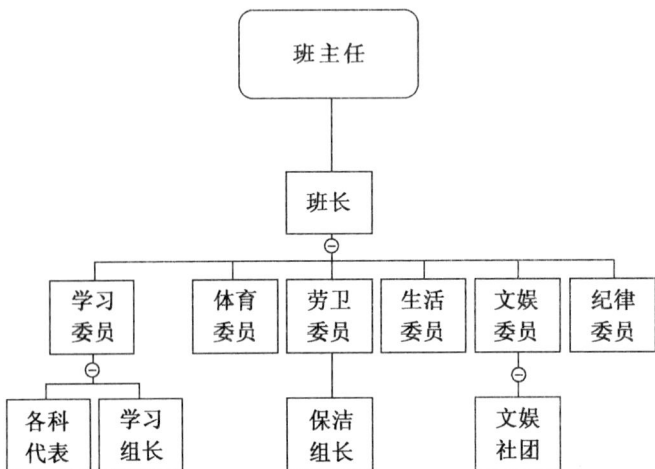

图 7-2 班委的构成及其隶属关系

资料拓展 7-2

班委会的构成及职责

1. 班长

班长是班委会的召集人和班委会日常工作开展的总协调人,负责主持班委会全面工作。

(1)协助班主任开展各项班级集体活动,搞好各项班级工作。

(2)学期初提出班级工作计划,做好工作总结。

(3)定期召开班委会议,讨论落实班级活动,指导、督促班委开展工作。

(4)筹备、组织并主持班会及重大班级活动。

(5)审批班费的使用。

(6)加强与班级团支部的联系。

2. 副班长

班委会成员之一,主要协助班长开展工作。

(1)协助班长开展各项工作,可分管部分工作,班长不在时代理班长职责。

(2)协助班长对班委成员进行监督。

(3)督促全班同学认真执行学校常规。

(4)负责班会记录及其他班级活动参与记录。

(5)关心同学,常与同学交流,收集同学们对班委工作的意见及建议。

（6）负责各项活动的安全,督促检查工作。

3. 学习委员

班委会成员之一,主要负责开展班级学习工作。

（1）经常了解班级同学的学习情况,帮助同学解决学习上的困难,传达学校有关教学方面的通知精神。

（2）及时向班主任、任课老师反映学生对老师教学的各项建议,加强学生与老师的联系。

（3）督促和指导各科代表的工作。

（4）注意发现同学中确有实效的学习方法,帮助同学进行总结。不断提高全班同学的学习积极性。

（5）组织同学们进行自主学习。

（6）做好班级成绩分析和等第。

4. 纪律委员

班委会成员之一,主要负责开展班级纪律检查工作。

（1）加强自身纪律,起到模范带头作用。

（2）关心班级,爱护同学,团结同学。

（3）协助班主任和班长,培养本班良好的班风。

（4）对违纪同学,有权而且应当批评、教育。

（5）在班委会和班会上,总结本班纪律情况。

（6）协助副班长做好班级考勤工作。

（7）协助抓好班级的各方面工作。做好班级学生纪律方面的量化管理工作,及时向班长汇报班级纪律情况。

（8）具体负责班级的纪律工作。建立班干部轮流值日制度,做好干部的纪律轮流值日安排,写好班级的纪律记录,协助班长总结班级情况,解决班级中存在的问题,做好班级纪律量化工作并向班长汇报。

（9）为人公正、公平,敢于同班级中的不良风气做斗争,工作中能既坚持原则又注意方法,能够团结全班同学共同创造一个良好的学习环境。

（10）负责监督和监察班委会各成员,并将违纪人员及违纪行为及时上报给班主任。

5. 劳卫委员

班委会成员之一,主要负责开展班级劳动和卫生工作。

（1）督促同学保持教室整洁,不断养成整洁卫生的良好习惯。

（2）安排、检查每天的清洁区值日和其他公益劳动。

（3）负责保管教室的清洁工具,并固定放置于适当地方,以不影响教室的整洁。

（4）组织参加学校安排的卫生活动,并负责考核。

（5）做好班上的其他工作。

6. 文娱委员

班委会成员之一,主要负责开展班级文艺娱乐工作。

（1）负责班级文化建设工作。

（2）协助班长组织班级各项文娱活动。

（3）组织同学们参加各项文艺活动。

（4）组织安排本班重大节日的庆祝、联欢活动。

7. 体育委员

班委会成员之一，主要负责开展班级体育运动工作。

（1）协助体育老师上好班级的体育课。

（2）组织班级参加各类体育活动。

（3）负责校运会、全校会操的组织发动工作。

（4）做好学校集体活动的集队和安全管理工作。

（5）负责出操期间的纪律管理和记录。

（6）带领本班同学准时和积极地开展课外体育活动。

8. 生活委员

班委会成员之一，主要负责开展学生生活和班费管理工作。

（1）贯彻学校在生活管理工作中的各项意见和措施。

（2）保管和使用班费，定期向班委会和全班同学做好班费使用情况公示。

（3）关心同学的日常生活，在易发病时节积极做好预防提醒。

（4）定期召开寝室长会议，搞好寝室的纪律和卫生以及关注同学的身体状况。

（5）关心病号，帮助解决就医、用膳问题。

（6）负责设施报修，领取教学劳动用品等。

资料来源：班委会成员及职责有什么[EB/OL].（2020 - 10 - 16）. http://www. gaosan. com/gaokao/313189. html.

班委会成员是协助班主任开展班级工作的得力助手，在学生中起到模范带头和管理的作用，所以选择班委成员要慎之又慎。选拔班委成员的时机因班而异，对于老生班级在开学初即可进行，对于新组建的班级可以在同学们相互熟悉之后进行。班委会成员就是班级干部，选拔班干部要做好三方面工作，一是确定班干部的标准，二是确定选拔的方法，三是对班级干部的培养与使用。

（二）班干部的选拔

一个纪律严明、健康向上的班集体，不仅要有称职的班主任，更要有一支素质良好、能独立工作的班级干部队伍。班干部来自学生，但不是每个学生都有能力担任班级干部，选拔班干部应该有一定的标准和方法。

📢 **推荐阅读**

扫描本章二维码，阅读《张玉石：班干部如何选拔才得力？》。

1. 班干部选拔的标准

鉴于班委在班级管理中的重要性，在组建班委时要确定班干部的标准，只有具有良好素质的学生才可以担任班级干部。

（1）品行端正。班干部应尊敬老师、团结同学，关心班级事务，遵守班级规章制度，具有良好的人际关系，愿意服务班级。班干部若存在品德问题，就不能公正处理班级事务，在同学中也缺乏威信，无法成为同学的榜样。

（2）成绩优良。该同学应是班级学习的榜样，能帮助同学学习。在处理班级事务的过程中，班干部会消耗自己的学习时间，若是成绩一般就可能影响自己的学习与发展。

（3）身体健康。一是生理健康，在紧张的学习之余，处理好班级事务需要强健的身体，若班干部由于身体不好经常请假，则会影响班级工作。二是心理健康，能处理好班级人际管理，公平公正地对待同学。

（4）组织管理能力强。班干部的主要职责是组织管理班级事务，若没有一定的组织管理能力，就无法做好班级工作。选择班干部不是选拔好学生，这是区别于选拔好学生的最重要的一点。

2. 选拔班干部的方法

不同的班级管理者采用不同的选拔方式，有"竞选式、任命式、组阁式"[1]，"直接任命式、伪民主式、自荐—民主选举式、他荐—民主选举式、'人人—事事'式、'一班两制'式"[2]等等。最常见的有任命式、竞选式、组阁式三种。

（1）任命式。班主任根据自己的工作经验以及对学生的了解，特别是对学生的经历、爱好、特长、学习成绩、管理能力等的了解，直接任命，或者简单走个"伪民主"程序后任命。这种任命方式多适用于起始年级，有利于班级工作有条不紊地开展。有些"专制型"的非起始班级的班主任也倾向采用这种任命方式，直接指定某个学生担任班级干部。这种方式任命的班干部难以得到全部同学的认可，会为班级工作留下隐患。

（2）竞选式。如果班级适合担任班干部的人选很多，为了充分发扬民主，调动大家的积极性，可以采取民主竞选式。班主任根据公开班干部的岗位与职责，让学生自己报名参与竞聘，并要写出竞聘演讲稿，通过自我介绍、演讲的方式，介绍自己的经历，阐述自己的任职观点、准备采用的工作方法、预期的工作目标等。在学生演讲后，组织班级学生投票选举他们心目中的干部，最后再由班主任委任。

（3）组阁式。通过民主程序选出一位班长，然后班主任将需要的岗位、每个岗位的要求明确地告诉班长，将权力充分下放给班长，然后由班长自行组阁，组成自己的领导班子，从而组成一支信得过的、稳定的、团结的、相互配合的班干部队伍。这种方式既提高了班长的威信，也激发了班长的能动性。

---

① http://blog.sina.com.cn/s/blog_17643512d0102x4hr.html
② 张玉石.班干部如何选拔才得力[EB/OL].http://www.gzhshoulu.wang/article/1002743539.

（三）班干部的培养

📢 **推荐阅读**

扫描本章二维码，阅读《关于班干部选拔与培养的十问十答》。

班干部的优秀是相对的，他们的知识、经验、能力等与教师还有相当的差距，因此对班干部应该边任用边培养。

（1）让班干部明确工作职责。召开班级干部会议，介绍他们的任务与职责，让他们谈谈工作设想，制定个人工作计划和遇到问题的处理方法。

（2）树立班干部的威信。班主任对于班干部提出严格要求，同时创造条件，给班干部展示能力的机会。班主任尊重班干部，当事情取得成功时，要把功劳归于班干部；当班级工作有失误时，班主任要尽可能承担责任。

（3）让班干部放手工作。班干部的能力是在实际工作中得到锻炼和提高的，对于班级工作，班主任布置下去后要从旁观察，放手让班干部工作。当他们遇到疑难或困惑时，要及时予以指导，尽可能提供帮助。

（4）正确使用奖惩。为促进班干部健康成长，班主任要制定明确的奖惩措施，作为班干部行动的指导方向。对于尽职履责、效果良好的班干部要及时表扬；对于不负责任、能力不及的班干部要及时予以批评，必要时予以更换。

培养班干部需要班级管理者做好细致全面的工作，需要任课老师和家长的切实配合，更需要实践的磨炼。一旦班干部健康成长起来，不但他们自己得到锻炼，更好地服务班级，而且能减轻班主任的工作量，班主任将有更多的精力谋划班级发展。

> **教资国考真题**
>
> （简答题）班主任培养班集体的主要方法有哪些？
>
> **答案要点：**（1）加强思想教育，确立明确、切合实际的班级奋斗目标；（2）建立健全的班级组织，选拔和培养班干部；（3）形成正确的集体，培养优良的班风；（4）建立民主管理的班级规章制度；（5）开展丰富多彩的集体活动。

二、班级团队组织的管理

中小学校班级中分别存在班委组织与团队组织，相应的，班级学生就具有班级成员和团队成员双重身份。班级团队工作主要由团队干部负责，但团队干部也是学生，他们身心发展尚未成熟，经验少、能力弱，有时需要管理者的指导与帮助。由于班主任和团队组织的直接联系，所以，指导班级团队工作的任务，就责无旁贷地落到班主任身上。

（一）团队组织的性质及结构

1. 团队的性质

共青团和少先队是在党组织领导下的青少年学生的群众性组织。共青团是受中国共产党领导的先进青年组成的群团组织，《中国共产主义青年团章程》第一条规定："年龄在十四周岁以上，二十八周岁以下的中国青年，承认团的章程，愿意参加团的一个组织并在其中积极工作、执行团的决议和按期交纳团费的，可以申请加入中国共产主义青年团。"

少年先锋队是中国少年儿童的群团组织，《中国少年先锋队章程》第十一点规定："凡是 6 周岁到 14 周岁的少年儿童，愿意参加少先队，愿意遵守队章，向所在学校少先队组织提出申请，达到入队要求后，经批准，就成为队员。"党委托中国共产主义青年团直接领导中国少年先锋队。共青团和少先队都是以社会主义和共产主义精神为指导，对成员进行"五爱"教育，使他们成长为担当民族复兴大任的时代新人，做共产主义事业的接班人。

2. 团队的结构

少先队在学校建立大队或中队，中队下设小队。小队由 5 至 13 人组成，设正副小队长；中队由两个以上的小队组成，成立中队委员会，由 3 至 7 人组成；大队由两个以上的中队组成，成立大队委员会，由 7 至 13 人组成。大队和中队委员会可以根据工作需要，设队长、副队长、旗手和学习、劳动、文娱、体育、组织、宣传等委员。学校的少先队接受学校任命的辅导员领导。

团基层组织有基层委员会、总支部委员会、支部委员会。团组织在学校建立的机构是总支部、支部、团小组三级。支部委员会、总支部委员会由团员大会选举产生，每届任期两年或三年。学校团组织在校党组织的领导下开展工作。

（二）班级团队管理的内容

班级团队组织的直接管理者是学校团委（团总支），班级少先队组织的管理者是学校少先大队辅导员；班主任和任课教师是班级团队组织的指导者。管理内容主要包括三个方面：

（1）团队组织建设。团队干部在团队工作和活动中具有凝聚、表率、带动、助手作用，班级团队干部的选拔和任用在民主选举的基础上由学校团委（少先大队委员会）任命。班主任和任课教师与学生朝夕相处，对于学生比较熟悉，对学生知识、能力、经验都比较了解，知道某个学生适合于某个岗位，他们可以向团总支书记或少先队辅导员推荐人选，以供选拔任用。

（2）团队活动开展。共青团的活动有教育活动、科技活动、公益活动、组织活动、文娱活动、体育活动等；少先队的活动有队会、队课，组织参观、访问、野营、旅行、研学、故事会，开展文化科学、娱乐游戏、军事体育等各种有意义有趣味的活动，以及参加力所能及的志愿服务、公益劳动和社会实践。团队活动由学校团委（少先大队委员会）统一组织，也可以根据班级情况在请示后单独进行。团队成员由于知识、经验的局限，在组织与开展活动过程中可能存在不到位的地方,此时,学校团委(少先大队委员会)要有针对性地予以领导和指导。通过指导,团队干部明确活动目的、内容,掌握开展活动的方法,使活动达到最佳效果。

(3)团员队员思想教育。团队员都是班级中表现先进的学生,团委(少先大队委员会)根据团队章程对其成员进行政治、思想、道德的集中教育。也可以班级为单位,由班级团支部(少先中队委员会)组织进行。在此过程中,班级管理者亦要通过明确团队员的标准,让学生加强自我教育;通过指导团队的计划与总结,对团队员进行有针对性的个别教育;通过指导团队开展丰富多彩的团队活动,提高活动及教育的效果。

(三)团队管理的基本要求

(1)熟悉团队工作。团委(少先大队委员会)委员是团队活动的领导者与管理者,他们要根据组织原则对班级团队组织进行管理。班主任和任课教师是团队活动的指导者,他们要深入学习《中国共产主义青年团章程》《中国少年先锋队章程》,掌握团队性质、任务,学生申请加入团队的资格、程序、团员的权利与义务,团队组织制度、团队干部任命、团队纪律、团队活动类型及要求等内容,为指导团队工作奠定基础。

(2)找准自身位置。学校和班级团队干部是班级活动的直接领导者,要切实履行职责,组织好团队工作,切实开展班级活动。班主任要协助指导班级团队活动,《中小学班主任工作规定》指出,班主任要"指导班委会和团队工作",这里用词是"指导"而不是"领导"。主要原因是团队组织的特殊性,班级的团队是在学校的党组织领导下开展工作,具体而言,班级少先小队或中队是在学校少先大队辅导员的领导下开展工作,班级团小组或团支部是在学校团总支书记或团委书记领导下工作,而班主任不属于这个组织。所以,班主任身份就决定了其没有对班级团队直接领导的权力,班主任要自觉地摆正位置,明确职责,在指导过程中充分尊重团队干部意见,切忌越俎代庖。班级其他管理者也负有指导义务。

(3)做好坚强后盾。学校团队组织是班级团队活动的坚强后盾,这个无需多言。班主任等班级管理者是学生的人生导师,要为班级团队活动的开展创造条件,一是保证活动时间,班主任等管理者要按照《中小学德育工作指南》的要求:"确保少先队活动时间,小学1年级至初中2年级每周安排1课时。"二是做好坚强后盾,平时要为团队工作的开展创造条件,在团队工作开展遇到困难时,要主动帮助团队干部解决问题。三要勇于承担责任,在团队成员出现违纪行为时,班主任要从"双重身份"分析学生的问题行为,承担疏于管理的责任。

(4)协调好团队组织与班委会的关系。班级团支部委员会(或少先队委员会)与班级委员会是肩负不同任务的组织,它们的性质不同、领导机构不同、工作范围不同,但目的都是促进同学发展,难免在工作上出现矛盾与冲突,如同时举办班级活动,可能会影响到具有双重身份的学生学习。所以,班级团队组织和班委会要有明确的活动界限,不要干涉彼此的工作;班主任等管理者要在明确分工的前提下,协调班委和团队组织,使其活动统一到促进学生发展这个目标上来。为此,不妨尝试"班团(队)一体化"的运行机制,在规则层面协调好彼此关系。

技能训练

（一）训练主题：班干部的选拔。

（二）训练内容：有些班主任为了管住学生，任命班内经常打架、能"镇住"同学的"学渣"当班级干部，从专业角度予以评价。

（三）训练形式：口语表达，时限 3 分钟，教师点评。

（四）训练要求：符合教育规律，观点明确、表达准确、有逻辑性。

推荐阅读

扫描本章二维码，查看班干部选举的样例《兴平市南市中学关于开展 2016 学年班干部选举的通知》。

第四节 班级规范的制订

班级规范是指以规章制度、公约、纪律等为主要内容，班级全体成员认可并自觉遵守的行为准则。班级规范是班级运行的保障，良好的班级规范具有约束行为、明确义务、确认权利、激励学生等作用。

一、班级规范的分层

班级制度包括国家制定的规章制度、学校制定的校规校纪、班级制定的班级规则。不同层面的规范在内容与要求上有所不同。

（一）国家层面的规范

国家层面的规范有《中小学生守则》《中学生日常行为规范》《小学生日常行为规范》，《守则》和《规范》集中体现了国家对中小学生思想品德和日常行为的基本要求，对学生树立正确的理想信念、养成良好的行为习惯、促进身心健康发展具有重要作用。

1. 中小学生守则

《小学生守则》《中学生守则》分别发布于 1981 年、1991 年，2004 年国家将《小学生守则》和《中学生守则》合并为《中小学生守则》；2015 年，教育部印发修订版《中小学生守则》，涵盖德、智、体、美、劳全面发展的基本要求。

《中小学生守则》包括爱党爱国爱人民、好学多问肯钻研、勤劳笃行乐奉献、明礼守法讲美德、孝亲尊师善待人、诚实守信有担当、自强自律健身心、珍爱生命保安全、勤俭节约护家园等方面的内容。与 2004 年版的《守则》相比,新版《守则》体现三个特点:① 导向性。《守则》渗透着社会主义核心价值观的民主、文明、和谐、爱国、法治、诚信、友善等方面的基本要求,引领和规范学生思想品德与言谈举止,对中小学生思想和品德发展起着导向作用。② 针对性。《守则》中的"勤劳笃行乐奉献""明礼守法讲美德""孝亲尊师善待人""诚实守信有担当",是针对学生品德实际和发展需要提出的,有助于学生今后的成长。③ 可操作性。在明确要求的同时,《守则》也给出更具操作性的具体行为规范。例如"自己事自己做,主动分担家务,参与劳动实践,热心志愿服务"就是"勤劳笃行乐奉献"的具体行为规范;"保持言行一致,不说谎不作弊,借东西及时还,做到知错就改"就是"诚实守信有担当"的具体行为规范。

📢 推荐阅读

扫描本章二维码,阅读《中美英日小学生守则比较》一文。

2. 中小学生规范

(1)《中学生日常行为规范》。该规范最初在 1994 年发布,2004 年修订,具体内容分为五个方面:① 自尊自爱,注重仪表。这是对学生在个人品德、仪表及生活方式等方面的要求,是每个人起码的文明行为规范。② 诚实守信,礼貌待人。这是人际关系交往过程中最起码的文明行为规范。③ 遵规守纪,勤奋学习。这是对学生在学校集体生活和学习方面的要求,是在学校中最起码的文明行为习惯。④ 勤劳俭朴,孝敬父母。这是对学生在家庭生活中起码的文明行为规范。⑤ 严于律己,遵守公德。这是在社会生活中最起码的文明行为规范。

(2)《小学生日常行为规范》。该规范是原国家教委依据国家正式颁发的《小学生守则》制定的,是国家对小学生日常行为的最基本的要求。最初在 1991 年发布,2004 年修订。该规范的内容共 20 条,涉及小学生日常学习生活的主要方面,目的在于加强对小学生的文明礼貌教育和行为训练,以促使他们从小养成良好的行为习惯。《规范》内容没有面面俱到,提出的要求具有一般性,这就要求各地贯彻《规范》时,应与《小学生守则》的教育和贯彻学校的各项规章制度结合起来。

资料拓展 7-3

英国、日本、美国小学生守则一览

1. 英国小学生守则 10 条

(1)平安成长比成功更重要。

(2)背心、裤衩覆盖的地方不许别人摸。

(3)生命第一,财产第二。

（4）小秘密要告诉妈妈。

（5）不喝陌生人的饮料，不吃陌生人的糖果。

（6）不与陌生人说话。

（7）遇到危险可以打破玻璃，破坏家具。

（8）遇到危险可以自己先跑。

（9）不保守坏人的秘密。

（10）坏人可以骗。

2. 日本小学生守则7条

（1）不迟到；进校后不随便外出。

（2）听到集合信号时，迅速在指定场所列队；进教室开门窗要轻；在走廊和楼梯上保持安静，靠右行。

（3）上课铃一响即坐好，静等老师来；听课时姿势端正，不讲闲话，勤奋学习。

（4）遇迟到、早退、因故未到等情况，必须向老师申明理由，有事事先请假。

（5）严格遵守规定的放学时间，延长留校时间要经老师许可。

（6）上学放学时走规定的路线，靠右行，不要绕道和买零食。

（7）遇地震、火灾等紧急情况时不惊慌，按老师指示迅速行动。

3. 美国小学生守则12条

（1）称呼老师职位或尊姓。

（2）按时或稍提前到课堂。

（3）提问时举手。

（4）可以在你的座位上与老师讲话。

（5）缺席时必须补上所缺的课业。向老师或同学请教。

（6）如果因紧急事情离开学校，事先告诉你的老师并索取耽误的功课的相关资料。

（7）所有作业必须是你自己完成的。

（8）考试不许作弊。

（9）如果你听课有困难，可以约见老师寻求帮助，老师会高兴地帮你。

（10）任何缺勤或迟到，需要出示家长的请假条。

（11）唯一可以允许的缺勤理由是个人生病、家人亡故或宗教节日。其他原因待在家里不上课都是违规。

（12）当老师提问且没有指定某一学生回答时，知道答案的都应该举手回答。

资料来源：石恢. 北大阅读课 领读者手册 五年级 上[M]. 北京：现代教育出版社，2019：136-137.

（二）学校层面的规范

学校层面的规范简称校规，校规是学校为实现培养目标，基于学校实际制定的学生必须遵守的规则。校规对学生具有约束和指导作用，旨在为师生营造更加和谐的学习和工作环境。校规内容包括仪容、出勤情况、禁带物品说明、室内行为、公共场所行为等方面，如《××学校学生日常行为规范》《××学校考勤细则》《××学校疫情防控安全管理规定》《××学校三好学生评选办法》等。在学校，人人都要遵守校规，违反校规将要受到相应处罚。

　　资料拓展 7-4

郑州市基石中学《校规校纪实施细则》（节选）

　　第一条 为了维护学校正常的教育、教学、学习、生活秩序，创建良好的育人环境，促进学生德、智、体全面发展，根据国家有关文件规定，结合我校具体实际，特制定本条例。

　　……

　　第十条 有下列行为之一者，应给予严重警告处分：

　　（一）警告处分未撤销前，又被给予警告处分。

　　（二）一学期内迟到、早退累计达 30 次（含）以上，旷课累计达 18 节（含）以上。

　　（三）在宿舍或公共场所有滋扰他人、破坏公共秩序、污损环境或其他不道德行为。

　　（四）在宿舍或公共场所违反用火用电安全，如点明火、私拉电线等行为，将停寝或取消住校资格。

　　（五）隐匿、毁弃或私拆他人邮件、日记等造成不良影响。（根据情况应赔偿经济损失）

　　（六）公开他人的隐私，侮辱、诽谤他人，造成不良影响。

　　（七）考试期间有作弊行为（或替考）且不听劝阻，顶撞监考人员。

　　（八）不尊重其他民族、外籍学生的生活习惯、风俗及文化习惯，侮辱他人。

　　（九）在校内吸烟、喝酒。

　　（十）同学之间异常交往，非正常接触。男女生勾肩搭背、过度亲密、谈恋爱。

　　（十一）同学之间交往，不礼貌，语言粗俗，歧视他人，造成不良影响者。

　　（十二）熄灯时间后，大声喧哗，严重干扰他人休息，造成不良影响者，将取消住校资格。

　　（十三）在公共区域捡到贵重物品或现金等失物，未能主动上交，经学校调查发现的。

　　（十四）以匿名信、大小字报、论坛贴吧等形式辱骂造谣或诬陷他人，侮辱、诽谤、威胁同学、老师或学校的，给予严重警告（含）以上直至劝退处分。

　　……

　　第二十三条 凡给予本校学生任何纪律处分，均须依照本条例执行。学校保留随时单方面增删、修订本条例的权利，请及时联系班主任或学生处，了解最新要求。本条例由学生处负责解释。

　　资料来源：基石中学.校规校纪实施细则［EB/OL］.（2019-08-14）. http://www.jishiedu.cn/xueshengguanli/1434.html.

（三）班级层面的规则

班级规则简称班规，又称为班级公约，是为了维护正常的学习秩序，建立良好的班风，营造良好的学习氛围，培养学生良好的行为习惯，由班级成员共同约定、班级全体成员应该遵守的契约。哈佛大学校长邓斯特说："让班规看守班级的一切，比让道德看守班级更完全有效。"

（1）班级规则的内容。班规是国家和学校层面管理规则的细化，内容具体、可操作性强。班级规则涉及班级生活的方方面面，如进校、离校、上课、活动、升旗、生活等方面的管理，班级同学必须遵守执行。

资料拓展 7 - 5

《班规》举例

一年级某班的班级公约

按时上学不迟到，师生见面问声好。

一天三餐不挑食，坚持锻炼身体好。

课前准备要充分，学习用品需备好。

课间活动讲文明，文明礼让我最好。

专心听讲爱发言，学习知识很重要。

按时独立做作业，订正错误及时交。

自己事情自己做，集体荣誉维护好。

我是文明小学生，从我做起最重要。

五年级某班的班级公约

进校：进校说声老师好，相互问候有礼貌。

早读：勤奋好学争分秒，读书朗朗气氛好。

升旗：升旗仪式要搞好，肃立致敬要做到。

两操：出操集队快静齐，动作规范做好操。

上课：专心听讲勤思考，尊敬师长听教导。

课间：课间休息不吵闹，爱护公物更重要。

学习：预习复习要自觉，环环扣进才生效。

作业：格式规范不抄袭，保质保量按时交。

活动：科技文体热情高，班队活动少不了。

生活：爱惜粮食要牢记，遵守纪律觉悟高。

离校：值日卫生勤打扫，安全法规要记牢。

目标：班级公约要牢记，行为习惯常对照。

资料来源：朱勇哲，田光华. 小学班主任必读[M]. 北京：新时代出版社，2013：35 - 36.

（2）班级规则的制定。第一，营造氛围。在日常的学习生活中，通过具体的事件，让学生意识到制定科学、合理规则的重要性，变"规则要我"为"我要规则"。第二，民主讨论。规则的本质是契约，是班级同学认同并遵守的，叶澜教授曾指出："把班级还给学生，让班级充满成长气息；把创造还给学生，把精神生命的主动权还给学生，让学校充满勃勃生机。"①所以，班级规则的制定要发扬民主，利用班会制定学习规则、纪律规则、卫生规则、考勤规则、考试规则等，在集体讨论的基础上确定下来。第三，确定班规。在同学讨论的基础上，班主任宣布班规定稿，要求同学认真学习并严格执行。

二、班级规范的教育要求

班级规范内化为学生品德，需要班级管理者付出艰辛努力。班主任要采用说服教育、榜样示范、环境陶冶、行为训练、品德评价等方法对学生进行教育，在教育时要遵循以下要求：

（1）内容规范化。训练的内容广度不超越规范的范围，行为规范包含的内容较多，涉及个人品质方面的要求，与人相处的要求，在家庭、学校、社会要遵循的基本要求，涵盖生活学习的方方面面。若是内容广度超越规范，则学生难以消化。

（2）步骤序列化。训练要有计划、分步骤进行，要遵循由易到难，由简单到复杂，由认知到行为的顺序进行，既符合学生的年龄特征，又符合德育过程的基本规律。

（3）方式生活化。训练的方式要密切联系儿童的生活与学习，有时代特征，采用学生喜闻乐见的形式。如竞赛、角色扮演、实践锻炼等形式。

（4）力量一体化。养成良好的行为，有赖于家庭、学校、社会三方面共同努力。班主任要协调家校，形成教育合力，共同对学生加以教育。

（5）实施规范化。班级规则制定出来后要严格执行，除班主任日常监督外，班级干部要监督学生，同学之间也要互相监督，确保班规得到真正的实施。执行起来要一视同仁，遵守班规要受到表扬，违背班规要给予惩戒，不可尺度不一。

技能训练

（一）训练主题：班级规范的制定。

（二）训练内容：不同国家中小学生守则的内容虽然大致相同，但在表述上略有差异，有些国家的规范要求全面，有些要求较少；有的表述具体，有的稍显抽象。请在我国的中小学生守则条目中挑选十条最核心的规范，进行具体化的表述。

（三）训练形式：个人独立思考、集体交流，教师归纳点评。

（四）训练要求：符合品德实际，内容正确，表述可操作性强。

---

① 郭文革.研课磨课的理论与实践[M].开封:河南大学出版社,2018:1.

推荐阅读

扫描本章二维码，了解"我们一起制定班规"主题班会。

第五节　非正式群体的管理

在中小学，除了少先队、团支部、学生会和班委会等学生正式群体之外，还存在一些非正式群体，这些群体虽然不属于班级组织，但对班级组织发展具有一定影响作用。

一、非正式群体的含义和分类

（一）非正式群体的含义

所谓非正式群体，是指没有被学校行政和班主任承认或批准，成员基于某种共同利益或兴趣基础自发形成的群体。非正式群体通常有以下五个特征：

（1）关系密切。群体成员一般具有共同的利益、价值观和相似的社会背景及生活习惯，并且群体成员之间彼此认识、了解，互动的机会较多，所以成员之间关系比较亲密。群体成员常以团体情感作为判断的立场和行为依据，其行为缺乏客观的标准。

（2）信息沟通灵活迅速。由于成员之间交往频繁，关系密切，成员之间形成了畅通的信息沟通渠道，能够灵活而迅速地沟通信息，群体成员可以迅速了解班级的各项消息。

（3）群体具有核心人物。由于不是正式组织，所以非正式群体的"头儿"是自然形成的，这些"头儿"在群体内具有较高的威信和较强的组织领导能力，对非正式群体内的其他成员具有较强的影响力。

（4）成员的重叠性。非正式群体成员可能基于同病相怜、兴趣爱好相同、利益一致、地缘相近等因素参加一个或几个非正式群体。即一个人可能归属一个非正式群体，也有可能同时归属几个非正式群体，出现重叠的现象。

（5）自发性与不稳定性。非正式群体是未经官方批准或无须组织认可自发形成的，当个人思想或外界情况有所变化，某些成员可能离开此群体，甚至会出现群体解散的现象。

资料拓展 7 - 6

非正式群体的由来

"非正式群体"这个概念最初是由美国心理学家 E.梅耶提出的。20 世纪 20 年代起，梅耶等人经过长达8年的实验研究(即"霍桑实验")发现,在企业中,除了正式组织外,实际上还存在着各种形式的非正式组织。正式组织只反映了组织成员之间的职能(或职务)关系,不能表现出他们之间相互接触、相互作用的社会关系,而这种社会关系却时时都在影响着他们的行为,从而影响着企业的生产效率。他认为,所谓非正式组织是指企业成员之间由于共同的价值标准而自然形成的无固定形式的社会组织。非正式组织的领袖人物是自发产生的,但对其成员往往比正式组织的领导人具有更大的影响力。他在实验中发现,工人们在生产中自发形成了一些共同遵守的准则,如干活不能过于积极,也不能过于偷懒。这些约定俗成的准则对非正式群体中的成员具有普遍约束力。如果有人违反了这些准则,就会遭到其他人的指责和讽刺,冷淡和疏远,甚至以武力报复。在非正式群体中,起支配作用的价值标准是感情逻辑,要求每个成员都必须遵守基于成员之间共同感情而产生的行为规范。

(二)非正式群体的分类

非正式群体可以按照不同的标准分类。按非正式群体的形成原因,分为情感型、兴趣爱好型、利益型、信仰型、亲缘型;按非正式群体的性质和作用,分为积极型、中间型、消极型、破坏型;按非正式群体内部的信息沟通方式,分为明星式和全通道式。班级是促进学生发展的组织,下面按非正式群体的性质和作用不同,介绍非正式群体类型。

(1)积极型。对班级的建设及学生成长起积极作用,如班级的语文学习小组、科技小组,气象预报小组等,这类群体的目标与班级目标基本一致。

(2)中间型。对班级建设及学生成长没有明显的积极作用和消极作用,如刺绣小组、跳皮筋小组、滑板小组等,这类群体的目标在于满足群体成员的兴趣与爱好,属于无害型群体。

(3)消极型。对班级的建设及学生成长有消极影响,如由少数痴迷网络的学生形成的游戏小组、喜欢玩牌的学生组成的扑克小组等,这类小组的目标偏离班级目标,但不阻碍班级目标的实现。

(4)破坏型。对班级的建设及学生成长有明显的破坏、干扰作用,如少数学生经常一起逃学、结伙打架、共同与老师唱反调等,这些群体成员的行为阻碍班级目标的实现和学生的发展。

二、非正式群体对班级管理的影响

由于不同的非正式群体具有不同的性质与作用,所以非正式群体对于班级管理会产生不同的影响。

(一)非正式群体的积极影响

一是满足学生的精神和心理需求。根据马斯洛的需要层次论,每个学生都有人际交往和渴望尊重的需求。尽管班主任管理班级以人为本,并要求同学之间彼此尊重,但事实上,由于班级中后进生经常干扰其他同学学习,或者给班级带来消极影响,一般难以受到教师和同学的尊重。这时,非正式群体出现,"小圈子""小团体"满足了学生精神和心理的需要。

二是促进学生个性和才能发展。班级的资源是有限的,班级给每个同学提供的机会也是有限的,班级授课制及其群体管理方式限制了部分学生个性和才能的发挥。积极型、中间型的非正式群体为学生潜能的发挥提供了机会与平台,有利于学生个性与才能的发展。

三是有利于学生个人问题的解决。学生在学习与生活中,不可避免会遇到一些困难。有些困难班集体能够帮助解决,但有些困难涉及学生个人的隐私,学生不愿意告诉班级同学。此时,非正式群体能够给予该生以安慰与帮助,有助于学生解决困难与化解危机。

(二)非正式群体的消极影响

一是容易造成思想混乱。非正式群体由于其隐蔽性,以及维护群体利益的需要,私下传递的信息往往经过加工,甚至演变为错误讯息和谣言。这会造成学生思想混乱,影响班级稳定和班级工作的正常进行。

二是不利于班委会作用的发挥。班级是以班委为核心,在班级中若出现若干个非正式群体,当非正式群体的"头儿"影响较大时,班级部分同学就会以他为中心。这样,班级就出现一个"大核心"和若干个"小核心",无形中削弱了班委会的权威。

三是不利于班级民主管理的实施。班级民主选举是班级民主管理的基础,在选举过程中,非群体成员由于人际关系方面的压力,一般会倾向于帮助组织内成员,或者为了让"头儿"当选,私下收买同学、拉选票,这就会损害班级民主选举的公平性和严肃性,也为班级工作的开展留下隐患。

四是削弱了班级凝聚力。非正式群体的内聚力一般较强,内聚力强的非正式群体就会减弱班集体的凝聚力。班级若有多个非正式群体同时存在,组织间出现矛盾时也会削弱班集体的整体凝聚力。

教资国考真题

(辨析题)非正式群体在班级管理中只有消极作用。

答案要点:此观点错误。非正式群体是以个人好恶、兴趣爱好为联系纽带,其成员不受某种规章制度约束,具有强烈的情感色彩。非正式群体对个体的影响是积极还是消极,主要取决于非正式群体的性质以及与正式群体的目标一致程度。因此对于非正式群体既不能采取高压政策,也不能放任自流,要正确地引导其发挥积极作用,避免消极作用。

三、非正式群体的管理

非正式群体的存在是客观现实,不能主观地加以消除,而应针对不同的非正式群体采取不同的管理方式,要保护积极型的群体、信任中间型群体、引导消极型群体、取缔破坏型群体。

（一）支持积极型非正式群体

积极型非正式群体能够满足学生的精神和心理需求，有利于学生个性和才能发展，管理者对于此类非正式群体要承认和肯定。如对于自发形成的科技小组的活动要给予一定物质与精神支持，使其在活动方向上与班集体的目标基本一致，逐步将非正式群体的活动纳入班级课外活动，使之有助于班集体的发展。

（二）信任中间型非正式群体

中间型非正式群体能够满足学生的精神和心理需求，但由于其群体目标在一定程度上偏离班级目标，所以在信任的同时要予以引导，如"滑滑板"小群体可能因为追求滑板的乐趣而不遵守班级纪律，或者迟交作业。班级管理者要主动接近群体成员，特别要接近群体的"头儿"，鼓励其处理好个人兴趣与学习、纪律之间的关系，对于成员中好的行为要在班级表扬，促使其转变为积极型群体。

📢 **推荐阅读**

扫描本章二维码，阅读《"非正式小群体"融入班级的方式》。

（三）引导消极型非正式群体

消极型非正式群体的行为明显偏离班集体方向，如由痴迷网络的同学组成的非正式小组成员可能逃学上网、课上睡觉，经常违反班级纪律，人际关系较差，对于班级事务漠不关心。班级管理者一方面要进行个别教育，使其行为逐渐靠拢群体目标；另一方面要举办丰富多彩的班级活动，将这部分学生吸引到班集体中来。

（四）取缔破坏型非正式群体

破坏型非正式群体的行为完全背离班级目标，不利于班级民主管理和班集体凝聚力的形成。因此，对于破坏型非正式群体要坚决处理。一方面，对于该群体坚决取缔，对于违反班规的成员进行严肃的批评教育，督促群体成员醒悟与改正；另一方面，对非正式群体进行合理的利用和改造。如对于某些能力强、影响力大的群体成员，在选拔小组长、课代表，甚至班级委员时考虑他们，这样可以化消极为积极，最大程度上促进每个同学的发展。

技能训练

（一）训练主题：非正式群体的管理。

（二）训练内容：在本班进行调查，了解班级非正式群体的构成情况、非正式群体形成的原因，以及相应的教育策略。

（三）训练形式：学生以小组为单位调查，集体交流，教师点评。

（四）训练要求：调查准确，原因分析到位，提出的策略可行。

本章小结

本章内容包括班级组织的概念与功能、目标的确定、机构的建立、规范的制定，以及班级非正式群体的管理。组织是人们为了实现一定的目标而形成的一个系统集合，班级作为一种教育性组织，只有达到最高形态，才能最大限度地促进学生的发展。班级组织管理分为静态的组织结构建设和动态的集体建设两方面，静态的组织结构建设包括确定组织目标、组织结构、组织规则三方面，动态的班集体建设则包括从群体到集体的三个阶段。

组织目标可以按照不同的标准分类。按照时间长短，班级组织目标分为长期目标、中期目标和短期目标；根据任务不同，分为德育目标、智育目标、体育目标、美育目标、劳动技术教育目标。不同的班级确定班级目标的方法略有差别，对于新组建班级，一般采用班主任定夺法；对于由老生组成的班级宜采用师生共商法。

班委会是班级学生委员会的简称，班委会是班主任开展班级工作的助手。建设班委会的关键是用好班干部，班主任在班内要明确班干部的标准、确定选拔方法，边使用边培养。班级团支部（团小组）和少先队中队（小队）是在学校党组织领导下的青少年学生的群众性组织。班主任要在熟悉团队工作、摆正自身位置、做好坚强后盾、协调好团队组织与班委会的关系的基础上指导班级团队工作。

班级规范是指以规章制度、公约、纪律等为主要内容，班级全体成员共同认可并自觉遵守的行为准则。班级规范包括国家层面的规章制度、学校层面的校规校纪、班级层面的班级规则三个层次，班级规则的制定要发扬民主。班级规范的教育要做到内容规范化、步骤序列化、方式生活化、力量一体化、实施规范化。

非正式群体是指没有被学校行政和班主任承认或批准，成员基于某种共同利益或兴趣基础自发形成的群体。按非正式群体的性质和作用不同，非正式群体分为积极型、中间型、消极型、破坏型，对于不同非正式群体采用不同的方式管理。

思考与应用

1. 什么是班集体？为何要培养班集体？
2. 如何将一个班级培养成班集体？
3. 论述班主任如何了解学生。
4. 材料题：

我刚接手初二（3）班班主任工作时，该班班级风气较差。接手后的第一件事，就是组织培养班集体。我采取了以下做法：

第一，和全班同学讨论确定班集体的发展方向，最终确立了近期（两个月）、中期（一学年）和远期（毕业前）班集体的目标。近期，主要搞好课堂纪律，抓好班风建设；中期，争取成为学校优秀班集体；远期，力求全面提高学生的学习成绩和素质。我没有在第一次班会课上训话，而是对同学们表达了希望和信任。相信通过同学们的努力，一定能把班级建设成优秀班集体。同时,我深入学生中间,争取大多数同学的支持并制定了《班级管理常规》,严格实行德育考核,奖惩结合,并定期向家长通报。两个月下来,班级风气明显好转,近期目标基本实现……

第二,在重新组建班委会过程中,学生反映,生活委员翁同学常常在自习课上带头讲话,课间吵闹,造成不良影响,我和班委会成员讨论后决定撤换她。当宣布这一决定时,看到她情绪低落,我没有批评她,而是关心她,告诉她我这样做是为班级包括她在内的全体同学着想。经过几次推心置腹的谈话,她在各个方面得到了较大提高。此外,我在原班委会基础上,根据班委的特长进行了适当调整。

第三,组织了"学雷锋日""环保日""篮球赛""社会调查"等一系列班集体活动,在活动的组织和实施中,逐渐形成了正确的舆论和良好的班风,激发了学生的集体荣誉感,培养他们明辨是非、善恶、美丑的能力。

第四,针对后进生,我分别采取个别谈心、道德谈话、个别辅导等方式,在促进学生的转变中起了较好的作用,同时也培养了班集体。比如我班赖明同学脾气急躁,常仗着块头大,与同学打架、与老师顶撞,但他特别擅长体育运动,尤其是篮球打得好。当时恰逢学校组织班级间的篮球赛,我意识到转化的机会来了,我找到他研究如何排兵布阵,并请他做班级篮球队队长,他很感动。赛场上赖明奋力拼搏,表现出色,我班取得了第一名的好成绩,我趁热打铁又推荐他做体育委员,得到全班同学的同意。在此基础上,我又找赖明同学谈话,希望他珍惜大家对他的信任,从此他从班级的反叛者变成了主人翁,直到初三以良好的成绩毕业。

问题:结合材料说明该班主任老师培养班集体的主要方法。

推荐阅读书目

[1] 齐学红,袁子意.新编班主任工作技能训练[M].2版.上海:华东师范大学出版社,2017.

[2] 魏晓红.中小学班级管理典型案例[M].天津:天津大学出版社,2019.

[3] 杨霖.小学班主任技能优秀案例[M].成都:四川教育出版社,2017.

第八章
班级日常管理

学习目标

- 知识目标：了解撰写班级工作计划与总结的意义，掌握撰写的格式及基本要求；了解操行评定的意义，掌握操行评定的写法和原则；了解班会的类型与形式，掌握主题班会的程序与实施要求；了解课外活动的内涵和意义，掌握课外活动的形式、内容及活动原则。
- 能力目标：初步培养学生撰写班级工作计划、班级工作总结与操行评语的能力，使学生具有指导班级课外活动的能力。
- 育人目标：对学生进行积极正向的价值引导，培养学生遵规守纪的习惯、积极健康的生活方式和爱国爱家的情怀，产生积极的情感体验。

思维导图

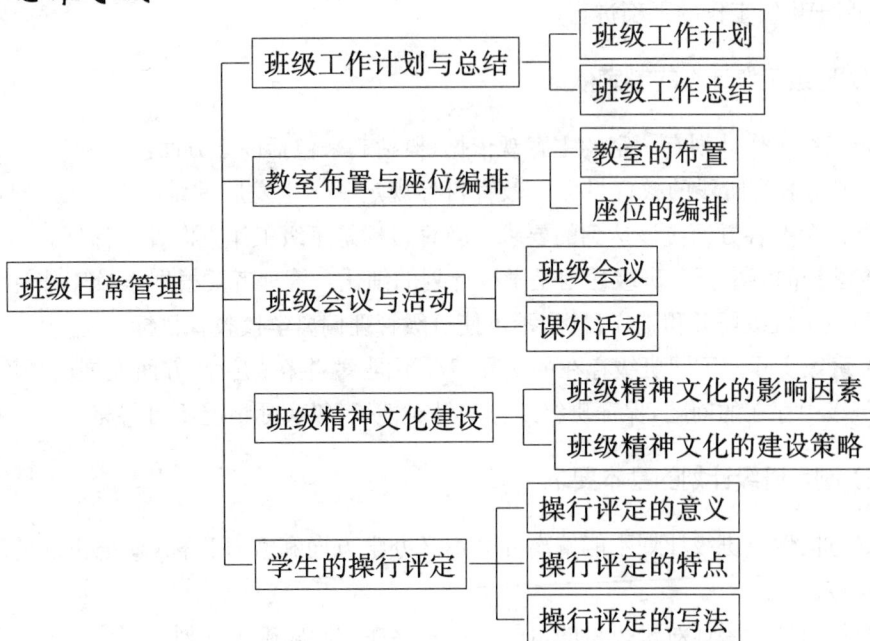

班级日常管理是对班级日常事务的管理。班级经常面临不同的日常事务,班级管理者要及时地处理好这些事务,如撰写计划与总结、布置教室与编排座位、安排班级会议与活动、撰写操行评定等。及时有效地做好班级日常管理,有利于班级平稳有序地运转。

第一节 班级工作计划与总结

任何管理工作都要有始有终,班级管理工作也是如此。按照管理学戴明环,计划和总结分别是班级管理工作的起点和终点。做好计划,班级工作才能有条不紊地开展;做好总结,才能找出经验和教训,引出规律性认识,做好以后的班级管理工作。

一、班级工作计划

(一)班级工作计划的内涵

班级工作计划是班级管理者为了做好班级工作,对未来一段时间内班级工作的目标、任务、措施等预先做出的设想和安排。所谓"凡事预则立,不预则废",班级计划是学校工作计划的延伸与细化,是学校管理在班级的具体体现。

班级工作计划按时间可分为学年工作计划、学期工作计划、月工作计划和周工作计划;按性质可分为综合工作计划和单项工作计划。不管哪一类工作计划都是对班级工作的审慎思考,制定计划不仅有利于避免班级工作的盲目性,有利于班级工作循序渐进地开展,亦有利于班级工作的平稳进行。

(二)班级工作计划的制定依据

制定班级工作计划有一定的主客观依据,概括起来包括以下方面:

(1)义务教育阶段的教育目标。教育目标规定了学生发展的维度及方向,规定了学生在德智体美劳各方面应该达到的要求。教育目标是班级工作方向性的保证。

(2)学校的行事历。班级计划是学校计划的细化。管理者要根据学校工作计划和学校行事历拟定班级任务和工作目标,不可使班级管理偏离学校教育目标。

(3)班级实际。不同班级存在的实际情况不同,学生在"五育"方面发展的程度不同,为解决班级中存在的问题,保证班级工作的针对性,班级实际情况不可忽略。

(三)制定班级计划的基本要求

一是方向性。班级计划不能偏离社会主义办学方向和教育目标,要把正确的政治方向放在首位。

二是针对性。要针对班级目的、任务,以及存在的问题确定计划。

三是民主性。要认真摸底,发动同学,在全员参与的基础上制定,在制订过程中听取学生的意见。

四是创新性。班级计划在内容和形式上要顺应时代要求,在内容、形式上有所创新。

五是可操作性。计划是要执行的,对于计划中每一项内容都要有落实的时间、地点、负责人、执行措施,以保证计划的实现。

(四) 格式与步骤

1. 班级计划的格式

班级计划包括标题、班级情况分析、工作目标、措施及具体安排等部分。标题包括制定的班级、时间和内容。例如"2019—2020 学年度第一学期四(二)班工作计划"。

班级情况分析是对班级基本情况、班级特色、优点、存在问题的分析,它是制定班级计划的基础之一。

工作目标是班级工作的预期结果,措施是完成目标的方法手段,具体安排则是班级目标每月每周的具体安排。

教例 8-1

2019—2020 学年度第一学期四(二)班工作计划①

随着学生的陆续返校,我们新的一学期又开始了。为了让每一位学生都得到尽可能的全面发展,也为了使新学期班级上能有新的气息,特制定以下计划:

一、指导思想

以学校总体工作计划为指导,以深入开展素质教育和创新教育为目标,围绕学校主题教育活动,提高学生的思想素质和科学文化素质。以爱国主义教育为主线,以学生的行为习惯的养成为主要内容,注意培养和提高学生的基本道德。上好每一堂课,规范班级日常管理工作,开展丰富而有意义的少先队活动,实施切实有效的学生心理健康教育。努力探索班级工作的新特色。

二、班级基本情况

本班共有学生 41 人,其中女生 23 人,男生 18 人。大部分学生较聪明,思维活跃,学习态度端正,养成了良好的行为和学习习惯,能认真完成作业,有一定的互相竞争意识。能按照《日常行为规范》和《小学生守则》的要求来做,对基础知识的掌握牢固,能按要求去完成学习任务,有一定的学习能力,成绩优良。但也有少数学生没有形成很好的学习和行为习惯,自制力较差,课堂参与意识差,对学习缺乏兴趣,缺乏学习的主动性和自觉性,需要老师耐心辅导。

---

① 资料来源:班级工作计划[EB/OL].(2018-12-25). https://wenku. baidu. com/view/48abf54e88eb172ded630b 1c59eef8c75ebf955a. html.

三、工作目标

1. 继续抓好四年级学生的常规养成教育,培养良好的学习习惯。

2. 搞好班级卫生工作管理、学生的日常行为培养。

3. 搞好每位学生的自我保护教育、交通安全教育,增强安全意识。

4. 注意加强每位学生的心理健康教育,使其身心都能得到健康的发展。

5. 激发学生的学习兴趣,使学生养成爱学习、主动探索的学习习惯。

6. 鼓励支持学生积极参加学校、班级的各项活动,力争优异成绩,锻炼能力,培养其集体荣誉感。

7. 开展丰富多彩的主题班队会,在集体活动中增强班级的凝聚力,形成良好的班风。

四、常规管理措施

1. 学习方面,为使学生在学习上形成你追我赶的良好风气,同时针对四年级学生的年龄特点,制定以下措施:

(1)建立健全评比制度,充分利用班里的评比台,对学生在每一个学科的表现进行评价,表现好就可以加奖励标志,并定期在班级中对表现突出的学生进行表扬鼓励。另外,班里还将定期评选"优秀小组",对每个小组的学习、纪律、卫生情况进行评比,鼓励学生团结合作,培养集体荣誉感。

(2)建立本班的"学习小组",前后一排同学为一组,选出小组的组长。"学习小组"中的同学要互相帮助、团结协作、共同努力,才能取得好成绩,这一方法培养了同学们的团结协作精神,也是转化后进生的一条有效途径。

2. 文明行为方面,为进一步规范学生的行为,让学生的日常行为也参与评比,具体做法如下:

(1)定期对学生进行文明行为的规范教育,对学生值日、课堂、课间、两操、路队等方面的表现进行加减分评价,由每组的组长记录。

(2)利用"优秀小组"的评比,要求小组中的每一位组员都要规范自己的行为,齐心合力才能成为"优秀小组"。

(3)本学期建立"中队记录本",将针对两操、放学路队、课间纪律、好人好事进行相应的加、减分,此记录本的加减分将纳入评比栏。

3. 卫生方面,通过三年的锻炼,学生能够打扫卫生,但不够认真仔细,为此我将采取以下措施:

(1)进一步对卫生小组负责人进行培训,指导他们如何分工,责任到人,增强小组意识,起到模范带头作用。

(2)卫生委员和每天的值日生分工明确,把教室内外检查整理干净,警告卫生习惯不良的同学,做好记录。有大问题及时向老师汇报。

(3)利用上午课间操的时间,由卫生委员检查个人卫生。

五、德育工作措施

在德育方面的工作,要处处与学校教育保持一致。为此我制定以下措施:

1. 搞好班级的育人环境,做到课程表、学生座次表、值日生值勤表、作息时间表等规范上墙。利用黑板报展示学生的个性特长、美化环境,利用评比栏鼓励学生进步。

2. 通过竞选的方式评出本班的班干部,并培养班干部的责任心,号召他们积极帮助后进的同学。

3. 班主任要"学高为师,身正为范",时刻做学生的表率,身教重于言教。

六、学生心理健康教育

1. 班主任要积极学习心理健康方面的知识,并利用每周的班会时间给予心理健康方面的教育。

2. 对少数有心理问题的学生,要及时地与家长取得联系,实施有计划的教育。要多与这些孩子交流,找到问题的关键,及时进行工作。同时也要做好学生心理转化的记录,从中发现规律,减少学生的心理问题发生率。

3. 通过校讯通、短信等方法加强家庭与学校的联系,家长、老师随时反映学生近期在家里、学校的表现,给孩子一个宽松的心理空间。

七、学生安全教育

1. 经常教育学生要轻声慢步,不可以在走廊里追逐打闹。告诉学生上下楼梯要靠右走,不要拥挤。

2. 加强对学生的交通、防火、防水等安全教育,提高学生的安全意识。

3. 上课离开本班教室一定要关好门窗,要将钱和贵重物品带在身上。

4. 经常到教室了解孩子的情况,杜绝在教室里发生意外事故。

八、问题学生的转化工作

本班有几位学生属于特别活泼好动的孩子,自制能力较差,上课注意力不够集中;能清楚地认识到自己的不足,但保持时间不长。针对上述情况,转化措施如下:

1. 班集体内形成"比、学、赶、帮、超"的良好氛围,用大多数学生的良好行为来教育他们。

2. 对于他们在行为上的不良之处,慢慢纠正,有进步时及时表扬。

3. 多给他们在同学面前展示自己的机会,以促进他们积极严格地要求自己。

4. 多与家长联系,了解他们在家的情况。与家长一同把孩子教育好。

班内还有几位学生属于听话、举止文明的孩子,但就是在学习方面有些吃力,接受新知识较慢。针对上述情况,转化措施如下:

1. 号召全体学生关心他们,帮助他们。

2. 由学习委员与学习助理组成学习小组定期在学习方面帮助他们。

3. 当他们在学习上有进步的时候,老师要及时表扬。

4. 多与家长联系,力所能及地给予帮助。

九、工作安排

九月份:

1. 明确常规要求,健全各项制度。

2. 重点放在队列习惯的养成上。

3. 逐步把班级的某些事务承包到个人。

十月份：

1. 重点放在卫生习惯、学习习惯的养成上。

2. 承包制度更加规范地运行。

十一月份：

巩固前两个月所养成的各种常规，采取措施让学生由制度约束过渡到自我约束。

十二月份：

1. 学生各项常规由制度约束过渡到自我约束有一定成效。

2. 对承包制度进行总结、表彰。

一月份：

为学生的期末复习创设良好环境。

2. 制定班级计划的步骤

第一，调查研究。了解义务教育阶段的教育目标，了解学校本学期的任务，了解学生身心发展规律；通过调查研究，把握当前班级的实际情况，在此基础上综合分析，拟定初稿。

第二，组织讨论。在班级组织讨论班级计划初稿，确定班级目标及每一周任务，明确保障措施。组织讨论有利于学生熟悉计划内容，明确分工，也便于计划的落实。

第三，确定计划。在学生讨论基础上对计划进行修改，征求任课老师的意见，定稿。

二、班级工作总结

任何工作都要有始有终，班级管理也是如此。临近学期结束，有必要对于班级管理工作进行回顾，提炼成绩，找出问题，做出中肯评价。

（一）班级工作总结的内涵

班级工作总结是对班级计划执行情况进行分析，做出有指导性的结论。班级总结按照内容划分，有全面总结和专题总结；按照时间长短划分，分为学期总结、月总结和周总结。班级工作总结有利于发现经验与教训，有利于提高班主任素质，对下一阶段的班级工作具有增益作用。

（二）班级工作总结的要求

（1）依据充分。班级工作是按照计划展开的，班级工作的总结要以班级计划为基准，对计划执行情况做出中肯评价。以计划为基准，班级工作总结有理、有据、有内容，便于评价工作有序进行。

（2）实事求是。总结要从客观实际出发，全面收集资料，既要收集取得的成绩，又要收集问题方面的资料；在分析资料时不带有个人情绪色彩，不夸大成绩，不回避问题。

（3）发扬民主。班级总结不是班主任个人的事情，要动员学生全程参与，让学生谈谈自己的感受、体验，听取他们对班级工作的认识与评价。只有学生广泛参与，班级总结才具体全面,贴近实际。

（4）体现教育性。撰写总结必然会涉及具体的人和事,在总结中要让学生意识到个人在班级工作中所起的作用,对表现好的学生进行表扬,对存在问题的学生进行善意批评,让学生明确以后的努力方向。

（三）班级工作总结的格式

在形式上,班级总结由标题、引言、正文、结尾四部分组成;在内容上,体现材料的汇总与分析。

1. 标题

完整的标题包括班级、时限和内容,如学期总结,"2019—2020 学年度第一学期四（2）班工作总结";专题总结,"2020 年第一学期三（1）班级德育工作总结"。

2. 引言

说明总结的目的、对象、内容,以及总结的原因,让读者了解总结的大概内容,同时引出总结的正文。

3. 正文

由总到分阐述做了哪些事务,如何做的,取得了哪些成绩,存在哪些失误,有什么样的经验教训。正文部分可以按照时间顺序撰写,也可以把内容分类撰写。

4. 结尾

用简短的语言对正文的内容归纳概括,指出还存在的问题,以及今后努力的方向和打算。

技能训练

（一）训练主题:班级工作计划。

（二）训练内容:以学校工作计划为依据,根据班级实际情况,制定一份本班（或任课班级）专项工作计划。

（三）训练形式:以课外作业形式,在调查基础上撰写一份班级工作专项计划,在下一次课上交换评价,教师在评价过程中选取存在的典型问题讲评。

（四）训练要求:计划内容到位、格式规范、符合教育实际。

推荐阅读

扫描本章二维码,阅读《九年级下学期班主任计划》。

第二节　教室布置与座位编排

班级物质文化是影响学生发展的物质环境,关系到学生的身心发展与品德养成。苏霍姆林斯基说:"无论是种植花草树木,还是悬挂图片标语,或是利用墙报,我们都将从审美的高度深入规划,以便挖掘其潜移默化的育人功能,并最终连学校的墙壁也在说话。"班级物质文化是一张班级名片,家长往往从物质文化获得对于班级的初步印象,进而对班级做出评价。教室的布置与座位编排是班级文化建设的主要方面。

一、教室的布置

教室是学生学习生活的重要场所,是教师教书育人的主要阵地。优美、整洁的教室能够增添生活和学习的乐趣,消除学习的紧张与疲劳,陶冶学生的情操,亦有助于树立班级的良好形象。教室的布置主要包括教室净化、序列化、绿化、个性化。

推荐阅读

扫描本章二维码,阅读《班级物质文化建设》一文。

(一)教室的净化

保持教室地面、天花板、墙面、讲台及抽屉整洁卫生。具体而言,教室及门前地面整洁干净,无纸片污垢;教室墙面干净,无蜘蛛网及乱贴画现象;教室天花板洁白光亮,无灰尘;日光灯、电风扇、门窗及窗台、饮水机等干净整洁,无虫窝蜘蛛网和灰尘;讲台及抽屉、电视机柜内干净整洁,无垃圾废品。教室的净化需要制定严格的卫生制度,人人参与,加强检查和监督,保持教室的清洁和美观。

(二)教室的序列化

教室整体美观、整洁,突出班级特色。教室的序列化包括专栏齐全、内容合理,物品摆放有序。在公告栏规范张贴课程表、值日表、作息时间表、班委机构表、团队机构表;在荣誉栏规范张贴班级获奖证书;教室墙壁上规范张贴名人名言、学生守则或日常行为规范;班训班风规范张贴在班级醒目位置。卫生角工具放置有序,图书角图书摆放整齐;桌椅排放整齐,用具摆放有序;课桌桌面上不张贴、涂画任何东西,桌面整洁。

(三)教室的绿化

在保持通风的条件下,在教室的前面和后面摆放一些绿色的植物,如盆景、花草等,让教室充满绿色,充满青春的气息。

(四) 教室的个性化

个性化体现了班级精神和班级特色,个性化表现在三个方面:一是净化、序列化、绿化的与众不同,如净化的标准、序列化的设置、绿化植被的种类与摆放等。二是学生的特长与班级特色展示,在教室指定位置张贴或摆放学生的书法、绘画、剪纸、手工制作、班级标识等作品。三是墙壁与板报设计,要让墙壁说有时代性、教育性、情感性、正能量的话,让板报体现集体的价值观和审美情趣。

二、座位的编排

在一些大班额的班级内,座位在一定程度上影响教学质量和学习效率,座位也就成了家长比较关心的敏感问题。科学合理地编排座位,有利于调动学生参加课堂活动的积极性,提高学生的学习效率,亦有利于学生身心健康发展。

(一) 座位排列的标准

一是按身材高矮编排。在班级中,让身高矮小的学生坐在前面,身高较高的学生坐在后面。这样编排座位美观、整体性强,教师能够看到所有学生,又可以让每个同学能够看到黑板及讲台。按身材编排操作简单,只要让学生懂得谦让即可,但难以照顾到身体有问题的学生,如视力不佳、自控能力差的学生。

二是按性别差异编排。处于童年期和少年期的男生一般活泼好动,女生一般比较文静。在高年级一般采用男女生分开的方式,可以防止青春期的孩子因早恋而影响学习,这种编排的缺点是不利于学生性别社会化;在低年级尽可能把男女生搭配编排在一起,由于性别上的差异,男女生之间容易形成互助又竞争的关系,进而更加努力学习,这种编排的缺点是女生有时会受到男生的干扰。

三是按个性互补编排。学生的性格存在着差异,在充分了解学生的基础上,教师考虑将内敛沉静与急躁好动的学生排在一起,将性格内向与性格外向的学生排在一起,将爱做小动作和遵守纪律的学生排在一起。这种性格互补的编排方式,有利于学生之间取长补短,但有时强势性格的同学可能会干扰或影响弱势性格的同学。

四是按照成绩优差编排。即根据学习成绩的不同编排座位,将成绩好的同学排在前面,将成绩不好的同学排在后面。这样固然会促进成绩好的同学学习,但也会使学习差的同学受到冷落,进而自卑,成绩也会越来越糟糕。

五是按学生意愿编排。让学生自由组合,和自己喜欢的同学坐在一起。这种尊重学生人格的做法操作简单,但不易克服学生身上的不良习惯,常常受到家长和任课教师的反对。

(二) 座位编排模式

1. 秧田式

课桌秧田式摆放,学生端坐在课桌后边,讲台是教室的中心,这种座位排列方式是我国课堂教学最普遍使用的方式。

秧田式编排的优点是教室整齐划一、空间利用充分,有利于教师的教学与管理,特别适合大班额的座位编排;缺点是过于突出教师的中心地位,容易对学生形成压迫感,不利于师生互动,也不利于教师对教室后面学生的观察与管理。

2. 分组式

让学生以小组为单位,面对面围桌而坐,学生面向或者侧向讲台,这种编排改变了学生看学生后背的方式,见图8-1。

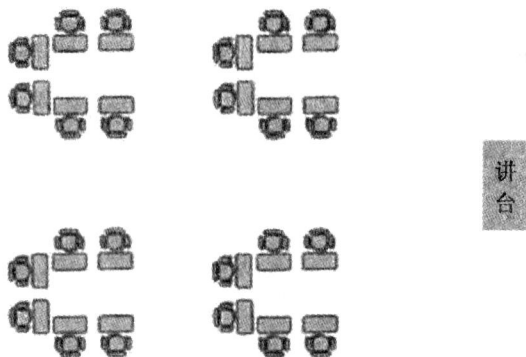

图8-1　分组式座位编排

分组式编排有利于学生间互动。新课改提倡互助式、互动式、讨论式的学习,分组式编排让学生面对面,增加了生生之间互动的频率,学生之间由过去的竞争关系转向合作与竞争相结合的关系;其缺点是教师监管较难,学生围桌而坐,教师很难发现哪个学生开小差,在生理方面容易引发斜视和脊柱畸形等问题。

3. U型式

学生面向老师,呈U型排开,教师则站在U型入口处,见图8-2。

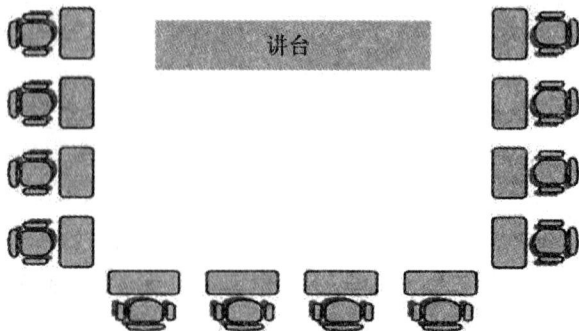

图8-2　U型式座位编排

U型式编排的优点是有利于师生互动交流,缺点是不适合大班教学,若是多个U形嵌套在一起,会降低课堂教学效果。

（三）座位编排的原则①

一是公平性原则。在编排位置时要公平、公正地对待每个学生，不要以老师的个人喜好来编排学生座位。要了解每个人的具体情况，考虑到学生的身高、视力、身体是否有残疾等因素。

二是互补性原则。要全面考虑学生的性格、性别、兴趣爱好、学习成绩等，按照互补的原则安排座位。比如可以把好动的同学与文静的同学搭配，班干部与非班干部搭配，学习能力强的与学习能力差一些的搭配，让学生之间达到优势互补，共同进步。

三是轮换制原则。班级座位需要进行轮换，可以半个学期微调一次，一个学期较大范围地调整一次。这样既能保证公平，又保持了学生的新鲜感，增进同学之间的相互了解，促进班级的整体和谐。

推荐阅读

扫描本章二维码，阅读《如何构建有特色的班级物质文化建设》。

技能训练

（一）训练主题：教室黑板报的设计。

（二）训练内容："学先烈、学雷锋"月来临之际，班委会决定更新一期板报。请每位同学设计一份能体现"双学"特点，主题明确、版面新颖美观的板报。

（三）训练形式：每位同学设计一份板报，以手抄报形式上交，班内交流评比，教师点评。

（四）训练要求：个人独立完成，板报内容充实，形式美观。

第三节 班级会议与活动

在完成班级目标的过程中，为提高认识、统一思想、协调行动，需要经常召开班级会议，开展以班级或小组为单位的活动。班级会议和活动形式多样，最常见的是主题班会和课外活动。

---

① 这三种经典排座模式，帮老师解决新学期排座难题［EB/OL］.（2016‐09‐05）. https://www.sohu.com/a/113456772_133728.

一、班级会议

会议是指有组织、有领导、有目的的议事活动,它在限定的时间和地点,按照一定程序进行。会议一般包括议论、决定、行动三个要素。会议是一种普遍的社会现象,主要功能包括决策、控制、协调和教育等。班级会议是以班级为单位定期或不定期召开的全班学生大会,包括班级例会和主题班会两种形式。前者形式比较固定,后者无论在内容上、形式上,还是在时间上都比较灵活。

(一) 班级例会

1. 班级例会的内涵

班级例会是班级内例行召开的会议。主要有周会和晨会两种。

周会排在课程表里,通常每两周或一周召开一次。周会由班主任主持,内容不固定,开学初讨论班级计划、选举班级干部,学期中主要是常规工作与班级专题活动的安排与总结,学期末主要是对班级工作进行总结。

晨会是每天早晨召开的短暂会议。如当日班级活动安排、昨天班级事务简短的表扬与批评、学校重要信息通报等。近年来,一些学校为提高晨会的效果,采用"三分钟演讲""每日一分钟""每日一句话""今日我当家"等形式,效果良好。

2. 班级例会的作用

第一,了解学校的规章制度,布置学校赋予班级的任务。学校的规章制度是不会自动被学生遵守的,班主任在班会课上应宣传、讲解、训练,让学生认同并落实在行动上。同样,学校布置的任务,班主任要通过班会课予以安排才能落实。第二,处理班级的日常任务。通过制定计划与总结,安排班级的一周事务,总结班级一周情况,表扬好人好事,批评不良言行,让学生养成良好的品德和行为习惯,保证班级有序运转。

3. 班级例会需要注意的问题

第一,班级例会等同于正常上课,班主任应精心组织,采用传达通知、集体学习、讨论、辩论等形式进行,讲求实效。第二,每次班会处理的事务不宜过多,以两到三项为宜。第三,要求全体同学参与,做好考勤工作,缺课的同学最好补课。

(二) 主题班会

主题班会是围绕某个教育主题,在班主任的指导下,班委会组织领导开展,全班同学共同参加的班级活动。主题班会思想明确、内容丰富、针对性强,是对学生进行集体教育和自我教育的有效形式。

1. 主题班会的类型

主题班会的主要功能是教育。从学生发展维度看,分为德智体美劳五种主题班会[1];

---

[1]　李学农.班级管理[M].2版.北京:高等教育出版社,2010:197.

从活动类型看,分为体验型、讨论型、表演型、叙事型主题班会;从主体来看,分为日常性、政治性、阶段性、节日性、偶发性主题班会。

(1) 德育类主题班会。传统节日的革命传统教育,如清明节缅怀先烈活动,"六一"儿童节教育,教师节的尊师重教活动,"十一"国庆节活动等。

(2) 智育类主题班会。常见的是学习方法介绍、学习经验交流。如以"如何有效复习""如何提高学习效率""学习方法与经验"为主题的班会,分享经验,提高学习效率。

(3) 体育类主题班会。教育里没有体育,教育就不完全。为提高学生体质,可以举行"我与阳光体育""生命在于运动"类主题班会。

(4) 美育类主题班会。为培养学生审美观念,丰富文化生活,可以结合美术课、劳技课、音乐课举办以作品展示为主题的班会;也可在传统节日举办文娱晚会,让学生热爱生活,感受生活之美。

(5) 劳动技术类主题班会。针对班级同学缺乏劳动观念、劳动技能,不珍惜劳动成果现象,召开"劳动美""参与家务劳动 掌握生活技能""我劳动 我光荣"等主题的班会,培养学生的劳动观念和劳动习惯。

2. 主题班会的形式

主题班会的目的、内容不同,采用的形式也不同。主题班会经常采用以下形式:

(1) 讨论式。针对学生认识不清的问题,通过讨论、辩论,让学生提高认识,明辨是非、统一行动。如针对手机成瘾问题,举行"手机是工具还是玩具"为主题的班会,让同学们了解手机在学习中的作用,正确使用手机,杜绝手机成瘾情况出现。

(2) 表演式。如在我国传统的民族节日,为活跃同学身心,培养同学热爱祖国的情感,可以举行"新学期、新气象"为主题的班会,让同学通过表演、歌唱、诗歌朗读等形式,讴歌美丽的祖国和家乡。

(3) 报告式。如针对班级同学学习紧张、情绪焦虑、思想压力大等问题,可以邀请校内或校外的心理健康教师或心理学专家,举行"释放心灵、减压自我"为主题的班会,进行减压教育。

(4) 竞赛式。中小学生活泼好动、争强好胜,对于某些主题可以采用知识竞赛、书画比赛、朗读比赛等形式,调动学生参与班会的积极性。如为拓展学生的安全知识,树立安全意识,可以举办"安全知识知多少"为主题的班会。

(5) 参访式。如组织学生参观工厂、社区、博物馆、科技馆,瞻仰烈士陵园,访问模范人物等,对学生进行爱家乡、爱祖国、爱劳动、爱科学教育,以及革命英雄主义教育。

3. 主题班会的程序

(1) 确定主题。班会主题的选择主要依据三点:第一,根据学生思想、生活动态确定主题。班主任要深入班级,了解学生在学习生活中存在的普遍性问题,提炼班会主题。如有班主任发现班级学生乱花零花钱,就开展"零花钱用处大"主题班会。第二,根据时令、传统节日确定主题。如在植树节开展"我与小树共成长"主题班会,增进学生绿化意识,鼓励同学参与绿化活动;在父亲节、教师节开展"感恩教育",对学生进行孝亲敬师教育。第三,根据时事确定主题。如2020年,新冠病毒肆虐,可以开展"远离新冠病毒,珍爱生命"主题班会,让学生了解新冠病毒知识,指导学生自我保护的方法。

(2)活动准备。主题班会准备主要包含三方面工作:第一,做好班会计划。主要是撰写好主题班会教案,包括班会主题、班会背景、班会时间与地点、班会形式、班会准备、班会程序等。班会计划由班主任和班委共同制定,计划中要把班会的具体事项落实到人。第二,做好物质准备。如做好会场布置、物品的制作与购买、会议主持词的拟定、同学的发言材料等。第三,做好心理准备。在常规班会中,不断提醒学生进行主题班会的准备工作,让学生具有心理预期。

(3)活动实施。如果说活动准备是主题班会的序幕,那么活动实施则是主题班会的高潮。活动实施就是按照活动计划,在预定的时间和地点召开主题班会。在主题班会召开过程中,班主任做好鼓励、指导、保障工作,鼓励主持人和学生,激发他们的信心与热情,对表现不到位的地方进行指导,对出现的问题及时帮助解决。

(4)活动总结。在主题班会结束时,班主任要对班会的主题与意义、过程与环节、学生的表现与效果进行简要总结,以达到突出主题、强化主题班会效果的目的。在班会结束后,班主任对照班会目标,通过召开座谈会等形式评估班会的开展效果。若没有达到预期目标,则要寻找班会开展中存在的问题及成因,采取补救措施保证班会目标的实现。

📢 推荐阅读

扫描本章二维码,阅读《提升主题班会魅力的策略》一文。

资料拓展 8-1

主题班会设计模板

××××××(班会主题)

一、班会背景

二、班会目的

三、班会准备(精神思想动员、环境布置、主持人、材料准备等)

四、班会过程(着重考虑各个环节、程序的安排)

(一)班会基本情况

1. 时间;2.地点;3.主持人;4.参与者

(二)班会程序

1. ⋯⋯   2. ⋯⋯   3. ⋯⋯

(三)班会纪实(班主任可以安排学生对活动做记录)

五、班会思考

附样稿:

当升国旗时，我该怎么办？

一、班会背景

国旗是一个国家的标志，是国家及其民族精神的象征。人们在举办各种活动时，常常举行升旗仪式，以表示对国旗的热爱和尊重。面对鲜艳的五星红旗，热爱祖国的美好情感充溢在每一个人的心中；面对五星红旗，时代的使命又使每个人心潮澎湃。作为祖国腾飞的后继者，我们拿什么奉献给你——我的祖国！

二、班会目的

通过各种形式的活动，学生对升旗礼仪有更深层次的了解。在了解的基础上让学生真正地掌握升旗礼仪。

通过这次活动，我们的心和祖国贴得更紧，让五星红旗永远飘扬在学生心中，增强我们为祖国的富强而勤奋学习的使命感。

三、班会准备

1. 教师准备

查阅国旗有关知识、升旗礼仪读本。

2. 学生准备

请同学们收集一些有关国旗方面及祖国今昔变化的材料。在教室黑板上，由同学们用五彩笔写下"面对国旗的思考"并画出国旗的图案。

准备知识竞赛题目。

准备国歌和《红旗飘飘》歌曲及歌词。

四、班会过程

（一）活动基本情况

1. 时间：时间自定

2. 地点：××级××班教室

3. 班主任：×××

4. 主持人：×××

5. 参与者：××级××班全体学生

（二）班会程序

1. 主持人引言，宣布主题班会开始。全体起立，高唱国歌。唱毕后全体落座。

2. ×××同学向大家演讲关于国旗的故事，以生动、感人的事例介绍无数革命先烈为维护祖国尊严，为让五星红旗高高飘扬在世界东方，用生命和鲜血铸起共和国大厦的丰功伟绩。

3. 接着开展国旗知识竞赛。

4. 同学继续即席发言，各抒己见，畅谈祖国、国旗在自己心中的感受。

5. 讨论"升国旗的意义""国旗升起时你曾想到什么？""在尊重国旗方面你做得如何？""今后升国旗时，同学们应注意哪些问题？"

6. 班主任讲话：同学们在近几天的班会准备及今天的班会开展中，受到了爱国主义教育，今后我们要把这种爱国之情、报国之志，化为效国之行。不仅严肃对待升旗仪式，更应努力学习,把专业知识学扎实并熟练掌握好技能,通过自身的努力为祖国增添色彩。

7. 主持人总结:听了同学们的发言,我心情激动。通过知识竞赛,大家更加了解国旗、认识国旗。是啊,为了红旗在祖国大地上高高飘扬,有多少中华学子前赴后继,用自己炽热的真情抒发对祖国无尽的爱。同学们,让我们用勤奋和努力开创新世纪的灿烂与辉煌,让我们再一次歌唱祖国,歌唱明天。(合唱《红旗飘飘》)

(三)活动纪实

五、思考总结

通过这次主题队会,大家深刻地体会到⋯⋯,同学们都立志做⋯⋯

---

4. 主题班会的基本要求

(1)班会内容要以主题为中心。班会的开展要围绕主题进行,根据选定的主题确定召开时间、地点,选择主持人,确定参加人员、班会程序等。特别是班会各环节材料的选择与组织、班主任的小结要围绕主题进行,这样才能达到预期目的。

(2)班会形式要符合学生年龄特征。班会形式多样,要联系学生的生活,尽可能创新班会形式,使其符合学生认知规律和品德发展特点,体现教育性、趣味性、时代性。

(3)遵循班会召开程序。开展主题班会,要严格遵循班会程序,任何一个环节的准备不足或者缺失都会影响班会效果。所以,对于每个环节都要精心准备,特别各环节之间的衔接要安排好,做到严密、有序。

(4)把控好时间。一是每次班会召开的时间不宜过长,以 100 分钟左右为宜;二是把握好每学期主题班会次数,一学期以 1～2 次为宜。

推荐阅读

扫描本章二维码,阅读《提升主题班会魅力的策略》一文。

技能训练

(一)训练主题:主题班会总结。

(二)训练内容:2020 年春节,突如其来的新冠疫情横扫武汉。当前,我们取得了抗击新冠疫情的胜利,但新冠感染者仍不时在我们身边出现,有些同学却不了解病毒的危害性以及疫情的严重性。某班召开了一场名为"抗击疫情,你我同行"的主题班会,在班会即将结束之际,假如你是班主任,请你对班会进行总结。

(三)训练形式:自主思考,个人发言,教师点评。

(四)训练要求:紧扣班会主题,发言具有逻辑性。

二、课外活动

班级活动是在班级内有组织地开展的各种教育活动。班会活动种类较多,其中最常见的是课外活动。

(一) 课外活动的内涵与意义

课外活动是在课堂教学以外,管理者根据学生发展的需要举办的活动。按照组织者的不同,课外活动分为校内活动和校外活动。校内活动是由校内教师组织指导的活动,校外活动是由校外人员或机构组织指导的活动。

课外活动有悠久的历史。我国最早的教育著作《学记》记载:"大学之教也,时教必有正业,退息必有居学。""居学"就是指课堂教学以外的活动。到了近代,随着班级授课的普及,其短板日渐明显。课外活动这一教学组织形式便应运而生,成为课堂教学的有益补充,在学生发展过程中具有独特作用。

一是有助于提升德育效果。在课外活动中,通过参加形式各样的政治教育、革命传统教育,提高学生政治觉悟和热爱祖国的情感;通过参观、访问、访谈,对照先进人物,让学生找到自身的差距;通过参加社会公益劳动,鼓励学生争做好人好事,提高学生的道德品质。

二是有助于促进学生智育发展。通过课外活动,能很好地做到理论联系实际,加深学生对于课堂知识的理解,把知识转化为能力;有助于培养学生的兴趣、爱好,激发学生的学习动机;有助于拓展学生的知识世界,丰富学生的精神生活。

三是有助于锻炼学生体魄。课外活动保证了学生休息与娱乐,利于学生劳逸结合;通过体育活动,锻炼了身体,使学生的体力和精力充沛,充满朝气。

四是有助于美育的实施。在课外活动中,学生参加文娱活动,通过参观游览,感受自然、社会和艺术之美;养成健康的情趣,形成正确的审美观点,激发珍爱美的情感。

五是有助于培养劳动素养。学生在课外活动中动手实践、出力流汗,养成劳动观念,掌握劳动技能,生成劳动情感,形成正确的劳动价值观。

(二) 课外活动的形式与内容

1. 课外活动的形式

课外活动形式多样。按照活动的人数和规模,分为群众性活动、小组活动、个人活动。

(1) 群众性活动。群众性活动是以班级为单位开展的活动,班级学生可以作为观众、听众,或是集体活动参与者,在活动中受到教育。群众性活动常见的有校际的、学校的、年级组的、班级的集体性活动,常见的报告、讲座、联欢、竞赛等都属于群众性活动。

(2) 小组活动。小组活动是课外活动最基本的形式,如各学科兴趣小组。小组是由共同兴趣爱好的学生组成,人数多少根据具体的条件和任务而定,具有目标一致、机动灵活等特点。小组活动有利于培养学生的团结协作能力,有助于学生得到实践锻炼的机会。

(3) 个人活动。个人活动是在教师指导下,学生根据个人的兴趣、爱好、才能独立进行的活动。个人活动能充分发展学生的兴趣与爱好,充实学生个人精神生活,培养学生的独立思考或动手能力。

这三种活动是密切联系的。在群众性活动中某些现象可能引起学生兴趣,进而分成小组进行探究,小组给个人分配研究任务。同样,个人活动成果可以以小组为单位展示。这三种活动形式最终可以演变为灵活多样的组合活动形式。

2. 课外活动的内容

课外活动内容涉及多个方面,主要包括科技活动、文体活动、社会公益活动等。

(1) 科技活动。科技活动是在课堂教学的基础上,通过科技小组开展的活动,如动物小观察与小饲养、植物小种植、科技小模型、采集标本,以及与科技知识有关的讲座、竞赛等。开展科技活动,可以让学生拓展科技知识,培养正确的研究态度和情感,提升动手能力,有助于课堂科学知识的学习。

(2) 文体活动。文体活动是以文艺和体育内容为主的活动,文艺活动包括文学欣赏、文学评论、歌咏、舞蹈、曲艺、绘画、书法、雕刻、工艺美术等;体育活动包括体操、武术、棋类、球类、游泳、滑冰、射击、田径等。文体活动可丰富学生知识结构、陶冶情操、增强体质,通常采用群众性形式开展。

(3) 社会公益活动。包括社会活动和公益活动。社会活动包括社会调查、参观、考察、访问等,有助于学生深入认识社会;公益活动包括帮助军烈属、孤寡老人,到公共场所参加义务劳动等,有助于培养学生关爱之心以及爱劳动的情感。

(三) 课外活动的原则

一是内容的互补性。课外活动和课堂教学是实现教育目的的两种途径,应根据课堂教学内容和学生发展的需要确定课外活动的内容与形式。让学生把课堂学习的知识在课外活动中转化为技能技巧,以弥补课堂教学的不足。

二是形式的多样性。针对学生兴趣广泛、喜爱创新的特点,课外活动要形式多样、富于变化,具有时代特点。只有多样化的活动形式,才能激发学生参加活动的兴趣与愿望。在开展课外活动时,要根据学生的年龄特征,选择针对性的形式。

三是选择的自愿性。课外活动是在教师指导下,学生自主参加的活动。所以,在选择课外活动的内容与形式时,要尊重学生个人意愿。因为只有自愿选择,才能够体现学生的兴趣与爱好,发展学生的个性。

四是因校制宜。不同学校具有的资源不同,学生的学习资源就有所差别,所以应该根据本校的特点与优势开展课外活动。在乡村学校可以举办与动物饲养、植物种植等有关的课外活动,在城市学校则可以开展科技类课外活动,这样才能扬长避短,体现培养特色。

技能训练

(一) 训练主题:课外活动计划。

(二) 训练内容:根据本班同学的兴趣爱好,制定一份本学期的班级课外活动计划。

（三）训练形式：小组合作设计一份计划，班内交流评比，教师点评。

（四）训练要求：方案科学、形式新颖、内容详细，时间安排恰当、合理，目的明确。

推荐阅读

扫描本章二维码，阅读《龙门镇中学课外活动计划》一文。

第四节 班级精神文化建设

教例 8－2

文化气氛对于学生的影响

美国儿童教育家多蒙茜·洛·诺尔特在《孩子们从生活中学习》写道："如果一个孩子生活在敌意之中，他就学会了争斗；如果一个孩子生活在恐惧之中，他就学会了忧虑；如果一个孩子生活在怜悯之中，他就学会了自责；如果一个孩子生活在讽刺之中，他就学会了害羞；如果一个孩子生活在耻辱之中，他就学会了负罪感；如果一个孩子生活在鼓励之中，他就学会了自信；如果一个孩子生活在忍耐之中，他就学会了耐心；如果一个孩子生活在表扬之中，他就学会了感激；如果一个孩子生活在接受之中，他就学会了爱；如果一个孩子生活在认可之中，他就学会了自爱；如果一个孩子生活在分享之中，他就学会了慷慨；如果一个孩子生活在承认之中，他就学会了要有一个目标；如果一个孩子生活在诚实和正直之中，他就学会了真理和公正；如果一个孩子生活在安全之中，他就学会了相信自己和周围的人；如果一个孩子生活在友爱之中，他就学会了这世界是生活的好地方。"[①]

这段话说明了文化氛围对孩子成长具有重大影响。文化作为一种精神力量，潜移默化地影响人们的思想和行为方式，这种影响具有深远持久等特点。

在文化的基础上，班级文化有广义和狭义两种定义。广义的班级文化是指班级生活中的一切文化要素，包括物质文化、制度文化、精神文化，它们共同构成了"包含式"的班级文化体系，这个体系以班级精神文化为内核，按照制度层、物质层逐渐向外拓展（见图8－3）。若是没有精神文化，班级文化就没有了灵魂，即使班级活动开展得热热闹闹，也只是形式而已，无助于班级管理。狭义的班级文化是班级所有或部分成员共有的信念、价值观、态度的复合体，专指精神文化。本节采用狭义的班级文化概念。

---

① 国学军.好家庭胜过好学校[M].北京：中国国际广播出版社，2018：38－39.

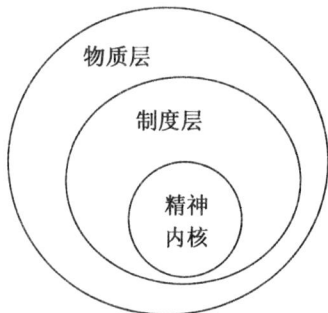

图 8 - 3 "包含式"班级文化体系结构

一、班级精神文化的影响因素

班级精神文化是班级文化的核心和灵魂,包括班级成员认同的价值观念、思想观点、行为方式和心理氛围等。班级精神文化是班级管理者和学生共同努力的结果,是被班级师生认同的群体意识和精神力量,对每一个学生发展起着巨大的潜移默化的激励和制约作用。班级精神文化的发展主要受到社会文化、家庭文化、学校文化的影响。

(一) 社会文化

社会文化是社会成员共有的思想观念和行为方式的总称,社会文化通过"浸染"的方式影响着社会组织与成员,不可避免地对班级学生产生影响。社会文化有主流文化和亚文化之分,主流文化通过教育、教学与管理等方式影响着学生的思想和行为,与此同时,亚文化以自发性和潜隐性的方式"浸染"班级。所谓亚文化是指班级中次要、小众的文化现象,例如自发状态的非同伴文化、流行文化、游戏文化等。亚文化中的消极成分,如"哥们义气""攀比争阔""漠视生命"对于班级的影响不小,在极端情况下可能导致学生误入歧途。所以,班级管理者要对社会文化进行过滤与转化,尽可能消除亚文化对于班级管理的不良影响。

(二) 家庭文化

家庭是孩子的第一所学校,家长是孩子的第一任教师,家庭对孩子的影响最早、最长、最深,当孩子进入学校时身上不可避免地带有家庭文化的烙印。积极的家庭文化能使学生形成良好的行为习惯和规则意识,在班级里爱护环境、遵规守纪,正确处理人际关系,有助于班集体的形成。而消极的家庭文化会使学生形成不良的行为习惯和道德品质,正如杜威所言:"家庭中正常关系的失调,是以后产生精神和情绪各种病态的土壤。"带有消极家庭文化的学生进入学校后会不经意破坏班级环境、违背班级规则,给班级造成各种消极影响。所以,班级管理者在班集体建设过程中,不仅要了解每一个学生,更要了解学生的家庭文化。这样,对于学生及班级的管理才具有针对性。

(三）学校文化

学校文化有广义和狭义之分，广义的学校文化是学校全体员工或大多数员工所具有的思想观念和行为方式，有力地影响和制约着学校师生的发展和学校工作的进行。狭义的学校文化有"校园文化"说、"校风"说、"教风"说、"学风"说，狭义的学校文化实质是广义学校文化的亚文化。学校文化是一所学校长期办学积淀的结果，通过各种载体和活动影响着校内师生，并通过管理者深入到班级内部，影响着班级精神文化的内容与品质。

········· **资料拓展 8 - 2** ···

学校文化是什么

学校是文化教育机构，是传播知识、培育人才的场所。因此学校必须重视文化建设，营造育人环境，使学生在学校中能够生动活泼主动地发展。优秀的学校文化不是自然生成的，是要全校师生用心营造的，因为文化有先进与落后之分，高雅和低俗之别。如果一所学校，它的办学思想是片面追求升学率，不重视学生的品德教育，忽视学生的个性发展，那么这所学校的文化是功利主义的，只能说是落后的文化；如果学校的老师缺乏关爱学生的热情，恶言恶语随意伤害学生，这所学校的文化只能是低俗的，甚至是粗鄙的。要建设先进的学校文化，就需要全校师生的努力。

学校文化是学校的灵魂，它凝聚了全校师生共同的价值观、共同的信念、共同的愿景、共同的努力方向。因此，学校文化起着统领的作用、规范的作用、激励的作用、熔炉的作用。

学校文化包括学校的精神文化、制度文化、校园物质文化、师生行为习俗文化。其中核心是精神文化，它反映了学校的办学思想、教育理念、价值观念、思维方式。办学思想、教育理念首先表现在人才观上，即培养什么人、怎么培养的问题。学校要坚持育人为才，按照国家的教育方针，培育德智体美劳全面发展的社会主义建设者和接班人。学校的精神文化还体现在学生观、师生观上。要树立人人都能成才的观念，热爱每一个学生，不歧视任何学生，哪怕他身上有不少缺点；师生的关系是平等的、民主的、互相理解和信赖的、和谐的。有了这样的师生关系，教育就能顺利进行。学校文化还表现在课程上、教学上。课程和教学是文化的载体，在教学中要重视教材中的文化内涵，不仅传授知识，而且重视价值观、思想情感的熏陶。

学校的制度文化也很重要。学校工作的头绪很多，有教学工作、思想工作、后勤保障工作，有了制度，工作才会有条不紊。学校是人群集聚的地方，有人群、有活动就会产生各种矛盾和问题，学校要有成文或不成文的制度，使全校师生知道哪些可以做，哪些不可以做，哪些是谁负责等，制度明确，职责分明。制度的建设必须和办学理念相结合，并以办学理念为指导。也就是说，制度建设要服从于学校的精神文化建设。

学校的物质文化建设包括校舍的建设、校园的设计、环境的布置等。它不仅是学校教育教学工作的保证，而且体现着一所学校的精神面貌。学校的物质文化建设要以人为本，特别是要以学生为本,体现学校的主流文化,让师生感到舒适、多样、整洁、欢快,愿意在这样的环境中学习、生活。学校要重视仪式、标志的建设。一条校训、一枚校徽、一支校歌往往反映了学校的精神风尚。总之,要让学校的一草一木都有教育意义。

学校文化不是一朝一夕能够建立起来的,是靠几代人的努力积淀起来的。学校文化建设不是学校领导几个人的事,需要全校师生的积极参与,共同策划,细心培育。学校文化管理就是从管理的角度来建设学校文化的过程,使学校文化充满活力,常新常青。

资料来源:顾明远.学校文化是什么[J].今日教育,2013(12):1.

(作者系中国教育学会名誉会长,北京师范大学资深教授、博士生导师。本文是顾明远为《学校文化管理丛书》一书所做的序。)

二、班级精神文化的建设策略

班级精神文化属于观念形态层,是班级文化的核心,包括班风、班级人际关系、班级文化活动等内容,它是最能体现班级个性、班级人格的"软文化"。

📢 **推荐阅读**

扫描本章二维码,阅读《"洋葱"模型教育下特色班级文化构建》。

(一) 塑造良好的班风

班风是指一个班级稳定的、具有自身特色的集体风范,是一个班级中大多数学生在学习、思想等方面的共同倾向。班风是由班级成员共同营造的一种集体氛围,反映了班级成员的整体精神风貌与个性特点,体现出班级的内在品格与外部形象,引领着班级未来发展的方向,对于班级建设具有重要的导向作用。塑造良好的班风需要从确定班风内容、形成健康舆论、管理者做好榜样等方面着手。

(1)确定班风内容。通过集体讨论,决定班风内容,如在一些班级常见的"求实创新,自信自律""自律、自信、友爱、勤奋""明理、诚信、勤奋、向上"等等。班风内容确定以后,要用醒目字体将班风张贴在班级的显眼位置,以潜移默化地影响学生。

(2)形成健康舆论。班风被同学认同和内化,健康舆论是其中重要一环。舆论是公众在特定的时空里,对特定的公共事务公开表达的基本趋于一致的信念、意见和态度的总和。班级管理者对于正确的舆论及时表扬,对于不良的舆论及其倾向及时批评。

(3)强化行为训练。良好班风的培养需要有意识地、持之以恒地进行行为训练,训练应根据班风内容进行,要将班风分解为具体的行为规范,逐步提出与实施。为增强训练效果,要通过检查、总结、评价、纠偏、批评、表扬等方式,使良好的班风在评价和强化中逐渐形成和发展。

(4)管理者做好榜样。有什么样的班主任就有什么样的班风,班风是班主任人格的具体体现,班主任要成为学生的榜样,要求学生做到的,自己要首先做到。班主任要用自己的良好思想和行为影响学生,带动班级。

(二) 形成和谐的人际关系

良好的人际关系能增强班级凝聚力,提升班级活动效果,有助于班集体的培养。良好人际关系的形成需做好以下几方面工作。

(1) 教育学生相互尊重关心。班级学生来自不同的家庭,具有不同的个性特点,所以在交往过程中要指导学生换位思考,理解尊重别人,减少摩擦。当同学遇到困难时,要积极主动地帮助同学解决问题,在解决问题的同时,赢得同学的信赖。

(2) 鼓励学生真诚待人。诚实友善是社会主义核心价值观之一,其关键是教会学生如何诚实待人,即诚实说话,诚心待人,不能口是心非,欺骗别人。

(3) 创造学生交往机会。通过举办班级的各种活动,发挥学生的主体作用,通过活动的组织、角色扮演等提高同学之间互动的频率,为同学的交往创造机会。

(4) 对问题学生进行矫正。对于有交往恐惧、交往障碍,不善交往的同学要进行心理辅导,指导他们正确地看待交往,正确地进行交往。

(三) 开展好班级文化活动

开展丰富多彩的班级文化活动,会让学生真实体验、认真感悟,收获教育品质。例如,通过搭建表演舞台,锻炼学生人际交往能力,促进其集体观念的发展和个性品质的形成;举办街头义卖活动,让学生懂得勤俭节约意义的同时,感悟团队的和谐,培养合作精神;开展团体心理辅导活动,有效缓解学生的心理压力。开展班级文化活动,要注意以下三点。

(1) 内容的针对性。班级文化活动从内容到形式要针对班级学生实际,弥补班级精神文化的短板,着眼于学生思想观念和行为方式的改变。如针对轻微的心理问题,可以举办以"健康在心灵"为主题的班会,在解决心理问题的同时,培养相互帮助、团结友爱的精神。

(2) 进程的计划性。开展好班级活动需要做好计划,在每一项活动开展前,班主任要组织学生制定活动计划。计划包括两个部分,一是学期的整体活动计划,这些活动在班级计划中要有所体现;二是单项活动计划,对于每一项活动都要确定时间、参加人、活动程序等事项,尽可能让学生知道自己在活动中承担的任务。

推荐阅读

扫描本章二维码,阅读《构建和谐班级文化 打造优秀班集体》。

（3）形式的多样性。不同活动的效果不尽相同,在一个学期内要举办多种班级活动,从多个方面促进学生发展。如为了形成和谐的人际关系,可以开展班级文娱活动,让学生在互动中加深了解;可以举办知识讲座,让学生了解行为的多元性,能够求同存异;也可开展心理辅导或人际关系指导,让学生掌握交往技巧。对于每一项活动,尽可能做到形式创新。

技能训练

（一）训练主题:营造良好的班风。

（二）训练内容:结合学习内容,调查本班班风的类型、成因,提出营造良好班风的策略。

（三）训练形式:以小组为单位调查,在班内交流,教师点评。

（四）训练要求:班风定位准确、成因分析到位,营造策略切实可行。

第五节 学生的操行评定

教例 8-3

两位班主任给很爱上网的同学的操行评定

评语1:该生尊敬老师、团结同学、遵守纪律、学习态度端正、积极参加各项活动。但有时痴迷网络,成绩一般。希今后戒骄戒躁,争取更大的进步。

评语2:你有比尔·盖茨一样的大脑,但没有像他那样深邃的思考。热爱网络技术并不是坏事,只是目前亲近过早。你要好好思忖:将来如何立足社会,是上课还是上网好?

如果你是这位同学,你喜欢哪个评语? 请陈述理由。

显然,喜欢第二个操行评语,因为这则评语文字优美,表意委婉,更有教育性和激励性,学生心理能够接受。

《中小学班主任工作规定》指出:"班主任要做好本班操行评定"。操行评定是班主任对一定时期(学期或学年)学生在德智体美劳各方面情况进行的综合评定,也称操行评语或品德评定。操行评定是班主任专有的一项工作,也是对学生教育的一种手段。1988 年国家教委颁发的《关于中学生品德评定的几点意见(试行稿)》规定,对中学生的品德评定,学期末要进行初评,学年末要进行总评,并要写操行评语和评定等级。所以,班主任必须掌握操行评定的技能。

一、操行评定的意义

操行即操守。操行评定是以教育目的为指导思想,以"学生守则"为基本依据,对学生一个学期内学习、劳动、生活、品行等方面的小结和评价,主要涉及德智体美劳等方面。

操行评定的意义在于帮助学生正确认识自己在品学方面的进步和不足,鼓励他们发扬优点,改正缺点;帮助家长了解子女的情况,以便更好地配合学校进行教育;帮助继任班主任了解学生各方面的表现,作为进一步教育的依据;也可以作为高一级学校录取新生,或者用人单位录用人才的依据。

二、操行评定的特点

一是客观性。评价要实事求是,不掺杂个人的主观情感,不拔高个人优点,不掩饰缺点。如班主任给某位同学的评语:"你性情温和,言语不多,但待人诚恳、礼貌。作风踏实,办事认真。严格遵守班级和宿舍纪律,热爱集体,关爱同学。学习上有一定的钻研精神,但学习效率不高,功课起伏较大。愿你在学习过程中,统筹兼顾,全面发展!"评价比较客观。

二是全面性。评价要包括德智体美劳方面,不能仅提及一点而忽略其他。如给某位同学的评语:"你是一位自觉、听话的女孩,守纪律、懂礼貌,爱学习、爱劳动,为着自己的理想不断努力、顽强拼搏,但我感到你有些劳累,我还是真诚地希望你能坚持,学习是苦的,但它能培养真正的人才,看到自己不断进步,会感到这种苦带给自己的是无限的快乐。"内容涉及该生发展的各个方面,评价较为全面。

三是个性化。评价要写出学生最特质的表现,老师对学生的特点写得越细,学生的印象就越深。如李镇西在《走进心灵》中给王欣恬的评语:"欣喜因寒窗苦读响鼓不用重槌敲,恬静也要课堂多言像快马无须加鞭。横批:给我惊喜。"这则评语很能体现王欣恬的个性。

四是委婉性。委婉地批评边缘学生的缺点、失误,能体现老师的宽容,引起学生对老师产生信任感、亲切感。如某班主任给某同学的评语:"你是一个很有上进心的孩子,能虚心接受他人意见,知错就改,已经懂得谦让和宽容他人,也会自我批评,尊敬老师,有一定的责任心,值日工作表现不错,基本上能做老师的小帮手,与同学也相处不错,能在课间与小伙伴做有意义的活动,热爱劳动,拾金不昧,学习认真,进步明显,课堂练习完成情况良好,老师希望以后继续努力,在书写方面再下功夫,争取更大的进步!"这则评语委婉指出该同学存在学习努力程度不够、书写潦草、进步不明显等问题。

五是情感性。评语的字里行间流露出对于学生的关爱与期望,能起到很好的教育作用。如给某同学的评语:"你是一个聪明、爽快、热情、活泼的好孩子,经常是'未见其人,先闻其声'。学习中,你专心听讲,成绩优异;生活中,你关心集体,乐于助人。自从上次我们在教室前走廊谈心以后,我就一直把你当作我的知心朋友,希望你也能这样想。从今以后,我要帮助你改掉做事粗心马虎这个毛病。希望你取得更优异的成绩,让我这位朋友也光彩光彩。"这则评语字里行间体现出对学生的关爱之情。

三、操行评定的写法

一是内容上重视对道德品行、学习、身心发展方面的评价,体现教育性和激励性,注意突出学生的个性。如:某班中有一名男生叫"邓俊",属"马"的,班主任为他写的评语:"正如你美妙的名字一样,你是我们班的一匹'骏马',运动场上为班级立下汗马功劳。但由于你的'马虎',你这匹宝马也经常有在学习场上'失蹄'的时候。记住,宝马应该是'不用扬鞭自奋蹄',我相信你定能做到。"这则评语对该同学赛场上的成绩进行肯定,也激励学生在学习上能够取得赛场上一样的成绩。

二是形式上采用"肯定"加"提示"模式,肯定突出的优点和长处,委婉提示不足及存在的问题。表述简洁,文字优美,富有哲理,采用第二人称。如"你是尊敬老师、团结同学、热爱劳动的好学生。能遵守学校的校规。上课能认真听讲,但不积极举手发言,课下作业能按时完成,但字体还不够规范。希望你今后课上大胆发言,积极参加学校班级的活动,争取不断进步。"这则评语指出了学生的优点和长处,文字简洁,采用第二人称,宛如师生谈心。

推荐阅读

扫描本章二维码,阅读《操行评语的撰写》。

技能训练

(一)训练主题:撰写操行评语。

(二)训练内容:结合学习内容,给班级中你最熟悉的同学写操行评语,要求在班级读出来以后,班中大部分同学知道写的是谁。

(三)训练形式:个人独立撰写,班内交流,教师点评。

(四)训练要求:评语具有客观性、全面性、个性化、情感性等特点,形式规范。

本章小结

本章内容包括班级的计划与总结、教室的布置与座位编排、班级会议与活动、班级精神文化建设、学生的操行评定内容。班级工作计划是班级管理者为了做好班级工作,对未来一段时间内班级工作的目标、任务、措施等预先做出的设想和安排。班级工作总结是对班级计划执行情况进行分析,做出有指导性的结论。班级工作计划是撰写班级工作总结的依据,计划与总结都有固定的格式和内容。教室是学生学习、生活的重要场所。优美、整洁、有序的教室能够增添生活和学习的乐趣,亦有助于树立班级的良好形象。教室的布置主要包括教室净化、美化、绿化、个性化。座位的排列有不同的标准,常见的有按身材高矮、按性别差异、按个性互补、按成绩优差、按学生意愿等标准编排,秧田式、分组式、U型式是座位编排的主要形式。

在完成班级目标的过程中,为提高认识、统一思想、协调行动,需要经常召开班级会议,开展以班级或小组为单位的活动。班级会议和活动形式多样,最常见的是主题班会和课外活动。主题班会是对学生进行集体教育和自我教育的有效形式。主题班会有多种类型,主题班会的展开都包含确定主题、活动准备、活动实施、活动总结四步骤。召开时要以主题为中心,班会形式要适合年龄特征,遵循班会召开程序,把控好时间。课外活动是在课堂教学以外,管理者根据学生发展的需要举办的活动,在学生发展过程中具有独特作用。课外活动的形式有群众性活动、小组活动、个人活动,内容上主要包括科技活动、文体活动和公益活动等。

班级精神文化是班级所有或部分成员共有的信念、价值观、态度的复合体。精神文化是班级的灵魂,精神文化建设要做到内容的针对性、进程的计划性、形式的多样性。操行评定是以教育目的为指导思想,以"学生守则"为基本依据,对学生一个学期内在学习、劳动、生活、品行等方面的小结和评价。操行评定具有客观性、全面性、个性化、委婉性、情感性等特点。撰写时内容上重视对道德品行、学习、身心发展方面的评价,体现教育性和激励性,注意突出学生的个性;形式上采用"肯定"加"提示"模式。

思考与应用

1. 简述撰写班级工作计划与总结的意义。
2. 简述主题班会的步骤及应遵循的要求。
3. 简述课外活动的内容与形式。
4. 简述班级精神文化的建设要点。
5. 简述操行评定的写法及注意事项。

推荐阅读书目

[1] 邓磊,刘永凤.班级管理概论[M].北京:高等教育出版社,2020.

[2] 杨霖.小学班主任技能优秀案例[M].成都:四川教育出版社,2017.

第九章
班级问题行为管理

学习目标
- 知识目标:理解偏差行为的内涵,掌握学生偏差行为的表现、成因及教育策略。理解心理健康的内涵,掌握学生心理问题的表现、成因及矫正策略。理解偶发事件的内涵,掌握偶发事件的成因、处理要求与处理策略,掌握课堂偶发事件的处理方法。
- 能力目标:初步培养学生对课堂偏差行为的处理能力,对心理问题的矫正能力,对班级偶发事件的处理能力。
- 育人目标:渗透量变质变关系原理,防患未然,及时纠偏;初步培养师范生的规则意识,增强师范生的职业责任感,培养关爱学生、遵纪守法、为人师表、开拓创新的职业品格。

思维导图

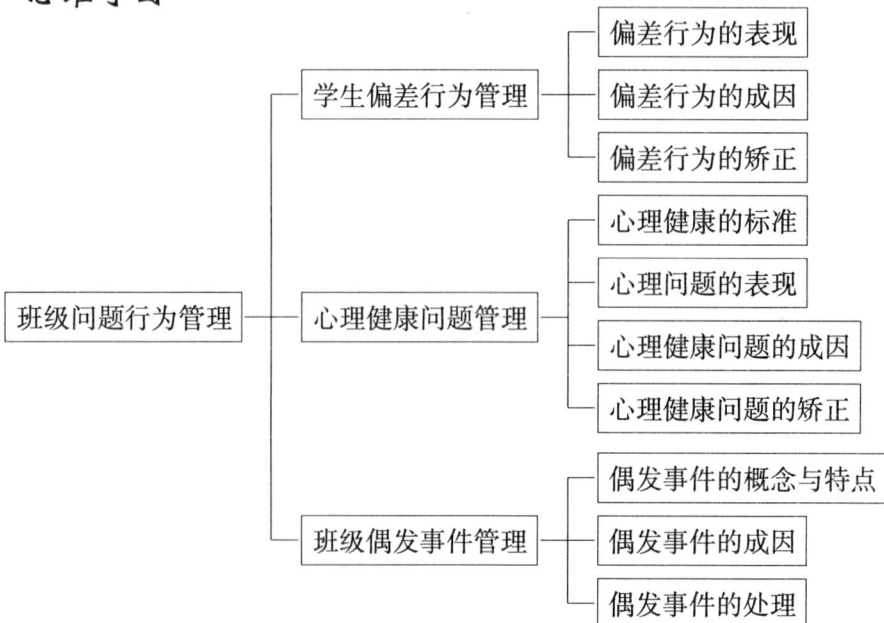

教学是促进学生德智体美劳全面发展的基本路径,良好的管理是教学成功的保证。学生在学校应该遵守纪律,但学生正处于发展期,活泼好动,自控能力相对较弱,犹如孩子学习走路经常会摔跤一样,容易出现各种问题行为。所谓问题行为是指违反学校班级管理规定的不良行为。按照行为的性质不同,分为行为偏差问题、心理健康问题、偶发问题。这些行为不仅妨碍学生自身的学习与发展,还会影响其他同学学习与发展。因此,有必要对学生的问题行为进行矫正。

第一节 学生偏差行为管理

教例 9-1

这学期我们班有个男生叫林道恒,该生在学校上课注意力不集中,爱做小动作,时而前后摇摆着座椅,时而扭转头和同学说话,在老师的不断督促下注意力也很难集中,以自我为中心,自由主义严重,很不在乎他人的感受和想法。学习态度不端正,一般不完成老师布置的作业,懒得做一些文字分析的题目,只愿意完成部分语文抄写作业,学习成绩较差。在家是"老大",经常和家人闹别扭,不顺心时轻则生闷气,重则训斥,我行我素,情绪不稳定。行事表现出极大的依赖性,任性耍脾气,还爱说谎。今年秋季开学那天,早上一起床,他爷爷叫他把做好的作业拿出来,好带他去报名,他迟疑了一会儿,说没有做,于是奶奶在旁边说了一句,那你怎么去报名? 于是,他转身就离开了家,到中午都没有回家。一家人急了,邀亲朋四邻四处寻找。①

分析:该生做小动作、扰乱秩序、抄写作业、任性说谎的行为违背了校规校纪,这是典型的偏差行为。在义务教育阶段这类行为较为常见,对这类行为进行矫正是班级管理者的职责之一。

偏差行为是"显著异于常态而妨碍个人正常生活适应的行为",或是"显著有异加上有害,即偏差行为",又称越轨行为或偏离行为。"所谓越轨,是指在一个社会中,被社会成员判定为违反社会准则或价值观念的任何思想和行为,它包括犯罪、违法及违反道德规范、社会习俗的所有思想与行为。"②当前我国学生存在一定的偏差行为,分散了教师的教学精力,影响正常的教学节奏。要想适宜地处理好课堂偏差行为,就要了解偏差行为的表现及成因。

---

① 资料来源:陈小满.如何对行为偏差生的转化[EB/OL].(2021-06-15).https://wenku.baidu.com/view/7d4e0c0c152ded630b1c59eef8c75fbfc67d9420.html
② 道格拉斯,瓦克斯勒.越轨社会学理论[M].石家庄:河北人民出版社,1986:19.

一、偏差行为的表现

按照不同的分类标准,偏差行为可分为不同类型,不同类型的偏差行为的表现各不相同。

(一) 关于"偏差行为表现"的研究

奎伊(Quay,H.C.)等通过研究将课堂偏差行为分为三类:① 人格型偏差行为,这类行为带有神经质特征,常常表现为退缩行为,有多种具体表现:有的学生坐在教室里焦虑不安,心神不定,常常手足无措,答非所问;有的学生神经过敏,无端猜疑;有的学生在课堂上沉默寡言,胡思乱想,做白日梦等。② 行为型偏差行为,这类行为主要表现为具有对抗性、攻击性和破坏性特征。例如,有的学生在课堂上缺乏耐心,容易冲动,不能保持安静;有的学生多嘴多舌,交头接耳,在被要求安静时总在寻找讲话的机会;有的学生坐立不安,传递小纸条,乱涂乱画,扮怪相逗人发笑等;有的学生失声怪叫,吵嚷起哄;有的学生动手动脚,欺辱同学等。③ 情绪型偏差行为,这类行为主要是由过度紧张、焦虑和情绪多变而导致社会障碍的偏差行为。例如,在课堂上有的学生漫不经心,冷淡漠视,态度扭捏;有的学生过分依赖老师和同学,不敢自作决定,不能独立完成作业;有的学生胆小怕事,害怕失败,不敢举手发言;有的学生情绪紧张,容易慌乱;有的学生则情绪忧虑,心事重重,注意力无法集中等。①

我国学者一般根据偏差行为的严重程度,将偏差行为分为一般偏差行为和严重偏差行为,前者指轻微的偏离社会规范,包括违反道德的行为或违反社会规范和违反社会正常运行常理的行为,后者则是指违法犯罪行为。② 也有学者的划分较为细致,如吴宗宪依据偏差行为的影响范围将其划分为六类:不适当行为,指违反特定场合的特定管理规范,但对社会并无重要损害的行为;异常行为,指因精神疾病或心理变态导致的违反社会规范的行为;自毁行为,指违反社会规范的自我毁坏或自我毁灭行为,如吸毒、酗酒、自杀等;不道德行为,指违反人们共同生活及其行为准则的行为,这种行为通常会受到舆论的谴责;反社会行为,指对他人与社会造成破坏的行为;犯罪行为,指违反刑事法规而应受刑事处罚的行为,它与反社会行为同属最严重的偏差行为。③

吴武典从辅导观点出发,将偏差行为分为六类:外向性行为问题,包括逃学、逃家、不合作、反抗、不守规矩、撒谎、偷窃、打架、破坏、捣乱、伤害等偏差行为;内向性行为问题,包括畏缩、消极、不合作、过分依赖、做白日梦、焦虑反应、自虐、自杀行为等偏差行为;学业适应问题,包括考试作弊、不做作业、粗心大意、偷懒、不专心、注意力不集中、低成就等偏差行为;焦虑症候群,由过度焦虑引发,有明显的身体不适症状或强迫性行为,统称为神经官能症或"神经质行为",如紧张、发抖、呕吐、恶心、心胸不适、全身无力,及由过度焦虑引起

---

① 徐长江,宋秋前. 班级管理实务[M].北京:高等教育出版社,2010:271.
② 费梅苹. 青少年社会工作案例评析[M].上海:华东理工大学出版社,2010:45－52.
③ 吴宗宪. 青少年不良行为的心理与防治[M].济南:山东科学技术出版社,2000:7.

的强迫性思考、强迫性动作、歇斯底里等偏差行为;偏畸习癖,或者叫不良习惯,多与性格发展的不健全有关,包括吸吮拇指、咬指甲、肌肉抽搐、口吃、偏食、尿床、烟瘾、酒瘾、药瘾、性不良适应等偏差行为;精神病症候,其行为明显地脱离现实,属于严重的心理病态,包括精神分裂症、躁狂抑郁症等偏差行为。[①]

我国台湾学者杨国枢以初中生为研究对象,把初中生的问题行为分为三类:逃避性的问题行为,如偷窃、吸食药物等不良行为;违抗性的问题行为,如攻击、违规等不良行为;情绪性的问题行为,如痴心妄想、抑郁等不良行为。[②]

(二)我国中小学生的偏差行为表现

对于中小学生的偏差行为,我国目前尚无具体规定,但对不良行为具有明确规定。教育部在 2020 年 12 月颁布,2021 年 3 月实施的《中小学教师实施教育惩戒规则(试行)》第七条提出:"学生实施属于预防未成年人犯罪法规定的不良行为或者严重不良行为的,学校、教师应当予以制止并实施教育惩戒,加强管教;构成违法犯罪的,依法移送公安机关处理。"不良行为包括:"故意不完成教学任务要求或者不服从教育、管理的;扰乱课堂秩序、学校教育教学秩序的;吸烟、饮酒,或者言行失范违反学生守则的;实施有害自己或者他人身心健康的危险行为的;打骂同学、老师,欺凌同学或者侵害他人合法权益的;其他违反校规校纪的行为。"并在第八条、第九条、第十条将违规违纪行为划分为情节较为轻微、情节较重、情节严重三种类型。

2020 年 12 月 26 日修订通过,2021 年 6 月起施行的《中华人民共和国预防未成年人犯罪法》将不良行为分为不良行为、严重不良行为。其中不良行为,是指未成年人实施的不利于其健康成长的下列行为:吸烟、饮酒;多次旷课、逃学;无故夜不归宿、离家出走;沉迷网络;与社会上具有不良习性的人交往,组织或者参加实施不良行为的团伙;进入法律法规规定未成年人不宜进入的场所;参与赌博、变相赌博,或者参加封建迷信、邪教等活动;阅览、观看或者收听宣扬淫秽、色情、暴力、恐怖、极端等内容的读物、音像制品或者网络信息等;其他不利于未成年人身心健康成长的不良行为。

严重不良行为,是指未成年人实施的有刑法规定、因不满法定刑事责任年龄不予刑事处罚的行为,以及严重危害社会的下列行为:结伙斗殴,追逐、拦截他人,强拿硬要或者任意损毁、占用公私财物等寻衅滋事行为;非法携带枪支、弹药或者弩、匕首等国家规定的管制器具;殴打、辱骂、恐吓,或者故意伤害他人身体;盗窃、哄抢、抢夺或者故意损毁公私财物;传播淫秽的读物、音像制品或者信息等;卖淫、嫖娼,或者进行淫秽表演;吸食、注射毒品,或者向他人提供毒品;参与赌博,赌资较大;其他严重危害社会的行为。

以上两个法律法规分类依据不同,《中小学教师实施教育惩戒规则(试行)》根据违反校规校纪轻重程度划分,《中华人民共和国预防未成年人犯罪法》根据青少年不良行为的

[①] 吴武典. 偏差行为的诊断与辅导[J]. 中小学心理健康教育,2001(8):7-10.

[②] 韩璁,余晓明,叶广俊. 对青少年问题行为的因素结构及其跨性别和跨年龄一致性的研究[J]. 心理发展与教育,1991(2):50-53.

内容分类。尽管分类标准不同,但针对的都是青少年。从偏差行为的外延讲,违反校规校纪的行为、不良行为、严重不良行为都是偏差行为。据此,参考《中小学教师实施教育惩戒规则(试行)》的惩戒标准,依据严重程度将义务教育阶段的青少年偏差行为分为轻微偏差行为、一般偏差行为、严重偏差行为。

(1)轻微偏差行为。这类行为多属于行为习惯范畴,包括不良的生活习惯和学习习惯。不良的生活习惯包括不健康的饮食习惯,如偏食挑食、暴饮暴食、常吃垃圾食品;不规则的作息习惯,如伏案而睡、熬夜、不按时起床;不健康的动作习惯,如跷二郎腿、不运动、眯眼看东西等;不良的卫生习惯,如很少洗手、早晚不刷牙等。不良的学习习惯包括不良的书写习惯、不良的坐姿、不良的用眼习惯等,这些不良习惯,造成学生近视、斜视、驼背、脊柱弯曲。这些无意表现出的不良习惯行为,影响了学生的身心发展,给班级管理带来一定困难。

(2)一般偏差行为。这类行为多是涉及个人品德范畴的违规、违纪行为。如故意不完成教学任务或者不服从教育、管理,故意扰乱课堂秩序、学校教育教学秩序,故意吸烟、饮酒或违反学生守则,故意打骂同学、老师,欺凌同学或者侵害他人合法权益,故意实施有害自己或者他人身心健康的危险行为,故意违反校规校纪的其他行为。不管是较为轻微、情节较重的行为,还是情节严重的行为,都应当依据校规校纪予以处罚,否则就可能升级为严重偏差行为,给班级管理带来更大困难。

(3)严重偏差行为。这类多属于轻微违法不予刑事处罚的行为,是《中华人民共和国预防未成年人犯罪法》列举的严重不良行为,如结伙斗殴,追逐、拦截他人,强拿硬要或者任意损毁、占用公私财物等寻衅滋事行为;非法携带枪支、弹药或者弩、匕首等国家规定的管制器具;殴打、辱骂、恐吓,或者故意伤害他人身体;盗窃、哄抢、抢夺或者故意损毁公私财物;传播淫秽的读物、音像制品或者信息等;卖淫、嫖娼,或者进行淫秽表演;吸食、注射毒品,或者向他人提供毒品;参与赌博赌资较大;其他严重危害社会的行为。这类行为若不及时纠正,问题学生就有可能滑向犯罪的深渊。

二、偏差行为的成因

学生偏差行为的成因错综复杂,一般较倾向认为是个人因素和环境因素及其相互作用造成的。有研究者从自然环境因素(如暴力和性犯罪多发于春夏之间和一月中月圆之时)、社会文化因素(如经济结构、受教育水平)、个人因素(如遗传、生理及心理等)方面去探讨;有研究者从古典犯罪学派、环境及地理决定论、经济决定论、生物决定论及体质论、家庭因素、社会因素等方面去探讨。也有研究者从个人归属感的角度加以解释,认为当学生无法获得归属感时,就会转向错误的目标,如寻求注意、寻求权力、寻求报复、寻求自暴自弃①。综上,可以认为,学生的偏差行为是多方面因素综合的结果。

---

① Charles C M. 建立课堂纪律[M]. 李庆,孙麟,译. 北京:中国轻工出版社,2003:23.

推荐阅读

扫描本章二维码,阅读《孩子偏差行为原因大揭秘!》。

(一) 家庭条件的不良

家庭是个体社会化的第一个驿站,家庭教育方式不当、家庭结构不全等都是促使青少年越轨的重要因素。

父母的教养方式影响孩子的品德。父母的教养方式通常有三种类型:专制型、民主型、放任型。父母怎样教育孩子,孩子便以怎样的方式对待别人,如孩子犯了错误,家长进行打骂,以后孩子与别人有矛盾,他也会采用打骂的方式处理矛盾。家庭的氛围影响孩子的品德,和睦的家庭氛围有助于孩子自信、宽容品德的形成,紧张的家庭氛围容易使孩子形成猜疑、焦虑等不良心理,进而影响孩子的品德与行为。

家庭的结构影响孩子品德的形成。有研究者将家庭分为三种类型:完全家庭、核心家庭、不完全家庭或残缺家庭。完全家庭是有三代人的大家庭,孩子在这样的家庭中互动充分,社会化较为全面,但容易产生隔代溺爱;核心家庭是典型的两代人的家庭,通常是由年轻的父母和孩子组成,年轻的父母对于孩子教育较为全面,不容易产生隔代溺爱,但父母由于工作可能没有时间教育孩子。以上两种类型的家庭对于孩子品德形成有利有弊,但总的说来利大于弊。第三种是不完全家庭,通常表现为残缺家庭和重组家庭,残缺家庭可能由于家庭成员的缺位导致对孩子行为缺乏应有的监控与约束,也可能是单亲父母对孩子放任与溺爱,多数的孤僻儿童出自这种家庭。

(二) 学校管理的不当

一方面,我国传统的"应试教育"模式重智轻德,忽视学生的思想品德教育、法制教育、心理教育,使一部分青少年在与教师和同学之间的关系方面长期处于不利地位,造成师生关系紧张,后进生对学校生活适应不良,或者被贴上"问题"或"不良"的角色标签,促使他们与教育、学校或家庭对立,容易在各种不良环境因素的诱导下产生偏差行为。另一方面,由于长期受应试教育的影响,我国青少年德育工作忽视学生的主体性与个性,忽视多种教育渠道的相互渗透和多种教育方法的灵活运用。对于违纪行为,教师是采取说服教育还是粗暴压制,会影响学生认知和行为,以及学生后续品德的形成。近年常见的校园欺凌,特别是教师的体罚使得学生自暴自弃的事件屡见不鲜。由此,德育成为与青少年格格不入甚至对立的东西,导致青少年在实际生活中出现"知行脱节",甚至产生偏差行为。

(三) 社会不良风气的侵蚀

社会风气是指社会上或某个群体内,在一定时期和一定范围内竞相仿效和传播流行的观念、爱好、习惯、传统和行为。它是社会经济、政治、文化和道德等状况的综合反映,也是一个民族的价值观念、风俗习惯与精神面貌的体现。如学生受到"读书无用论"的影响，在课堂上容易产生思想开小差等行为。在道德失范的社会环境中，个人主义、自由主义、拜金主义和享乐主义等腐朽的东西便乘机侵蚀着青少年的心灵。

（四）同辈群体的影响

同辈群体又称同龄群体，是由一些年龄、兴趣、爱好、态度、价值观、社会地位等方面较为接近的人所组成的一种非正式初级群体。同辈群体在青少年中普遍存在，他们交往频繁，时常聚集，彼此间有着很大的影响。一方面，在与同辈群体的交往中，他们得到的是一种释放、快乐、尊重、友情和无忧无虑，同辈的联结基本上大于家庭对他们的联结；另一方面，他们由于受同辈的压力而做出趋同群体的行为，无条件地遵从群体的理想、行为标准和道德观念，因而青少年不良群体往往会成为偏差行为孕育的场所。

三、偏差行为的矫正

对不同的偏差行为应该采取不同的处理方法。总的说来，应遵循通过培养良好的行为习惯矫正一般偏差行为，通过规则教育矫正较重偏差行为，通过法规教育预防严重偏差行为的思路，重点做好以下几方面工作。

（一）正确看待孩子的偏差行为

班级管理者应该意识到这是学生在成长过程中常见的问题，是一种偏离了正常轨迹且潜伏着某些隐患的习惯养成，也是教育与环境问题在学生身上的反映，是成长过程中可能正常出现的不正确行为。在理性看待的基础上，管理者本着关爱的思想去解决学生身上的问题，切勿因此对学生斥责、讽刺、挖苦，否则学生会因逆反心理而加大偏差行为。

（二）帮助学生正确评价自己的行为

有些学生出现偏差行为往往不是因为认知偏差，就是因为缺乏羞耻感和自控力。为此，首先，教师要用说理和澄清，矫正学生的观念不清或观念错误，最好的方法是使用反问法，使之词穷而自知理亏。其次，教师要创造机会，让学生对自己或别人的偏差行为进行评价。评价一定要触动学生的情感，让学生脸红或出汗，才能发挥情感对不良行为的抑制作用。

（三）合理地使用惩戒手段

当温情手段无效时，教师就要考虑惩戒的方法，惩戒是让学生对自己不良行为的后果负责。卢梭比较认同自然惩戒，例如当孩子打破窗子时，他认为不要立刻告诉孩子这是不对的，也不要对他使用语言和行为上的暴力，而是让他在被打破窗子的房间感受冷风，让他知道打破窗户这种行为是不对的。卢梭的教育方法是被动的，我们可以根据《中小学教师实施教育惩戒规则（试行）》的有关规定，通过惩戒进行矫正。

（四）改换学生的学习环境

环境会影响人。改变环境，如调整座位、调班、调校，可以让学生脱离同伴群体或非正式群体，让学生暂时改换环境，利用新环境的积极因素影响学生，而不是抛弃、放弃学生。事实上，教师不可能丢掉学生，这是教育伦理，也是教育责任的问题。

（五）营造学生的归属感

Dreikurs 认为，学生的行为有着明确的目的，他们的基本目的是在家庭或所处的群体中有归属感。[①] 教师要努力塑造班级文化，采用民主的管理方式，让学生感到自己是有价值、被尊重的一员。同时，教师要真诚关爱学生，解答学生成长中遇到的困惑，解决他们遇到的困难问题，教师和班级要成为学生的心理依靠和避风港。

技能训练

（一）训练主题：偏差行为。

（二）训练内容：结合学习内容，调查本班学生偏差行为的表现、成因，提出纠正偏差行为的策略。

（三）训练形式：以小组为单位调查，在班内交流，教师点评。

（四）训练要求：表现描述准确、成因分析到位，矫正策略具有可操作性。

第二节　心理健康问题管理

教例 9-2

小学生心理健康教育

余明檀，男，11 岁，小学四年级学生。父亲是出租车司机，母亲为公司会计。明檀在幼儿园时就比其他孩子明显表现出多动行为。上小学后，这种情况有增无减。主要表现在：上课时不遵守纪律，好晃动椅子，经常惹同座位的同学，注意力不集中，东张西望，但老师批评或暗示后有一定效果；课余活动中不大合群，好搞"恶作剧"，如有时接连用头把几个同学撞倒，自己却满不在乎；在家里则表现得任性、冲动，遇到想办的事情父母不能满足，便大喊大叫。此外精力显得特别充足，对看电视很感兴趣，碰到爱看的节目，如武打

---

① Dreikurs R，Grunwald B B，Pepprr F C. 班级经营与儿童辅导［M］. 曾瑞珍，曾玲珉，译. 台北：天马文化事业有限公司，2002：13.

片、警匪片,能一连看上一两个小时,做作业时却经常边做边玩,注意力难以集中。据家长和教师反映,明檀脑子并不笨,当他专心学习时,有时比一般同学学得还快,就是因为好动分心,使得学习成绩在中等以下。明檀的父亲比较粗暴,看到孩子好动、不听话,烦了就骂,急了便揍;母亲则对孩子过于宠爱,给他买的玩具很多,而且有不少是高级的电动玩具,但往往玩不了几天就弄坏了,有时发脾气,新买的玩具拿起来就摔。对此,母亲只是叹息……

小学生余明檀身上表现出的更多的是心理问题,作为孩子的老师,你对教育余明檀有何建议?

学生的身心健康包括生理健康和心理健康。所谓心理健康是指心理的各个方面及活动过程处于一种良好或正常的状态。但由于社会节奏的加快和学业压力的增加,处于成长期的学生不可避免地出现了某些心理问题。这些问题如不能很好地解决,将会给学生造成心理困扰,持续地影响学生的学习与生活。

一、心理健康的标准

心理健康的标准迄今仍有争议,研究者们基于自己的文化背景与研究立场提出了自己的标准,如美国人格心理学家奥尔波特(G. W. Allport)提出了六条标准:① 力争自我的成长;② 能客观地看待自己;③ 人生观的统一;④ 有与他人建立亲密关系的能力;⑤ 人生所需的能力、知识与技能的获得;⑥ 具有同情心、对学生充满爱。美国人本心理学家马斯洛和密特尔曼(A. H. Maslow & Mittelman)列出了心理健康的十条标准:① 充分的安全感;② 充分了解自己;③ 生活目标切合实际;④ 与现实环境保持接触;⑤ 保持人格的完整与和谐;⑥ 具有从经验中学习的能力;⑦ 保持良好的人际关系;⑧ 适度的情绪表达与控制;⑨ 在不违背团体要求的情况下,有限度的个性发挥;⑩ 在不违背社会规范的前提下,能适当地满足个人的基本需求。[①] 现代研究者们则倾向认为健康是指身体、思想和社会功能都完好。

一般说来,心理健康的标准有以下五条。

(一) 心理与行为一致

心理与行为一致包括四个方面:一是行为与年龄一致,学生具有与其年龄一致的行为;二是行为与社会角色一致,学生能够扮演好社会角色;三是言行一致,没有言行失调的问题出现;四是反应适度,刺激与反应之间具有较为稳定的联系,且能与周围的环境保持平衡。

(二) 能正确认识自己

个体能够客观地认识与评价自己,对自己当前状态比较满意。能积极地发扬自身的优点,想办法克服自身的缺点或弥补自身的不足。正确对待自己的学习与生活,在求学、

---

① 陈家麟.学校心理健康教育——原理与操作[M].北京:教育科学出版社,2002:14.

择业、交友等方面能做出正确的决策。

(三) 具有稳定的情绪

健康的心理状态是一种持续稳定的情绪体验,在这种体验中,乐观、满意等积极情绪体验方面占优势。有时尽管会出现情绪波动,如出现悲哀、困惑、失败、挫折等消极情绪体验,但不会持续长久,能够适当表达和控制自己的情绪,使之保持相对稳定。

(四) 人际关系和谐

人是社会性的动物,在近似相同的环境中,人的思想、行为应该与周围环境中的人群有一定的一致性。在和别人相处中,能理解他人、尊重他人、宽容他人、善待他人、信任他人,善于学习他人之长、容他人之短。与他人关系和谐,在班级和群体中有一定的威信。

(五) 积极的生活态度

个体热爱生活,能深切感受生活的美好和生活中的乐趣,对于未来的生活有美好的向往。能够规划自身的生活,发挥自身的潜力追求美好的生活。敢于直面生活中的困难,善于采用不同的策略解决困难,适应社会环境。

二、心理问题的表现

心理问题可以按照不同标准分类,按照心理问题的严重程度,分为一般心理问题、严重心理问题、可疑神经症问题;按照心理现象不同,分为认知障碍、情感障碍、行为障碍、人格障碍、智力障碍问题。在中小学,学生社会化程度不高,出现的主要是一般心理问题,或是认知与情感障碍问题,心理问题在不同学生身上的表现各不相同,主要有以下六种。

(一) 厌学

对学习没有兴趣,无法集中注意力;上课思维迟缓,情绪消极,作业拖沓,敷衍了事等。如三毛在《蓦然回首》一文中记述了自己因沉溺于看文学书而疏忽数学的学习,那位师德有失的数学老师当着全班同学的面,拿起笔蘸进墨汁,在三毛的眼睛周围画了两个大圆圈,还笑着说:"不要怕,一点也不痛不痒,只是凉凉而已。"当她乖乖地转过身去面对大家的时候,全班同学哄堂大笑。第二天,三毛拖着两只似灌满了铅的脚去上学,走到教室门口,昏倒在地,失去知觉。从此,三毛将自己封闭在家里,表明三毛厌恶数学到了极致。

(二) 忧郁

忧郁表现为长期闷闷不乐、愁眉苦脸、沉默寡言等,性格内向、成绩不好的后进生容易出现忧郁行为。忧郁行为如果长期得不到纠正,就可能升级为悲伤、孤独、颓丧,自我评价消极的抑郁行为。这类学生认为自己什么都不行,他们往往不引人注目,不影响课堂秩序,不妨碍教学和各类活动,但随着其不良情绪的发展,内心紧张程度的加重,他们会日益消沉下去,严重的可能发展为抑郁性精神疾病,有的会做出自伤甚至轻生行为。

（三）嫉妒

嫉妒是与他人比较，个体发现自己在才能、名誉、地位或境遇等方面不如别人而产生的一种由羞愧、愤怒、怨恨等组成的复杂的情绪状态。当别人比自己好时，表现出不自然、不舒服甚至怀有敌意，个体不但不学习他人的长处，反而进行讽刺挖苦。嫉妒是一种不良心态，既不利己又不利人。亚里士多德说："嫉妒者之所以痛苦，是因为折磨他的不仅是自己本身的失败和挫折，还有别人的成功。"

（四）焦虑

焦虑是对某事过度担心而产生的一种烦躁情绪，其中含有着急、挂念、忧愁、紧张、恐慌、不安等成分。由于应试教育的影响，学生多存在学习焦虑和考试焦虑，如考试前夕学生睡不着觉、肠胃不好、注意力难以集中，还有莫名其妙的恐惧、紧张和心烦等心理现象，均是焦虑的表现。焦虑会对学习产生不良影响，而且若不及时疏导和诊治，容易变成恐惧症、癔症等多种心理疾病。

（五）自卑

自卑感是指在和别人比较时，由于低估自己而产生的情绪体验。自卑的学生会拿自己的缺点和别人的优点相比，总是觉得自己处处不如别人，看不到自己的价值；在学习上缺乏信心，长此以往就可能对生活失去希望，严重自卑的人甚至会有轻生的念头。

（六）社交恐慌

社交恐惧症是恐惧症的一种亚型，以过分和不合理的惧怕外界某种客观事物或情境为主要表现，个体明知这种恐惧反应是过分的或不合理的，但难以控制。具有社交恐慌的同学对社会交往行为产生强烈的恐惧，往往寻找借口回避别人。即使是与家人、老师和同学在一起也感到不自在。在具体交往中有害羞、局促不安、尴尬、笨拙等异常反应。

三、心理健康问题的成因

造成学生心理问题的因素较多，包括个人因素、家庭因素、学校因素、社会因素等。学生的心理可能受到单一因素的影响，也可能是多种因素综合作用的结果。

（一）个人因素

（1）遗传与疾病。遗传为人的发展提供了可能性，如果没有健康的遗传，人的心理活动就会受到影响。心理学家曾用家谱分析方法研究遗传因素对个体心理的影响，发现某些心理问题，如癔症、活动过度、注意力不集中等病史和家族遗传有关。在个体成长过程中，某些病毒与躯体病变也可能导致心理障碍甚至精神失常。如流行性脑炎等中枢神经系统传染病可能引起意识障碍或者人格改变，甲状腺亢进可能引起敏感、易怒、暴躁、情绪不稳和自制力减弱等心理异常表现，甲状腺机能不足可引起整个心理活动的迟钝。

（2）性格缺陷与自我认知低。性格缺陷可能诱发心理问题,心理学家将人的气质分为胆汁质、多血质、黏液质、抑郁质四种类型。属于黏液质或抑郁质的人,其心理比一般人更容易受伤,在性格上的缺陷主要表现为性格内向、神经质、心胸狭窄、郁郁寡欢、自卑感特重还不善于与别人交流,当遇到不良的外界环境,极有可能产生心理问题。

学生从家庭进入学校,生活方式、学习方式都发生了改变。这时,有的学生不能及时认识和调整自己,取得成绩时出现自负心理,遇到挫折时自卑心理占优势,不敢面对失败,容易出现消极、颓废、郁闷、烦躁等心理问题。

（二）家庭因素

（1）残缺的家庭结构。残缺家庭,特别是父母离异的单亲家庭易引发孩子的心理问题,父母的离异一般要经历"热战"—"冷战"—"离婚"过程。在夫妻吵吵打打的"热战"时间段,孩子在紧张的家庭氛围中可能战战兢兢,这类孩子会缺乏安全感,不轻易信任别人,不善于与人交往。在夫妻的"冷战"时间段,孩子往往会成为家长的出气筒,容易产生忧郁与焦虑的心理;夫妻"离婚"后,孩子会产生自卑心理。所以,离异家庭中长大的孩子,往往容易个性孤僻,出现冷漠和自卑的心理。

（2）不良的教养方式。有研究者将教养方式分为民主型、放任型、粗暴型、溺爱型。放任型的家庭教养方式会造成子女任性懒散、个性顽皮、无组织无纪律;溺爱型的家庭教养方式使得孩子耐挫能力很差,稍微遇到一些挫折或困难就情绪低落、意志消沉,总是想着依赖别人;粗暴型的家庭教养方式使得孩子生活在恐惧之中,甚至心理扭曲,严重的可能发展成为心理疾病,妨碍学生身心正常发展。

（三）学校因素

（1）片面追求升学率。在应试教育的氛围下,有学校片面追求升学率,给学生造成生理压力和心理压力。表现为长时间的学习和繁重的学习任务,导致学生睡眠不足和处于超负荷的紧张状态,睡眠不足学生容易出现神经衰弱、失眠、注意力减退等心理与行为问题;超负荷的紧张状态可能导致厌学、焦虑、忧郁、社交恐慌等心理问题。片面追求升学率还可能导致对有心理问题学生的歧视,加剧了学生心理问题的严重程度。

（2）不良的校风。良好的校风能感染学生,催人上进,有利于学生心理健康状况的改善和提高;而不良的校风会使人情绪低落、压抑,纪律涣散,师生关系紧张,教师的教育态度变差和水平降低。如在应试教育氛围下,教师对成绩不好学生的歧视、挖苦、放弃,容易使学生产生自卑、忧郁等心理问题;教师灌输式的教学、严防死守的管理,容易引起学生的逆反心理。雅斯贝尔斯认为:"教育就是一棵树撼动另一棵树,一朵云推动另一朵云,一颗心推动另一颗心。"教师僵化、落后的教学方式,不仅不能撼动学生的心灵,相反,却容易让学生滋生心理问题。

（四）社会因素

（1）多元文化的冲击。文化是学生成长的背景因素,目前,社会价值观念多元化趋势明显,尤其是网络文化、快餐文化的冲击,更易导致学生心理异常。如网络文化不仅引起学生心理内容的变化,还使其产生了信息强迫症和对大众文化的盲目崇拜,直接后果就是学生的责任感减少和反社会行为增多。快餐文化是追求速度而不求内涵的一种文化现象,在快餐文化影响下,学生容易出现审美拉低、趣味低级、心理焦虑等问题。

(2)生活环境的封闭。单元式的住房、快节奏的生活,学生放学以后就在家做作业,与同伴的交往明显减少,这种状况不利于他们的社会化,容易使他们形成孤僻的性格。在生活的压力下,父母陪伴孩子的时间越来越少,孩子在家的大部分时间是面对作业与玩具,很少有放松身心的活动机会。紧张单调的生活容易使孩子产生孤僻、社交恐慌、厌学等心理问题。

四、心理健康问题的矫正

对一般心理问题采用心理辅导的方法,对严重心理问题则要进行专业的心理咨询或心理治疗。班级管理者面对的多是处于心理亚健康状态和有轻度心理问题的学生,班级管理者采用心理辅导的方法能解决大部分问题。

(一)认知改变法

认知改变法是通过摆事实、讲道理,使学生端正对心理问题的认识并形成正确观点的方法。夸美纽斯说,人的情绪不是被发生的问题所左右,而是被自己对问题的看法所左右。改变学生的认知常采用讲授、讨论、参观访问等方法,通过这些具体的方式,帮助学生从不同角度分析问题,提高学生的认识水平。如学生在上学路上丢了钱包,连续几天沮丧难过,不住地唉声叹气。教师可以告诉学生,丢的钱以后可以赚回来;若是丢了人,或者在路上遭遇车祸,才是真正的不幸。从另一个角度看问题,把事情想象得严重一些,现在的心理问题似乎无足轻重,学生的心结就会慢慢打开。再如,对因成绩差而特别焦虑的同学,可以带着他们到医院或者儿童福利院走一遭,看到别人的不幸,学生就会感到他们是健康、幸运的人,不良心理可能会一扫而光。

教例 9-3

一个认知改变法的真实例子

某天晚饭后,女儿同学浩浩的妈妈邀请我们一起去逛宜家,欣然前往。宜家二楼有一个"小马兰森林儿童游乐场",规定大人不能进去,只有小孩子可以进。所以对小朋友的要求是:年龄要满4周岁,身高1.05米以上的小朋友才可以进去玩。我知道每次走到这儿,女儿都迈不动步子,很想去玩里面的海洋球,但她无论是年龄还是身高都不符合规定,她在幼儿园是最小的,当同班的浩浩符合条件进去玩的时候,女儿更是受不了这个"刺激",一个劲儿吵着也想进去玩。

我好言相劝了半天,可女儿就是不依不饶,进而又发展为哭闹,嘴里不停地说:"我想玩海洋球,为什么浩浩可以进去,不让我进去啊?"浩浩妈妈站在一旁见此情景也觉得有点尴尬,准备示意浩浩出来别玩了……

类似的事情以前也有发生过,要是放在以前,我一定会被女儿的哭闹激怒:都和你解释过了,怎么还这么不懂事,哭什么哭,原本的好心情都被你搅乱了!尤其又是当着别的家长的面,这该是一件多么丢脸和难堪的事情啊!……

但是现在,虽然我的心里多少还会有点急,但至少不再因女儿的行为而动怒。因为我知道这不是女儿的问题,女儿本身的表现不是影响我心情的直接原因,而是我自己应该如何看待这件事情的问题。

我在心里开始理解女儿的感受:本来一直都很向往的事情,以前因为没有别的小朋友在,没有比较的,不让玩也就不玩了;可现在觉得和自己一样的同班小同学,为什么人家可以进去,我却不行?况且妈妈今晚带我出来就是和小朋友一起玩的,可是现在我只能看着人家玩,多难受啊!

我在心里理解了女儿的感受,所以面对她用哭闹来表达自己的情感时,一点也没有生气,反而还有点同情,如果换成是我,可能心里也不好受吧。于是我蹲下身,把女儿搂在怀里,轻拍她的后背,一边安慰她,一边指着旁边的规定,逐一解释给她听,告诉她:"不是妈妈不让你去玩,而是我们要遵守游戏规则,不让像你一样小的小朋友进去,主要是考虑安全方面的因素,等再过几个月,就可以和浩浩一起进去玩了。"

女儿在我的耐心和温柔下,早已不再哭泣,后来一路上都和我说:"妈妈,等到9月份我就能进去玩啦!"一副期待和自豪的样子。

资料来源:认知疗法改变你的情绪、行为和性格[EB/OL].(2019 - 03 - 01). http://www. pinlue. com/article/2019/03/2020/548288864110. html.

在上面的例子中,该家长意识到这不是孩子的问题,而是家长应该如何看待这件事情的问题,孩子本身的表现不是影响家长心情的直接原因。问题发生后,家长一改往常的处理方式,换位思考,站在孩子的角度一边安慰她,一边指着旁边的规定,逐一解释给她听。最后,孩子一副期待和自豪的样子。班主任在班级工作中,也要换位思考,理解学生,帮助孩子变换视角看待处理困扰学生的问题,可能会收到意想不到的效果。

(二)实践锻炼法

实践锻炼法是有目的地组织学生参加实践活动,培养学生良好心理品质的方法。人的身体需要锻炼,人的心理同样也需要锻炼。孟子曾说:"天将降大任于斯人也,必先苦其心志,劳其筋骨,饿其体肤,空乏其身,行拂乱其所为,所以动心忍性,曾益其所不能。"即通过实践转移学生注意力,化解不良情绪,锻炼意志品质,增强心理耐挫性。不同于认知改变法,实践锻炼法不是用语言去提醒人们要改变自己,而是用实践帮助学生改变心理。

以班级为单位的实践活动很多,班主任要精心组织,让心理有问题的同学深度参与。如组织学生到儿童福利院服务,要让心理自卑的同学参与;学校体育运动会,要动员、激励心理素质较差的同学当运动员或拉拉队员,在活动中找回自信心。

教例 9 - 4

让自卑的女生走出心理阴影

毛某是我班一位六年级的女同学,她长着一对会说话的大眼睛,头发黄黄的,稍稍有些蜷曲,成绩上游,中等智商,十分腼腆,性格内向,在人面前不苟言笑,上课从不主动举手发言,老师提问时总是低头回答,声音听不清,脸蛋涨得绯红。下课了上厕所,总是静静地坐在自己的座位上发呆,老师叫她去和同学玩,她会冲你勉强笑一下,仍坐着不动。平时总是把自己关在房里,不和同学玩。遇到节假日,父母叫她一起玩、做客,她都不去,连外婆家也不去。

针对毛某的问题,我们开展形式多样的评比活动,用激励的方式使其扬长避短。我们让她自主设立了自己的成长档案,每月评一次,让她透过自评、小组评,把自己所取得的进步记录下来,在评价中毛某从他人的肯定中得到了满足,获得了自信;在自我批评中,学会反省,逐步完善自己。为了调动她的自我教育意识,每个月都给她以正确的评价,并把毛某突出的个人事迹在班级中、家长会上进行表扬。这样充分调动了她的积极性,使她在评价中自我激励,迸发个人力量,不断自律、自信、自强。

评价:自卑畏怯的心理大家都不同程度地有,但毛某的问题已经影响到了个人的学习与生活,该班主任利用环境中积极因素影响学生,最后毛某找回了自信,改变了自卑畏怯的心理。作为班级管理者,班主任要经常组织学生参加课外活动,在活动中发展兴趣,把握自我,学会适应,展现自我价值,提高心理上的适应能力。

资料来源:六年级女生自卑羞怯怎么办[EB/OL]. (2017 - 11 - 24). http://www.360doc. com/content/17/1124/12/43167789_706705111. shtml.

(三) 心理修养法

心理修养法是在教师引导下,学生为形成良好心理品质,增进心理健康,开发心理潜能,而自觉地进行学习、自我反思和自我行为调控的过程。[①] 心理问题大多需要外界干预解决,但有些心理问题可以通过学生的自我反省、提高个人修养来解决。如我国古代学者修身养性的"内省""内自讼""自反""自强"法,在本质上都是心理修养法。

学生是具有能动性的人,特别是高年级的学生有一定的自我教育能力,班主任在班级工作中要多举办心理健康讲座,传授心理教育知识,激发学生的修养动机,通过指导学习、座右铭、反省等形式,让学生深刻地认识自己、评价自己,达到自我认识、自我发展、自我完善。

每种心理问题的矫正方法都有局限性,所以,中小学生心理问题的矫正常常是以某种方法为主,同时辅以其他方法。如下面"被虫咬过的嫩叶"案例中,班主任采用认知改变法、心理训练法、环境陶冶法解开了小雨心结。

---

① 陈家麟.学校心理健康教育——原理与操作[M].北京:教育科学出版社,2002:294.

教例 9 - 5

<h2 style="text-align:center">被虫咬过的嫩叶</h2>

小雨做事认真踏实,我有心任命她为班长,没想到沟通时她却连连摇头:"我可以协助班长工作,但我自己不行。"我很费解:小雨有能力也乐于做事,为什么不愿当班长?

事后,我回忆小雨为班集体做的那些事,的确是与其他班干部一起完成的。她为什么不敢独立承担工作?我在她的日记中发现了原因。体检后,小雨在日记中写道:"要是一上秤,同学看到我的体重,多丢人呀!"书包拉链坏了,她抱着书包回家遇到同学,故意说"我就喜欢抱着"……原来,小雨很在意别人的眼光,怕被议论,怕被嘲笑。这大概是她不愿当班长的原因吧。

我要怎样引导她正视他人眼光呢?我在日记后留言:其实,你发现没人关注你的体重,对吗?所以,你想多了;这是多么平常的小事儿啊。如果你告诉同学,一定会得到他们的帮助。下次,要试着敞开心扉。响锣不用重锤敲,小雨看了留言后主动找我交流。

与此同时,我利用自己讲课说错话引发学生呵呵一笑的经历进行现场教育,让学生明白面对他人错误而笑,会带给对方心理负担,也让小雨明白人人都会遇到这样的笑,不要曲解其意。这让小雨卸下了思想包袱。我还创造机会让小雨单独在全班同学面前讲话,提升她的自信。

小雨特别在意他人的眼光,害怕失败,其实是自我保护的一种过度反应,这样的人通常缺乏安全感。那么,她内心不安的根源在哪里?通过与家长多次交流,我发现小雨的不安来自家庭。小雨父亲文化程度低,脾气暴躁,平时对孩子不闻不问,一遇问题就动用"武力",小雨母亲明理,但在教育孩子方面没有话语权。小雨就这样战战兢兢地生活在一个不会爱孩子的家庭中,学会了看脸色,学会了埋藏真实想法。

也许,我可以引导家长将斥责教育变成欣赏教育,帮助小雨脱去过分保护的铠甲。接下来,我与家长密切交流,及时反馈小雨的进步,在班级群表扬小雨的美德善行,还让小雨把全科第一的奖杯带回家与父母分享。这样一来,小雨成了父母的骄傲,父母逢人就夸,随之而来的是小雨敞开了心扉。

我看到小雨越来越独立自信,于是让她当临时班长,等待竞选。这一次,她没有当面拒绝,但在课后找到我说:"我不行。我二年级当过班长,因为不能按时完成作业被老师撤职了。妈妈说我当不了班长。"原来,这才是她的心结。怪不得她在日记中写"一片嫩叶被虫咬了,就会永远带着虫洞生长"。一次没有经验的任职经历给她留下了阴影,老师、父母的做法又让她否定了自己的能力。就是这个"虫洞"一直影响着她。

我告诉小雨:"你现在已经没有这些缺点了。你行,一定行!如果有问题随时找我。"我不知道这样的鼓励和指导能否消除小雨心中的"虫洞",帮助她完成第一次亮相,所以第二天早早到校观察。没到教室,我就听到了读书声,靠近看,小雨正站在教室前,手里拿着书,带着全班学生共读,俨然一个小老师的样子。她终于进入班长的角色了。

回顾帮助小雨解开心结的整个过程,我发现解结还须寻根:观察分析、心灵沟通、班级影响、家校互动、改变家长、鼓励指导……这是一项需要智慧和耐心的长期工作。

资料来源:李艳.被虫咬过的嫩叶[N].中国教师报,2020 - 08 - 26(11).

技 能 训 练

（一）训练主题：社会适应行为训练。

（二）训练内容：从幼儿园进入小学（或者从小学进入初中）后，环境发生了很大变化，能否很好地适应小学（或初中）阶段的学习生活与人际关系，能否很好地适应这种变化所带来的压力，对孩子健康成长至关重要。请你以班主任身份，设计一份目标明确、内容具体、实施步骤可行的训练方案，在班内开展训练活动，帮助学生在心理上适应新环境。

（三）训练形式：集体合作设计方案，在班内通过角色扮演开展训练，教师点评。

（四）训练要求：训练方案符合学生实际，训练活动有序开展，角色扮演到位。

第三节 班级偶发事件管理

教例 9 - 6

某地发生 4.8 级有感地震，相邻的某市在同一瞬间震颤。正在给学生讲课的张老师心里一惊："可能是地震。"他镇静地说："请同学们有序离开教室，到教学楼前的空地集合。"学生似乎明白了一点什么，鱼贯而出，张老师最后一个离开。另一间教室的王老师惊喊了一声"地震啦！"就率先冲出教室。

当师生们集中到楼前的空地上，学校领导清点人数时，张老师出现在楼口，镇静得好像什么也没发生过，同学们一齐欢呼冲上来围住他。事后清查得知，张老师和他的学生全部安然无事，而王老师的那个班有三名女生扭了脚，一名女生跑掉了鞋。

分析：面对突然发生的事件，不同的处理方式产生不同的效果。张老师镇定自若、迅速处置，同学们安全撤出了教学楼。王老师惊慌失措、处置不当，学生受了伤。其实，类似的事件经常以不同面目出现，作为教师要具有相应的处理技能。

在丰富多彩的班级学习生活中，偶尔会出现类似上述案例的意外事件，这类事件通常称为偶发事件。偶发事件因其突发和难以预料，常常令班级管理者措手不及。偶发事件虽然出现机会较少，但往往影响很大，处理不好常常造成十分严重的后果。能否及时妥善处理偶发事件，既关系到学生与班集体的发展，也考验着班级管理者的教育智慧和教育能力。

一、偶发事件的概念与特点

（一）偶发事件的概念

偶发事件也称突发事件，是指班级中事先难以预料、突然发生，出现频率较低，影响学生个体或班集体发展与形象,扰乱正常秩序、危及学生安全,必须迅速做出处理的事件。按照偶发事件的危害程度,可分为一般偶发事件和严重偶发事件。

　　一般偶发事件是指后果较为轻微的事件。诸如损坏公物、师生冲突、生生之间的矛盾激化、干扰教学的迟到、物品丢失、课堂上的外界干扰等情节轻微的事件;严重偶发事件是指后果较为严重的事件,如打架斗殴、意外受伤、食物中毒、遭遇车祸、不幸溺水等可能危害学生生命与健康,或给学校带来消极影响的事件。

(二) 偶发事件的特点

1. 成因的不确定性

　　偶发事件的成因较为复杂,难以确定。班级是由师生组成的教育性组织,在师生互动的过程中,某些不可控的因素可能引发意外事件。意外事件的成因可能来自师生,也可能来自环境。一是学生有意引发,如学生故意捣乱、恶作剧等,有学生在同学站起来回答问题之时,故意撤去凳子,引起课堂混乱。二是学生无心之举,如学生的迟到打断正常的教学节奏,学生的身体突然不适,学生在课堂上晕倒等。三是教师的无意之失,如教师把知识讲错,致使课堂失控;批评学生的方法有偏差,引起学生反抗。四是环境因素影响,如课堂上外人的突然闯入,班级集体出游遭遇车祸等。总之,引起偶发事件的原因很难在短时间内确定,增加了处理问题的难度。

2. 发生的突然性

　　在班级工作中,尽管管理者对班级事务做了较为具体的设想和安排,但再规范的管理也不可能完全预防意外事件的出现。如某所农村学校的学生正在上体育课,一个学生把足球踢到了墙外,于是这位学生翻墙去找。其他学生在校园内等,可是等了好长时间也不见回来,喊也没有回音,另一位学生爬上墙头一看,原来这位学生掉进了粪水池。再如,在课堂上,某位同学突然和同学大声吵了起来。这类事件比较罕见,常常让班级管理者措手不及。

3. 后果的破坏性

　　偶发事件往往超越班级管理者的经验和预设,很少有处理的预案,处理起来难度较大。若不能及时有效地处理,就会造成混乱和难以预料的严重后果,如教例 9-6 中师生上课时突然地震,严重威胁同学生命安全,必须立即处理;如学生之间发生冲突,若不及时处理,就可能演变为伤人案件;教师上课时,学生突然大喊大叫,若不及时处理,课堂教学无法进行下去。因此,班主任面对偶发事件,一定要果断处理,把不良影响降低到最低限度。

4. 处理的紧迫性

　　鉴于偶发事件后果的破坏性,班级管理者必须立即恰当处理。事实上,只要有充足的时间,只要能进行充分的思考,再棘手的事件,处理起来都不会有多大难度。但偶发事件的处理恰恰不会给你认真思考、充分准备的时间和机会。因此,班级管理者要多做预案,设想各种极端情况,以便能及时有效地处理偶发事件。

5．出现的低频性

偶发事件的"偶"代表事件出现的机会少。偶发事件和偏差行为的主要区别在于偶发事件的低频性，只有在特殊情况下才出现，如学生在郊游路上遭遇车祸、学生在课堂上突然向教师发难等。班级管理者不能因为事件的频率低就放松警惕，应该做好预案，防患未然。

二、偶发事件的成因

偶发事件出现的原因较多，处理起来难度较大，一般有以下几方面原因。

1．管理不当

在应试教育的氛围下，教师片面追求升学率，搞题海战术，对学生进行超负荷的灌输。对能够给班级带来荣誉的优生关爱有加，对于后进生冷落歧视。优生和后进生都面临着较大的生理和心理压力，优生怕考不好，后进生的自尊心受到伤害，自信心不够，个别学生的心理处于失衡状态，在外界诱因影响下很容易出现突发事件。也可能是管理人员的管理不到位，对学生可能出现的问题预防不够。如郊游时对于学生安全的忽视，没有设想学生可能遇到溺水、车祸等问题。下面的例子就是管理不当所致。

教例 9 - 7

一学生因玩扑克被请家长。母亲到之后，二话不说，伸手就是一耳光，他下意识地抬手挡了挡。母亲说了几句什么之后，他站正了，放下了手，大概是不允许反抗了。母亲伸手又是一耳光，这一次结结实实打中了脸。接下来，母亲又是掐脖子又是戳额头，一边掐一边戳一边骂着什么……母亲离开后，他默立了两分钟，突然爬上栏杆，一跃而下。

教例 9 - 8

陕西省某六年级学生王某身穿被社会青年称为"一把火"的红衬衫。班主任孙某命令他脱掉，王某坚决不肯。孙某走过去将王某拉出教室，并把他的语文书和本子从窗户扔下去，对他说："我这班级不要你，你给我滚。"此后，班主任未和家里联系通报该情况。10天后，王某自杀。

2．学生主观故意

学生间的人际冲突、恶作剧、违法行为、感情障碍、性格异常是这类偶发事件的主要原因，如学生在安静的课堂上突然大声喧哗，同学之间不能忍让互谅。还有学生因压力过大，突然哭闹，甚至跳楼轻生，如小学生李某在上五年级时，父亲再婚，李某接纳了新妈妈，两人关系和谐。后继母生病，李某悉心照料，班主任得知了，就以真名写了表扬性报道，刊登在学校的校报上，但给李某造成了严重的心理压力，从三楼跳下，腰椎严重损伤。

3．学生粗心大意

学生因为个人粗心大意引发的事故，如学生在课间进行单杠练习，失手摔了下来。再如,某小学六年级五班位于教学楼四楼,在周一的大扫除中,班主任安排学生王某等六人负责擦玻璃,在劳动过程中,王某将身子探出窗外,不慎失足从楼上摔下,后经抢救无效死亡。

4. 天灾人祸

比较常见的是突发地震、洪水,或者有犯罪分子进入学校或者教室行凶。如重庆潼南区米心镇小学学生,周末放假自发相约,到童家坝涪江河一宽阔的河滩处玩耍,其间有一名学生不慎失足落水,旁边 7 名学生前去施救,造成施救学生一并落水。最终 8 名落水少年全部打捞出水,均已无生命体征。再如,2019 年 9 月 2 日早 8 时,湖北恩施市白杨坪镇朝阳坡小学,一男子突然持刀闯进学校砍杀学生,致 8 名学生死亡、2 名受伤。凶手被警方现场抓获并于 12 月 27 日被执行死刑。

三、偶发事件的处理

不论是何种性质的偶发事件,班级管理者都应妥善处理。在处理过程中,要遵循育人的要求,采取针对性的策略。

(一)偶发事件的处理要求

偶发事件的性质和类型多样,不同偶发事件的处理方法虽有差异,但处理过程中遵循的要求是一致的。

一是实事求是。不同的偶发事件成因及影响不同,处理的时候要全面了解情况,全面收集资料,以事实为依据,根据学生的年龄特征和心理特点,进行针对性的处理。

二是沉着冷静。偶发事件出现时学生可能比较激动,班级管理者也可能惊慌失措或不够理智。但无论面临什么情况,班级管理者都要冷静,这样既有利于安抚学生情绪,也有利于管理者做出正确决策。

三是体现教育性。学校是教育场所,在处理偶发事件过程中,既要让涉及偶发事件的学生受到教育,又要把偶发事件作为生成性教学资源,教育其他同学。如召开班会,集体讨论事情的前因后果及其处理意见,教育其他同学。

四是关爱学生。在处理时要以诚恳的态度对待学生,尊重学生的人格和隐私。如对由心理障碍引发的偶发事件,处理时要考虑学生的心理是否健康,对学生的心理问题要注意保密,不要在班里公开处理,在最大程度上保护学生。

(二)偶发事件的处理策略

不同偶发事件的处理,其具体方法虽有差别,但采取的策略基本一致。

教例 9 - 9

一位教师走上讲台,发现讲台桌上放着一张字条,上面用仿宋体工工整整地写着:"老师,你以为当老师的就可以压服学生吗?你高昂着头,铁青着脸,像个活阎王,但是有谁怕你呢?"落款是"你最讨厌的、等待你处罚的学生"。

处理策略:这位教师没有马上查处写字的人,反而在班上宣读了信的内容,并检讨了自己平时工作方法的简单粗暴,感谢这位同学给自己敲了警钟。接着这位教师结合本节课的内容,给学生布置了以"我们的班主任"为题的作文,让学生提意见,写真话。

教例 9-10

某班干部做完早操回到教室,刚坐到自己的座位上,忽然发出"哎哟""哎哟"的惊叫声,老师发现原来有人在班干部的凳子上反钉了几个大钉子。

处理策略:老师让学生把钉子敲平,就开始上课。到了下午,他留下班干部讨论"钉子事件"的原因,让班干部意识到自己工作上的缺点,并召开了"板凳上的钉子从何而来"的主题班会,使肇事者深受感动,主动承认了错误。

1. 及时平息,防止事态扩大

不论哪种类型的偶发事件,都可能对学生或班级产生消极影响。所以,班级管理者的第一要务就是及时平息,让事件不再发酵。能当场处理的就当场处理,不能当场处理就延后处理或冷处理,在事件平息后寻求解决之策。

2. 调查研究,弄清事实真相

一般的偶发事件,班级管理者凭借经验就能洞察事件的本质,对较为复杂的偶发事件,管理者要掌握第一手资料,根据情况进行针对性的处理。教例 9-9 中,该教师马上意识是自身的原因;教例 9-10 中原因较为复杂,需要调查研究才能找到。

3. 正确处理,尽量挽回影响

所谓正确处理,就是不同的偶发事件采用不同的处理方式,做到双方都心悦诚服。处理要公开透明,有据可依,尽可能消除不良影响。特别是在处理师生矛盾、班干部与后进生矛盾时,管理者要把握分寸,既要让学生心悦诚服,又要维护教师或班干部的威信。

4. 协调善后,巩固处理效果

有些偶发事件的背后有深层次的原因,为防止事件再次发生,有必要联系学生的家长、公告社会,消除影响源,杜绝事件再次发生。

资料拓展 9-1

处理偶发事件的十个误区[①]

(1) 师道尊严,高高在上;(2) 评价单一,只重量化;

(3) 任性轻率,急于求成;(4) 偏心偏爱,厚此薄彼;

(5) 偏听偏信,时紧时松;(6) 无的放矢,唠唠叨叨;

---

① 张作岭,宋立华. 班级管理[M]. 3 版. 北京:清华大学出版社,2019:200-202.

（7）言行不一，光说不做；（8）孤军作战，独自为营；

（9）奖惩不明，标准随意；（10）自行其是，无视校规。

技能训练

（一）训练主题：处理班级偶发事件。

（二）训练内容：请同学们在课后查阅资料，选择与班级管理有关的典型偶发事件，在课堂内通过角色扮演再现，并进行正确处理。

（三）训练形式：在班内通过角色扮演呈现，学生提出处理策略，教师点评。

（四）训练要求：选材得当、组织到位、体现偶发事件处理的原则与方法。

本章小结

本章内容包括中小学生偏差行为的管理、心理问题的矫正和偶发事件的处理。偏差行为分为一般偏差行为、较重偏差行为、严重偏差行为。班级管理者应通过帮助家长正确看待孩子的偏差行为，帮助学生正确评价自己的行为，合理地使用惩戒手段，改换学生的学习环境，营造学生的归属感等方法对偏差行为进行矫正。

心理健康是指心理的各个方面及活动过程处于一种良好或正常的状态。中小学生常表现出厌学、忧郁、嫉妒、焦虑、自卑、社交恐慌六种心理问题，引起心理问题的因素包括个人因素、家庭因素、学校因素、社会因素。对心理问题可以采用认知改变法、心理训练法、环境陶冶法、心理修养法等方法矫正。

班级偶发事件是指在班级工作中遇到事先没有预料到，但必须迅速进行处理的事件。偶发事件出现的原因较多，应该采用及时平息，防止事态扩大；调查研究，弄清事实真相；正确处理，尽量挽回影响；协调善后，巩固处理效果的步骤处理，在处理时应遵循实事求是、沉着冷静、体现教育性、关爱学生等原则。

思考与应用

1. 什么是偏差行为？对于偏差行为如何管理？

2. 什么是心理健康？对心理健康问题如何矫正？

3. 什么是偶发事件？偶发事件处理的方法有哪些？

4. 案例分析：

（1）有一位戴眼镜的老师新到班级上第一节课时，就发现黑板上画了一个戴眼镜的头像，旁边还写了三个美术字"四眼贼"。这位老师开始时怒火中烧，额上的青筋都暴了起来，真想来个"新官上任三把火""杀鸡给猴看"。可是……如果你是这位教师，你如何处理这个偶发事件？请简述理由。

（2）一位教师走进教室时，刚刚推开虚掩的教室门，忽然一只扫帚掉下来，不偏不倚，正好打在教师的讲义夹上，课堂上一片哗然。这分明是学生恶作剧。可这位教师并没有大发雷霆，而是轻轻地捡起掉在地上的讲义夹和扫帚，自我解嘲地笑着说："看来我工作中的问题不少，连不会说话的扫帚也走上门框，向我表示不满了。同学们，你们天天与我一起相处，对我有更多的了解，希望你们在课后也给我提提意见，帮助我改进工作吧！"课堂一阵窃窃私语之后，很快安静下来了。

问题：请评价该教师处理偶发事件的做法。

推荐阅读书目

［1］魏茂盛.班主任应对班级偶发事件的技巧［M］.吉林：吉林大学出版社，2010.

［2］杨霖.小学班主任技能优秀案例［M］.成都：四川教育出版社，2017.

［3］邓艳红.小学班级管理［M］.2版.上海：华东师范大学出版社，2016.

［4］徐长江，宋秋前.班级管理实务［M］.北京：高等教育出版社，2010.

第十章
班级教育力量的管理

学习目标

- 知识目标：了解班内协调的意义，掌握班主任协调师师关系、师生关系的方法；了解家校沟通与协调的意义，掌握家校教育力量协调的方法；了解学校与社会沟通的意义，掌握班级管理者与社会沟通的方法。
- 能力目标：初步具备协调班内人际关系的能力，初步形成沟通与协调校内外教育力量的能力。
- 育人目标：树立以学生为中心的理念，渗透家校共育的大局意识、合作精神、敬业精神，提升师范生对班级管理工作的责任感。

思维导图

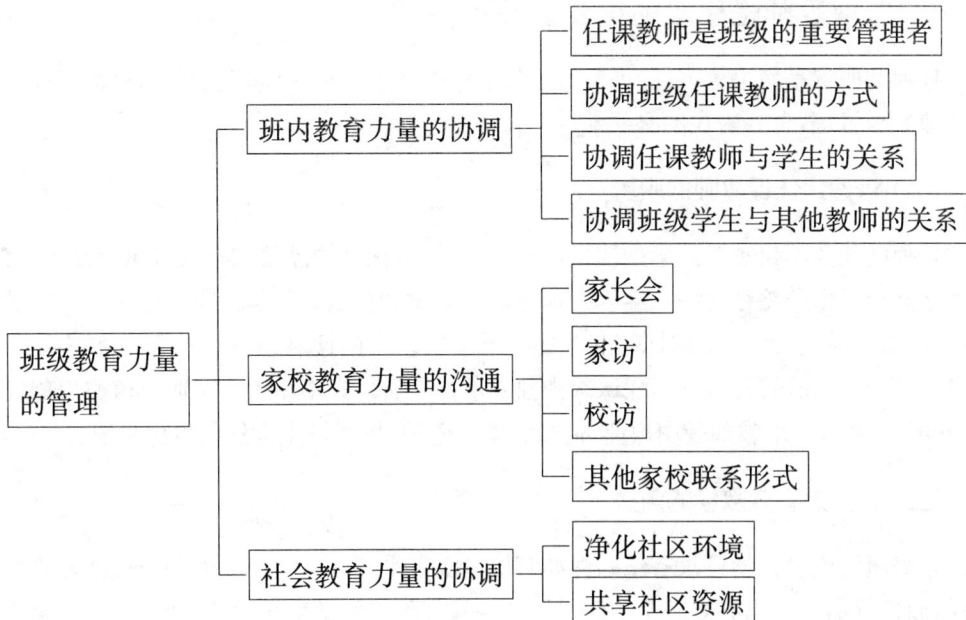

学生的成长受到家庭、学校教育、社会因素影响。不同因素所起的作用不同,学校教育对学生的影响是积极的,家庭和社会对于学生的影响具有双向性,可能是积极的,也可能是消极的。在这些因素之中,班级管理者,特别是班主任起到主导作用。通过这种主导作用,整合各种教育力量,形成正向合力,促进学生健康发展。

第一节　班内教育力量的协调

教例 10 – 1

教师抢时间是否有利于学生发展?

孟老师是七年级(1)班的语文老师,爱岗敬业,责任心很强,善于利用点滴时间促进学生学习,每当班级出现自习课,孟老师经常以"体育老师请假了"为由抢着去辅导语文。其他老师发现学生作业中的问题想去辅导,总是被孟老师以"我的课还没辅导完""我的课重要"等理由拒之门外。期末考试,除语文外,班级其他科目成绩均为一般。问题:孟老师的做法是否正确? 单科独进是否有利于学生发展?

班主任是班级管理者,但班级管理者并不仅是班主任一人。学校内的管理者有班主任、任课教师、校领导,他们既分工又合作,共同管理学生。若是管理者之间无法形成合力,就会抵消教育的效果。

一、任课教师是班级的重要管理者

教师的职责是教书育人,任课教师不仅要做好教学本职工作,还要参与班级管理。任课教师参与管理,有其内在的必要性。

(一)管理是任课教师的职责

教师的任务不仅是教给学生知识,还要培养学生良好的品德和行为习惯,管理是培养学生品德与习惯的路径之一。鉴于教师与学生朝夕相处,教师能将学生的一言一行尽收眼底,能够及时发现学生的不良言行,具有对学生教育的便利条件。特别是在学科课堂上,班主任不在场,管理必须由任课教师独立承担。所以,《中小学教师职业道德规范》(教师〔2008〕2 号),要求教师爱岗敬业,通过教学与管理,培养学生良好的思想品德。

(二)管理是有效教学的前提

夸美纽斯说过:"学校没有纪律便如磨坊里没有水。"没有纪律就无法维持良好的教学秩序,而良好的秩序是有效教学的前提。义务教育阶段的学生天生活泼好动,自控性比较差,教师若不管理,班级就无法形成良好学风。教师若不善于管理,则课堂教学效果就无法保证。所以,学科教师要通过各种方式对班级学生进行管理。

二、协调班级任课教师的方式

学科都有各自的教学任务,在量化管理的学校环境下,每个学科教师都期望通过管理和教学最大限度地提升自己所教学科成绩。比如,某些中小学的科任教师为提升教学成绩,可能会要求学生在自己所教学科上多花时间。这样,即使一门课程学好了,其他课程会受到影响。所以,班主任要统筹安排,形成教育合力,发挥学科教师的正向作用。

(一)以班级目标统一思想

班主任开学初召开班级任课教师座谈会,或通过有目的的日常交流,达到三个目标:一是让任课教师明确协调的必要性;二是向任课教师通报班级学习目标,希望任课老师积极协助;三是任课教师通报教学的具体情况,如每个学生的情况,提出管理要求,请其他任课老师予以协助。

(二)统筹安排学科教学

班级时间资源是有限的,学生的精力也是有限的,通常哪位任课教师竞争力强,学生的时间和精力就被哪位教师支配。所以,任课教师之间是既合作又竞争的关系。既然涉及竞争,班主任要安排好竞争规则,避免出现无序竞争,如辅导时间的安排,班主任要根据学科和教师特点精心安排,避免产生矛盾。

(三)协调老师的人际关系

一个班级若干名任课教师,在年龄、性格、习惯等方面可能存在比较大的差异。若他们之间没有和谐的人际关系,则难以形成教师集体。班主任要多为任课教师创造沟通机会,如组织任课教师参加茶话会、体育活动、集体郊游等活动,力争促成良好的关系。当任课教师之间出现矛盾时,班主任要积极从中斡旋协调。

(四)做任课教师的坚强后盾

教师职业的最大特点是角色多样化,不同的职业角色对应着不同的任务。作为家庭角色,家庭事务有时不可避免地与教学工作冲突,如教师因私因公调课,班主任可以从中协调,让教师彼此互助。作为学校角色,任课教师在工作中也可能遇到困难,如教师组织学科竞赛,班主任可积极协调场地、经费,动员其他教师参与。总之,不管教师遇到什么困难,班主任要做他们的坚强后盾,努力帮助他们解决。

三、协调任课教师与学生的关系

美国心理学家罗杰斯在《给学习自由》一书中写道:"在学习开始,教师的职业能力和渊博的知识,课程的组织,视听工具的使用和教学程序的决定,讲座质量的高低和参考书的多少,全不相干,尽管这些因素在某一时刻是有用的,甚至是有益的。但是学习不靠这些,学习靠教育者和受教育者的相互关系,靠这种关系之中的态度。"[1]良好的师生关系是顺利完成教学任务的必要手段,需要教师本人去维系,同时也离不开班主任的协调。

(一)增进彼此相互了解

了解是建立良好关系的基础。一是让学生了解任课教师的优点和教学风格,班主任要利用班会课、师生活动的机会,向学生介绍任课教师的姓名、简历、教学水平、教学效果、特长爱好等。介绍方式因人而异,如对年纪大的老师要从经验上加以侧重,对中年教师要说他们年富力强,对年轻教师则要说有干劲、知识更新快。这样做有助于树立任课教师的威信,让学生形成亲师心理。二是向任课教师全面介绍学生情况,包括优缺点和学习风格,具体到好在哪里,有什么优点;差在何处,有什么不足。这样便于任课教师全面了解学生,有针对性地做好教书育人工作。切忌片面介绍,使任课教师产生认知误区,形成认识上的定势,这将不利于教育教学工作的开展和后进生的转化。

(二)促进彼此情感认同

情感认同是指师生在情感上相互认可、肯定。情感融洽和谐的师生关系,有助于师生之间的理解和沟通,能极大提升教学效果,甚至会对学生世界观、价值观的形成产生影响。师生情感认同需要班主任付出艰辛的努力。一是为任课教师关爱学生创造机会。学生在学习生活中不可避免地会遇到困难,此时,班主任应动员任课教师真诚帮助学生。如学生因为生病缺课,任课教师主动利用课余时间为学生补课,让学生感受来自教师的温暖,进而对老师产生亲近感。二是要求学生切实尊敬老师。如平时见到老师要问好等。教师感受到来自学生的尊敬,会尽力地做好教学工作,积极参加班级管理。

(三)消除彼此矛盾冲突

师生矛盾冲突可能源于教师强势、处事不公、伤害学生自尊,也可能是学生情绪失控、挑衅教师、表现自我等。不管什么原因,都会造成师生关系紧张,加大后期管理的难度。因此,班主任有必要主动介入师生之间,正确协调二者冲突,化解彼此之间的矛盾。不论班主任采用何种方式协调,都要实事求是、客观公正,既要维护任课教师的威信,又要让学生心悦诚服。

四、协调班级学生与其他教师的关系

在全员育人的背景下,校内其他教师对学生也具有教育作用。如学校政教处、教务处的领导和教辅人员,通过常规卫生检查、作业检查对学生进行教育。班主任要将这些教师纳入教育团队中。

---

[1]　张行涛,郭东歧.新世纪教师素养[M].北京:首都师范大学出版社,2003:50.

1. 明确教师都是教育者

主动向其他老师介绍班级学生情况，请他们对自己班上违纪的学生及时教育。同时告诉班级学生，学校内的老师都是教育者，不管在校内还是校外都要听从教师的教育。

2. 倾听其他教师的意见

班主任要经常与学校各部门老师交流，倾听他们对班级学生的评价；同时提出要求，请他们对学生严格要求，对班级工作予以配合。

3. 邀请校领导参加班级活动

在班级的主题班会、家长会召开之际，邀请校领导、其他部门工作人员、兄弟班级老师参加，请他们为班级的发展出谋划策。

技能训练

（一）训练主题：协调任课教师之间关系。

（二）训练内容：新学期伊始，学校委派你担任某班班主任，你要协调本班教师之间的关系，形成一个团结互助、具有凝聚力的教师集体。请制订一个协调方案。

（三）训练形式：小组讨论制定，班内集体交流，教师点评。

（四）训练要求：方案符合教育规律，符合管理规律，有针对性、可操作性。

第二节　家校教育力量的沟通

一个学生的成长，离不开家庭教育和学校教育。苏霍姆林斯基指出："只有学校教育而无家庭教育，或只有家庭教育而无学校教育，都不能完成培养人这一极其细致、复杂的任务。最完备的教育是学校与家庭的结合。"[①]所以，家校合作极为重要。常见的家校合作形式有家长会、家访、校访等，班主任是对班级学生全面负责的教师，家校沟通的重任自然就落到班主任身上。

一、家长会

（一）家长会的内涵与意义

家长会是针对某项主题，由学校或班级组织发起，班主任、任课教师和学生家长共同参加的会议或活动。家长会是家校交流的主要形式，以教师讲述和传达为主，以家长提问

---

① 吴秀娟等. 中国校长工作新论[M]. 沈阳：辽宁人民出版社，1996：40.

为辅。目的是向家长通报主题活动情况,收集家长对于班级活动的意见与建议,以达到共同促进学生发展的目的。

家长会对学生、教师、家长、学校的发展都具有积极的促进作用,具体表现在四个方面:

第一,有助于促进学生发展。通过家长会,有利于家长了解孩子在校各方面的表现,学校了解学生在家表现。教师和家长还可以利用家长会共商对策,形成教育孩子的合力。

第二,有利于促进教师专业成长。教师借助家长能够了解孩子成长对家庭的意义,意识到教师职业的价值,增强个人的责任感与使命感。通过家校交流,教师对学生会有深入了解,增强教育管理的针对性,有利于提升教师的教育教学技能。

第三,有利于提升家长的教育理念。在家长会上,家长在与教师交流中获得教育孩子的建议,在彼此交流中受到启发,家长获得教育孩子的知识与技能。

第四,有利于塑造学校良好形象。通过家长会介绍学校的教学与管理措施,取得的成绩以及办学特色,有助于增加学校的美誉度,对学校以后发展具有良好的促进作用。

(二)家长会的类别和任务

按照召开的时间段不同,分为学期初家长会、期中家长会、期末家长会;按照组织者不同,分为全校性家长会、年级组家长会、班级家长会。不同类别的家长会具有不同的任务。

(1)学期初家长会。通常是全校性家长会,期初在新组建的班级召开。主要目的是介绍学校的办学理念和宗旨、学校的管理措施、班级的基本情况、学校的作息时间、班级教师的配备,并对家长提出教育要求,征询家长对班级管理的意见。

(2)期中家长会。通常是以班级为单位召开,班主任和班级任课教师参加。主要是由班主任介绍前一阶段时间的管理情况、取得的成绩及存在的问题,以及下一阶段的努力方向,请家长予以配合,并征询家长对班级的意见。家长会后半段,家长和班级教师可私下交流。

(3)期末家长会。通常是以年级组形式召开,班主任和班级任课教师参加。年级组长介绍年级组的教学与管理工作,以及活动开展情况,介绍取得的成绩及存在的问题,并对家长提出期望和要求,征询家长的意见,最后分班交流。

(三)召开家长会要注意的问题

家长会的效果主要在于组织。组织得好,家长会可达到预期目的;若组织不好,家长会则会变为家长发牢骚。所以,在组织家长会时要注意以下几点:

1. 主题明确的场所

第一,选择合适的主题,班主任要结合学生发展、家长需求、教师需求,选择迫切需要解决的问题为主题。第二,围绕主题进行,不可因某个环节花费较多时间;不能将家长会开成"告状会""批斗会""表演作秀会"。主持人不可随意发挥,也不可因个别家长的发言而陷于某个话题。

2. 准备充分

第一,制定好计划,包括家长会目的、任务、时间、地点、程序等,尽可能邀请所有家长参与。第二,做好会场布置,安排好家长的接待工作。第三,准备好学生材料,班主任要掌握每一个学生的情况,以便与家长深入交流。

3. 程序规范

家长会进行中,班主任要遵循既定程序,控制好会议进程,客观介绍学校及班级情况,多列举与主题有关的正面事例,避免家长过多发泄不满。在家校交流环节,班主任要求所有任课教师到场。

📢 **推荐阅读**

扫描本章二维码,阅读《小学二年级家长会班主任发言稿》。

二、家访

苏霍姆林斯基说:"生活向学校提出的任务如此复杂,以致如果没有整个社会首先是家庭的高度的教育学素养,那么不管教师付出多大的努力,都收不到完满的效果。"[①]在家校合作的方式中,家访是最有效的方式。所以,对特殊家庭的学生,如学困生、贫困生、有轻微心理问题的学生、有很大进步空间的学生,要尽可能进行家访。

📢 **推荐阅读**

扫描本章二维码,阅读《情牵学子芳自醇,心怀桃李总是春》。

(一)家访的内涵和任务

家访是班主任为深入了解个别学生的情况而深入学生家中走访。家访是家校沟通常见的一种形式。

家访主要完成三方面任务。第一,了解学生在家表现,了解学生家庭状况,包括家庭的结构、成员、经济、生活方式、社会关系及家长的职业、文化素养、教育态度、教育能力等。第二,通报学生在校表现,尤其是在学校比较严重的过失行为,指出危害、分析后果,引起应有的重视。第三,共商教育对策。针对学生存在的问题,为更好地促进学生发展,共同探讨教育孩子的方法、措施。

(二)家访的实施

在确定某个同学为家访对象后,家访一般按照以下五个步骤进行。

---

① 苏霍姆林斯基.给教师的建议[M].杜殿坤,编译.北京:教育科学出版社,1984:413.

第一，提前预约家长。在确定家访学生后，提前预约家长，简要说明家访的目的、内容，商定家访时间、地点。若是家长不方便，可以另约时间。

第二，准备家访材料。为使家访具有成效，班主任应做好充分准备，全面搜集学生在校表现材料，准备好谈话提纲，确定谈话持续的时间。

第三，准时登门。在约定的时间准时登门，尽量不要迟到。

第四，与家长交流。介绍学生在校表现，了解学生在家表现，商定教育对策，征询家长对班级管理的意见。

第五，离开。在完成家访任务后，有礼貌地离开。

（三）家访的基本要求

第一，准备充分。家访前要了解学生及家庭基本情况，如学生在校的表现、问题、闪光点，学生父母的年龄、职业、家庭结构等；还要做好谈话准备，谈什么，怎么谈，要心中有数。

第二，围绕主题。家访内容要围绕主题进行，不可随意发挥。要全面介绍学生在校表现，深入了解学生的家庭状况及学生在家表现，共商教育对策。

第三，关爱学生。家访的最终目的是共同教育学生，切忌把家访变成"告状"，要多介绍优点，委婉表达缺点。为消除学生误解，在亲师沟通时学生最好在场，让学生感受到亲师的关爱。

第四，做好记录。家访结束后，教师要认真填写家访记录，把家访的目的、家访过程、问题、家长的建议填写清楚。

三、校访

推荐阅读

扫描本章二维码，阅读《一个家长的校访经历》。

（一）校访的内涵与形式

校访是家长为了解学生在校情况，或反映学生在家情况，到学校与教师交流的一种家校沟通形式。

校访一般具有三种形式：一是因学生在校表现不佳，被班主任请到学校的被动校访；二是家长为了解学生在校学习与表现的主动校访；三是在学校或班级"家长开放日"被邀请而来的公开校访。

（二）接待校访的基本要求

不论哪种形式的校访，班主任都要做好接待工作，但不同校访的接待方式不同。

对于被动家访，班主任要热情接待，缩短与家长的心理距离。交流时沉着冷静，围绕问题展开，一分为二反映学生身上的问题，不数落家长，不推卸自身责任。

对于主动家访,班主任要热情接待,耐心观察,语言文明、语气亲切,引导家长说出要交流的问题。在此基础上,和家长共同商讨教育孩子的对策。校访要让家长失意而来,满意而归。

家长在开放日走进校园、深入课堂、观摩各种教学活动,更深入地了解学校的教育教学与管理,了解孩子的学习状态。对于公开家访,班主任要热情接待,客观介绍学校特色、班级环境、班级的教育教学,以及孩子在校的思想及行为表现。

········ 资料拓展 10－1 ·······

亲师沟通中的语言艺术

1. 亲师沟通中的建议用语

(1) 您的孩子最近表现很好,如果在以下几个方面改进一下,孩子的进步会更大。

(2) 孩子之间的问题可以让他们自己来解决,放心吧,咱们一起来慢慢引导他。

(3) 您有什么想法,可以坐下来谈谈吗,我们都是为孩子好。

(4) 很抱歉,孩子受伤了,老师也很心疼,以后我会更关注他。

(5) 谢谢您的提醒! 我查查看,了解清楚了再给您答复。

2. 亲师沟通中的忌讳用语

(1) 你们家的孩子太爱惹事,我们都伤透了脑筋。

(2) 这孩子太笨了,应该带他查查智商是不是有问题。

(3) 您的孩子没法教,给他讲 100 遍也没反应,您把他转走吧!

(4) 请家长写一份保证书,再犯错误,干脆您来陪读吧!

(5) 您的这种要求我们不能接受,您爱怎么着就怎么着吧。

四、其他家校联系形式

家校联系方式随着时代的发展而发展。除家长会、家访、校访外,电话交流、QQ 家长群、微信群正在成为家校联系最常用的形式。

技能训练

(一) 训练主题:家访。

(二) 训练内容:新学期伊始,你想让卓越同学担任班长,可是卓越同学的妈妈不同意。面对这一情况,你如何与家长沟通,请设计一次家访活动。

(三) 训练形式:以小组为单位设计,班内交流,教师点评。

(四) 训练要求:家访程序规范,沟通自然,符合教育规律。

第三节　社会教育力量的协调

社会教育是指社会机构以及有关的社会团体或组织，对社会成员进行的教育。良好的社会教育有利于学生增长知识、提高能力、发展品德，有利于丰富学生生活，发展学生的兴趣、爱好和特长。社会教育通常是由文化馆、少年宫、图书馆、博物馆、纪念馆等社会机构举办。班主任与社会教育的协调，目的是净化社区环境，共享社区资源，使学校教育、社会教育形成合力。

一、净化社区环境

环境对学生具有潜移默化的影响，班主任和学校管理者要与社区负责人密切联系，营造良好的物质环境和文化环境。

（1）净化学校周围物质环境。学校要成立专门领导小组，整治学校周边环境。让学校周围无流动摊点，卫生状况良好；学校周围无闲散人员寻衅滋事。

（2）净化学校周围文化环境。清除学校周边不文明的标语口号，清除学校外200米内的网吧、游戏厅、歌舞厅；查处影响青少年健康成长的书籍、音像制品等。

二、共享社区资源

（1）加强与社区各单位的联系，利用社区物质资源。班主任要积极与社区联系，利用社区文化机构的物质资源。如利用社区的博物馆、体育馆、纪念馆，拓展学生课外知识，对学生进行爱国主义、民族文化教育。

（2）争取社会热心人士的支持，利用社区人力资源。举行班级活动时，班主任可以邀请社区内名人，或有专长的家长给学生开设讲座。如宿迁市实验小学开展"家长微课"活动，请家长给学生开设时长20分钟左右的专题讲座，拓宽学生视野。

（3）关注社会动态，利用社区信息资源。信息资源已成为当今社会的核心资源。社区信息资源包括社区人口与地理信息资源、社区电子政务资源、社区电子商务资源和社区其他网络资源等。为充分利用资源，班主任可以组织学生走进社区，利用有关资源开展社会实践活动。

技能训练

（一）训练主题：协调社会教育力量。

（二）训练内容：某校几位学生在附近的胡同涂鸦，被街道负责人告到学校。某班主任去调查情况时，发现胡同里满墙随心所欲的作品，张牙舞爪，构图怪异，一股既颓废又张扬的气息扑面而来。班主任通过书画社找到了两个经常到小胡同涂鸦的学生。如果你是班主任,请你设计与社区协调活动的形式与过程。

(三)训练形式:学生小组讨论,班内汇报,教师点评。

(四)训练要求:协调程序规范,符合教育规律,较好地解决问题。

本章小结

本章包括班内教育力量、家校教育力量、社会教育力量的沟通与协调等内容。学科教师是班级管理的重要力量,班主任通常采用以班级目标统一思想、统筹安排学科教学、协调老师的人际关系、做任课教师的坚强后盾等方式构建教师集体;采用增进彼此了解、促进情感认同、消除矛盾冲突等方式协调任课教师与学生关系;通过明确教师是教育者、倾听其他教师的意见、邀请校领导参加班级活动等方式协调班级学生和校内其他教师的关系。

促进学生发展,家校合作极为重要,常见的有家长会、家访、校访三种家校合作形式。家长会是针对某项主题,由学校或班级组织发起,班主任、任课教师和学生家长共同参加的会议或活动。召开家长会时要做到主题明确、准备充分、程序规范。家访是班主任为深入了解个别学生的情况而到学生家中进行走访。家访要做到准备充分、围绕主题、关爱学生、做好记录。校访是家长为了解学生在校情况,或反映学生在家情况,到学校与教师交流的一种家校沟通形式。对不同形式的校访应采取不同的接待方式。

良好的社会教育有利于学生的知识增长、能力提高、品德发展,有利于丰富学生生活,发展学生的兴趣、爱好和特长。班级管理者应通过净化社会环境、共享社区资源两种方式与社会力量协调。

思考与应用

1. 简述班主任构建教师集体的方法。
2. 简述班主任协调任课教师与学生的方法。
3. 简述家校合作的方式及其注意事项。
4. 简述利用社区资源的方式。

推荐阅读书目

[1] 吴小海.班主任九项技能训练[M].北京:首都师范大学出版社,2010.

[2] 杨霖.小学班主任技能优秀案例[M].成都:四川教育出版社,2017.

[3] 田恒平.班主任理论与实务[M].北京:首都师范大学出版社,2007.

附　录

中小学德育工作指南（教基〔2017〕8 号）

为深入贯彻落实立德树人根本任务，加强对中小学德育工作的指导，切实将党和国家关于中小学德育工作的要求落细落小落实，着力构建方向正确、内容完善、学段衔接、载体丰富、常态开展的德育工作体系，大力促进德育工作专业化、规范化、实效化，努力形成全员育人、全程育人、全方位育人的德育工作格局，特制定本指南。

一、指导思想

全面贯彻党的十八大和十八届三中、四中、五中、六中全会精神，深入贯彻习近平总书记系列重要讲话精神和治国理政新理念新思想新战略，始终坚持育人为本、德育为先，大力培育和践行社会主义核心价值观，以培养学生良好思想品德和健全人格为根本，以促进学生形成良好行为习惯为重点，以落实《中小学生守则（2015 年修订）》为抓手，坚持教育与生产劳动、社会实践相结合，坚持学校教育与家庭教育、社会教育相结合，不断完善中小学德育工作长效机制，全面提高中小学德育工作水平，为中国特色社会主义事业培养合格建设者和可靠接班人。

二、基本原则

（一）坚持正确方向

加强党对中小学校的领导，全面贯彻党的教育方针，坚持社会主义办学方向，牢牢把握中小学思想政治和德育工作主导权，保证中小学校成为坚持党的领导的坚强阵地。

（二）坚持遵循规律

符合中小学生年龄特点、认知规律和教育规律，注重学段衔接和知行统一，强化道德实践、情感培育和行为习惯养成，努力增强德育工作的吸引力、感染力和针对性、实效性。

（三）坚持协同配合

发挥学校主导作用，引导家庭、社会增强育人责任意识，提高对学生道德发展、成长成人的重视程度和参与度，形成学校、家庭、社会协调一致的育人合力。

（四）坚持常态开展

推进德育工作制度化常态化，创新途径和载体，将中小学德育工作要求贯穿融入到学校各项日常工作中,努力形成一以贯之、久久为功的德育工作长效机制。

三、德育目标

(一)总体目标

培养学生爱党爱国爱人民,增强国家意识和社会责任意识,教育学生理解、认同和拥护国家政治制度,了解中华优秀传统文化和革命文化、社会主义先进文化,增强中国特色社会主义道路自信、理论自信、制度自信、文化自信,引导学生准确理解和把握社会主义核心价值观的深刻内涵和实践要求,养成良好政治素质、道德品质、法治意识和行为习惯,形成积极健康的人格和良好心理品质,促进学生核心素养提升和全面发展,为学生一生成长奠定坚实的思想基础。

(二)学段目标

小学低年级

教育和引导学生热爱中国共产党、热爱祖国、热爱人民,爱亲敬长、爱集体、爱家乡,初步了解生活中的自然、社会常识和有关祖国的知识,保护环境,爱惜资源,养成基本的文明行为习惯,形成自信向上、诚实勇敢、有责任心等良好品质。

小学中高年级

教育和引导学生热爱中国共产党、热爱祖国、热爱人民,了解家乡发展变化和国家历史常识,了解中华优秀传统文化和党的光荣革命传统,理解日常生活的道德规范和文明礼貌,初步形成规则意识和民主法治观念,养成良好生活和行为习惯,具备保护生态环境的意识,形成诚实守信、友爱宽容、自尊自律、乐观向上等良好品质。

初中学段

教育和引导学生热爱中国共产党、热爱祖国、热爱人民,认同中华文化,继承革命传统,弘扬民族精神,理解基本的社会规范和道德规范,树立规则意识、法治观念,培养公民意识,掌握促进身心健康发展的途径和方法,养成热爱劳动、自主自立、意志坚强的生活态度,形成尊重他人、乐于助人、善于合作、勇于创新等良好品质。

高中学段

教育和引导学生热爱中国共产党、热爱祖国、热爱人民,拥护中国特色社会主义道路,弘扬民族精神,增强民族自尊心、自信心和自豪感,增强公民意识、社会责任感和民主法治观念,学习运用马克思主义基本观点和方法观察问题、分析问题和解决问题,学会正确选择人生发展道路的相关知识,具备自主、自立、自强的态度和能力,初步形成正确的世界观、人生观和价值观。

四、德育内容

(一)理想信念教育

开展马列主义、毛泽东思想学习教育,加强中国特色社会主义理论体系学习教育,引导学生深入学习习近平总书记系列重要讲话精神,领会党中央治国理政新理念新思想新战略。加强中国历史特别是近现代史教育、革命文化教育、中国特色社会主义宣传教育、中国梦主题宣传教育、时事政策教育,引导学生深入了解中国革命史、中国共产党史、改革开放史和社会主义发展史，继承革命传统，传承红色基因，深刻领会实现中华民族伟大复兴是中华民族近代以来最伟大的梦想，培养学生对党的政治认同、情感认同、价值认同，不断树立为共产主义远大理想和中国特色社会主义共同理想而奋斗的信念和信心。

（二）社会主义核心价值观教育

把社会主义核心价值观融入国民教育全过程，落实到中小学教育教学和管理服务各环节，深入开展爱国主义教育、国情教育、国家安全教育、民族团结教育、法治教育、诚信教育、文明礼仪教育等，引导学生牢牢把握富强、民主、文明、和谐作为国家层面的价值目标，深刻理解自由、平等、公正、法治作为社会层面的价值取向，自觉遵守爱国、敬业、诚信、友善作为公民层面的价值准则，将社会主义核心价值观内化于心、外化于行。

（三）中华优秀传统文化教育

开展家国情怀教育、社会关爱教育和人格修养教育，传承发展中华优秀传统文化，大力弘扬核心思想理念、中华传统美德、中华人文精神，引导学生了解中华优秀传统文化的历史渊源、发展脉络、精神内涵，增强文化自觉和文化自信。

（四）生态文明教育

加强节约教育和环境保护教育，开展大气、土地、水、粮食等资源的基本国情教育，帮助学生了解祖国的大好河山和地理地貌，开展节粮节水节电教育活动，推动实行垃圾分类，倡导绿色消费，引导学生树立尊重自然、顺应自然、保护自然的发展理念，养成勤俭节约、低碳环保、自觉劳动的生活习惯，形成健康文明的生活方式。

（五）心理健康教育

开展认识自我、尊重生命、学会学习、人际交往、情绪调适、升学择业、人生规划以及适应社会生活等方面教育，引导学生增强调控心理、自主自助、应对挫折、适应环境的能力，培养学生健全的人格、积极的心态和良好的个性心理品质。

五、实施途径和要求

（一）课程育人

充分发挥课堂教学的主渠道作用，将中小学德育内容细化落实到各学科课程的教学目标之中，融入渗透到教育教学全过程。

严格落实德育课程。按照义务教育、普通高中课程方案和标准，上好道德与法治、思想政治课，落实课时，不得减少课时或挪作它用。

要围绕课程目标联系学生生活实际，挖掘课程思想内涵，充分利用时政媒体资源，精心设计教学内容，优化教学方法，发展学生道德认知，注重学生的情感体验和道德实践。

发挥其他课程德育功能。要根据不同年级和不同课程特点，充分挖掘各门课程蕴含的德育资源，将德育内容有机融入到各门课程教学中。

语文、历史、地理等课要利用课程中语言文字、传统文化、历史地理常识等丰富的思想道德教育因素,潜移默化地对学生进行世界观、人生观和价值观的引导。

数学、科学、物理、化学、生物等课要加强对学生科学精神、科学方法、科学态度、科学探究能力和逻辑思维能力的培养,促进学生树立勇于创新、求真求实的思想品质。

音乐、体育、美术、艺术等课要加强对学生审美情趣、健康体魄、意志品质、人文素养和生活方式的培养。

外语课要加强对学生国际视野、国际理解和综合人文素养的培养。

综合实践活动课要加强对学生生活技能、劳动习惯、动手实践和合作交流能力的培养。

用好地方和学校课程。要结合地方自然地理特点、民族特色、传统文化以及重大历史事件、历史名人等,因地制宜开发地方和学校德育课程,引导学生了解家乡的历史文化、自然环境、人口状况和发展成就,培养学生爱家乡、爱祖国的感情,树立维护祖国统一、加强民族团结的意识。

统筹安排地方和学校课程,开展法治教育、廉洁教育、反邪教教育、文明礼仪教育、环境教育、心理健康教育、劳动教育、毒品预防教育、影视教育等专题教育。

(二)文化育人

要依据学校办学理念,结合文明校园创建活动,因地制宜开展校园文化建设,使校园秩序良好、环境优美、校园文化积极向上、格调高雅,提高校园文明水平,让校园处处成为育人场所。

优化校园环境。学校校园建筑、设施、布置、景色要安全健康、温馨舒适,使校园内一草一木、一砖一石都体现教育的引导和熏陶。

学校要有升国旗的旗台和旗杆。建好共青团、少先队活动室。积极建设校史陈列室、图书馆(室)、广播室、学校标志性景观。

学校、教室要在明显位置张贴社会主义核心价值观 24 字、《中小学生守则(2015 年修订)》。教室正前上方有国旗标识。

要充分利用板报、橱窗、走廊、墙壁、地面等进行文化建设,可悬挂革命领袖、科学家、英雄模范等杰出人物的画像和格言,展示学生自己创作的作品或进行主题创作。

营造文化氛围。凝练学校办学理念,加强校风教风学风建设,形成引导全校师生共同进步的精神力量。

鼓励设计符合教育规律、体现学校特点和办学理念的校徽、校训、校规、校歌、校旗等并进行教育展示。

创建校报、校刊进行宣传教育。可设计体现学校文化特色的校服。

建设班级文化,鼓励学生自主设计班名、班训、班歌、班徽、班级口号等,增强班级凝聚力。

推进书香班级、书香校园建设,向学生推荐阅读书目,调动学生阅读积极性。提倡小学生每天课外阅读至少半小时、中学生每天课外阅读至少 1 小时。

建设网络文化。积极建设校园绿色网络,开发网络德育资源,搭建校园网站、论坛、信箱、博客、微信群、QQ 群等网上宣传交流平台,通过网络开展主题班(队)会、冬(夏)令营、家校互动等活动,引导学生合理使用网络,避免沉溺网络游戏,远离有害信息,防止网络沉迷和伤害,提升网络素养,打造清朗的校园网络文化。

(三)活动育人

要精心设计、组织开展主题明确、内容丰富、形式多样、吸引力强的教育活动,以鲜明正确的价值导向引导学生,以积极向上的力量激励学生,促进学生形成良好的思想品德和行为习惯。

开展节日纪念日活动。利用春节、元宵、清明、端午、中秋、重阳等中华传统节日以及二十四节气,开展介绍节日历史渊源、精神内涵、文化习俗等校园文化活动,增强传统节日的体验感和文化感。

利用植树节、劳动节、青年节、儿童节、教师节、国庆节等重大节庆日集中开展爱党爱国、民族团结、热爱劳动、尊师重教、爱护环境等主题教育活动。

利用学雷锋纪念日、中国共产党建党纪念日、中国人民解放军建军纪念日、七七抗战纪念日、九三抗战胜利纪念日、九一八纪念日、烈士纪念日、国家公祭日等重要纪念日,以及地球日、环境日、健康日、国家安全教育日、禁毒日、航天日、航海日等主题日,设计开展相关主题教育活动。

开展仪式教育活动。仪式教育活动要体现庄严神圣,发挥思想政治引领和道德价值引领作用,创新方式方法,与学校特色和学生个性展示相结合。

严格中小学升挂国旗制度。除寒暑假和双休日外,应当每日升挂国旗。除假期外,每周一及重大节会活动要举行升旗仪式,奏唱国歌,开展向国旗敬礼、国旗下宣誓、国旗下讲话等活动。

入团、入队要举行仪式活动。

举办入学仪式、毕业仪式、成人仪式等有特殊意义的仪式活动。

开展校园节(会)活动。举办丰富多彩、寓教于乐的校园节(会)活动,培养学生兴趣爱好,充实学生校园生活,磨练学生意志品质,促进学生身心健康发展。

学校每学年至少举办一次科技节、艺术节、运动会、读书会。可结合学校办学特色和学生实际,自主开发校园节(会)活动,做好活动方案和应急预案。

开展团、队活动。加强学校团委对学生会组织、学生社团的指导管理。明确中学团委对初中少先队工作的领导职责,健全初中团队衔接机制。确保少先队活动时间,小学1年级至初中2年级每周安排1课时。

发挥学生会作用,完善学生社团工作管理制度,建立体育、艺术、科普、环保、志愿服务等各类学生社团。学校要创造条件为学生社团提供经费、场地、活动时间等方面保障。

要结合各学科课程教学内容及办学特色,充分利用课后时间组织学生开展丰富多彩的科技、文娱、体育等社团活动,创新学生课后服务途径。

(四) 实践育人

要与综合实践活动课紧密结合,广泛开展社会实践,每学年至少安排一周时间,开展有益于学生身心发展的实践活动,不断增强学生的社会责任感、创新精神和实践能力。

开展各类主题实践。利用爱国主义教育基地、公益性文化设施、公共机构、企事业单位、各类校外活动场所、专题教育社会实践基地等资源,开展不同主题的实践活动。

利用历史博物馆、文物展览馆、物质和非物质文化遗产地等开展中华优秀传统文化教育。

利用革命纪念地、烈士陵园(墓)等开展革命传统教育。

利用法院、检察院、公安机关等开展法治教育。

利用展览馆、美术馆、音乐厅等开展文化艺术教育。

利用科技类馆室、科研机构、高新技术企业设施等开展科普教育。

利用军事博物馆、国防设施等开展国防教育。

利用环境保护和节约能源展览馆、污水处理企业等开展环境保护教育。

利用交通队、消防队、地震台等开展安全教育。

利用养老院、儿童福利机构、残疾人康复机构等社区机构等开展关爱老人、孤儿、残疾人教育。

利用体育科研院所、心理服务机构、儿童保健机构等开展健康教育。

加强劳动实践。在学校日常运行中渗透劳动教育,积极组织学生参与校园卫生保洁、绿化美化,普及校园种植。

将校外劳动纳入学校的教育教学计划,小学、初中、高中每个学段都要安排一定时间的农业生产、工业体验、商业和服务业实习等劳动实践。

教育引导学生参与洗衣服、倒垃圾、做饭、洗碗、拖地、整理房间等力所能及的家务劳动。

组织研学旅行。把研学旅行纳入学校教育教学计划,促进研学旅行与学校课程、德育体验、实践锻炼有机融合,利用好研学实践基地,有针对性地开展自然类、历史类、地理类、科技类、人文类、体验类等多种类型的研学旅行活动。

要考虑小学、初中、高中不同学段学生的身心发展特点和能力,安排适合学生年龄特征的研学旅行。

要规范研学旅行组织管理,制定研学旅行工作规程,做到"活动有方案,行前有备案,应急有预案",明确学校、家长、学生的责任和权利。

开展学雷锋志愿服务。要广泛开展与学生年龄、智力相适应的志愿服务活动。

发挥本校团组织、少先队组织的作用,抓好学生志愿服务的具体组织、实施、考核评估等工作。

做好学生志愿服务认定记录,建立学生志愿服务记录档案,加强学生志愿服务先进典型宣传。

(五) 管理育人

要积极推进学校治理现代化,提高学校管理水平,将中小学德育工作的要求贯穿于学校管理制度的每一个细节之中。

完善管理制度。制定校规校纪,健全学校管理制度,规范学校治理行为,形成全体师生广泛认同和自觉遵守的制度规范。

制定班级民主管理制度,形成学生自我教育、民主管理的班级管理模式。

制定防治学生欺凌和暴力工作制度,健全应急处置预案,建立早期预警、事中处理及事后干预等机制。

会同相关部门建立学校周边综合治理机制,对社会上损害学生身心健康的不法行为依法严肃惩处。

明确岗位责任。建立实现全员育人的具体制度,明确学校各个岗位教职员工的育人责任,规范教职工言行,提高全员育人的自觉性。

班主任要全面了解学生,加强班集体管理,强化集体教育,建设良好班风,通过多种形式加强与学生家长的沟通联系。各学科教师要主动配合班主任,共同做好班级德育工作。

加强师德师风建设。培育、宣传师德标兵、教学骨干和优秀班主任、德育工作者等先进典型,引导教师争做"四有"好教师。

实行师德"一票否决制",把师德表现作为教师资格注册、年度考核、职务(职称)评审、岗位聘用、评优奖励的首要标准。

细化学生行为规范。落实《中小学生守则(2015 年修订)》,鼓励结合实际制订小学生日常行为规范、中学生日常行为规范,教育引导学生熟知学习生活中的基本行为规范,践行每一项要求。

关爱特殊群体。要加强对经济困难家庭子女、单亲家庭子女、学习困难学生、进城务工人员随迁子女、农村留守儿童等群体的教育关爱,完善学校联系关爱机制,及时关注其心理健康状况,积极开展心理辅导,提供情感关怀,引导学生心理、人格积极健康发展。

(六) 协同育人

要积极争取家庭、社会共同参与和支持学校德育工作,引导家长注重家庭、注重家教、注重家风,营造积极向上的良好社会氛围。

加强家庭教育指导。要建立健全家庭教育工作机制,统筹家长委员会、家长学校、家长会、家访、家长开放日、家长接待日等各种家校沟通渠道,丰富学校指导服务内容,及时了解、沟通和反馈学生思想状况和行为表现,认真听取家长对学校的意见和建议,促进家长了解学校办学理念、教育教学改进措施,帮助家长提高家教水平。

构建社会共育机制。要主动联系本地宣传、综治、公安、司法、民政、文化、共青团、妇联、关工委、卫计委等部门、组织,注重发挥党政机关和企事业单位领导干部、专家学者以及老干部、老战士、老专家、老教师、老模范的作用,建立多方联动机制,搭建社会育人平台,实现社会资源共享共建,净化学生成长环境,助力广大中小学生健康成长。

六、组织实施

加强组织领导。各级教育行政部门要把中小学德育工作作为教育系统党的建设的重要内容,摆上重要议事日程,加强指导和管理。学校要建立党组织主导、校长负责、群团组织参与、家庭社会联动的德育工作机制。学校党组织要充分发挥政治核心作用,切实加强对学校德育工作的领导,把握正确方向,推动解决重要问题。校长要亲自抓德育工作,规划、部署、推动学校德育工作落到实处。学校要完善党建带团建机制,加强共青团、少先队建设,在学校德育工作中发挥共青团、少先队的思想性、先进性、自主性、实践性优势。

加强条件保障。各级教育行政部门和学校要进一步改善学校办学条件,将德育工作经费纳入经费年度预算,完善优化教育手段,提供德育工作必需的场所、设施,订阅必备的参考书、报刊杂志,配齐相应的教学仪器设备等。

加强队伍建设。各级教育行政部门和学校要重视德育队伍人员培养选拔,优化德育队伍结构,建立激励和保障机制,调动工作积极性和创造性。要有计划地培训学校党组织书记、校长、德育干部、班主任、各科教师和少先队辅导员、中学团干部,组织他们学习党的教育方针、德育理论,提高德育工作专业化水平。

加强督导评价。各级教育行政部门要将学校德育工作开展情况纳入对学校督导的重要内容,建立区域、学校德育工作评价体系,适时开展专项督导评估工作。学校要认真开展学生的品德评价,纳入综合素质评价体系,建立学生综合素质档案,做好学生成长记录,反映学生成长实际状况。

加强科学研究。各级教育行政部门、教育科研机构和学校要组织力量开展中小学德育工作研究,探索新时期德育工作特点和规律,创新德育工作的途径和方法,定期总结交流研究成果,学习借鉴先进经验和做法,增强德育工作的科学性、系统性和实效性。

中小学生守则(2015 年修订)

1. 爱党爱国爱人民。了解党史国情,珍视国家荣誉,热爱祖国,热爱人民,热爱中国共产党。

2. 好学多问肯钻研。上课专心听讲,积极发表见解,乐于科学探索,养成阅读习惯。

3. 勤劳笃行乐奉献。自己事自己做,主动分担家务,参与劳动实践,热心志愿服务。

4. 明礼守法讲美德。遵守国法校纪,自觉礼让排队,保持公共卫生,爱护公共财物。

5. 孝亲尊师善待人。孝父母敬师长,爱集体助同学,虚心接受批评,学会合作共处。

6. 诚实守信有担当。保持言行一致,不说谎不作弊,借东西及时还,做到知错就改。

7. 自强自律健身心。坚持锻炼身体,乐观开朗向上,不吸烟不喝酒,文明绿色上网。

8. 珍爱生命保安全。红灯停绿灯行,防溺水不玩火,会自护懂求救,坚决远离毒品。

9. 勤俭节约护家园。不比吃喝穿戴,爱惜花草树木,节粮节水节电,低碳环保生活。

中小学教育惩戒规则(试行)

中华人民共和国教育部令第 49 号

第一条 为落实立德树人根本任务,保障和规范学校、教师依法履行教育教学和管理职责,保护学生合法权益,促进学生健康成长、全面发展,根据教育法、教师法、未成年人保护法、预防未成年人犯罪法等法律法规和国家有关规定,制定本规则。

第二条 普通中小学校、中等职业学校(以下称学校)及其教师在教育教学和管理过程中对学生实施教育惩戒,适用本规则。

本规则所称教育惩戒,是指学校、教师基于教育目的,对违规违纪学生进行管理、训导或者以规定方式予以矫治,促使学生引以为戒、认识和改正错误的教育行为。

第三条 学校、教师应当遵循教育规律,依法履行职责,通过积极管教和教育惩戒的实施,及时纠正学生错误言行,培养学生的规则意识、责任意识。

教育行政部门应当支持、指导、监督学校及其教师依法依规实施教育惩戒。

第四条 实施教育惩戒应当符合教育规律,注重育人效果;遵循法治原则,做到客观公正;选择适当措施,与学生过错程度相适应。

第五条 学校应当结合本校学生特点,依法制定、完善校规校纪,明确学生行为规范,健全实施教育惩戒的具体情形和规则。

学校制定校规校纪,应当广泛征求教职工、学生和学生父母或者其他监护人(以下称家长)的意见;有条件的,可以组织有学生、家长及有关方面代表参加的听证。校规校纪应当提交家长委员会、教职工代表大会讨论,经校长办公会议审议通过后施行,并报主管教育部门备案。

教师可以组织学生、家长以民主讨论形式共同制定班规或者班级公约,报学校备案后施行。

第六条 学校应当利用入学教育、班会以及其他适当方式,向学生和家长宣传讲解校规校纪。未经公布的校规校纪不得施行。

学校可以根据情况建立校规校纪执行委员会等组织机构,吸收教师、学生及家长、社会有关方面代表参加,负责确定可适用的教育惩戒措施,监督教育惩戒的实施,开展相关宣传教育等。

第七条 学生有下列情形之一,学校及其教师应当予以制止并进行批评教育,确有必要的,可以实施教育惩戒:

(一)故意不完成教学任务要求或者不服从教育、管理的;

(二)扰乱课堂秩序、学校教育教学秩序的;

(三)吸烟、饮酒,或者言行失范违反学生守则的;

(四)实施有害自己或者他人身心健康的危险行为的;

(五)打骂同学、老师,欺凌同学或者侵害他人合法权益的;

(六)其他违反校规校纪的行为。

学生实施属于预防未成年人犯罪法规定的不良行为或者严重不良行为的,学校、教师应当予以制止并实施教育惩戒,加强管教;构成违法犯罪的,依法移送公安机关处理。

第八条 教师在课堂教学、日常管理中,对违规违纪情节较为轻微的学生,可以当场实施以下教育惩戒:

(一)点名批评;

（二）责令赔礼道歉、做口头或者书面检讨；

（三）适当增加额外的教学或者班级公益服务任务；

（四）一节课堂教学时间内的教室内站立；

（五）课后教导；

（六）学校校规校纪或者班规、班级公约规定的其他适当措施。

教师对学生实施前款措施后，可以以适当方式告知学生家长。

第九条　学生违反校规校纪，情节较重或者经当场教育惩戒拒不改正的，学校可以实施以下教育惩戒，并应当及时告知家长：

（一）由学校德育工作负责人予以训导；

（二）承担校内公益服务任务；

（三）安排接受专门的校规校纪、行为规则教育；

（四）暂停或者限制学生参加游览、校外集体活动以及其他外出集体活动；

（五）学校校规校纪规定的其他适当措施。

第十条　小学高年级、初中和高中阶段的学生违规违纪情节严重或者影响恶劣的，学校可以实施以下教育惩戒，并应当事先告知家长：

（一）给予不超过一周的停课或者停学，要求家长在家进行教育、管教；

（二）由法治副校长或者法治辅导员予以训诫；

（三）安排专门的课程或者教育场所，由社会工作者或者其他专业人员进行心理辅导、行为干预。

对违规违纪情节严重，或者经多次教育惩戒仍不改正的学生，学校可以给予警告、严重警告、记过或者留校察看的纪律处分。对高中阶段学生，还可以给予开除学籍的纪律处分。

对有严重不良行为的学生，学校可以按照法定程序，配合家长、有关部门将其转入专门学校教育矫治。

第十一条　学生扰乱课堂或者教育教学秩序，影响他人或者可能对自己及他人造成伤害的，教师可以采取必要措施，将学生带离教室或者教学现场，并予以教育管理。

教师、学校发现学生携带、使用违规物品或者行为具有危险性的，应当采取必要措施予以制止；发现学生藏匿违法、危险物品的，应当责令学生交出并可以对可能藏匿物品的课桌、储物柜等进行检查。

教师、学校对学生的违规物品可以予以暂扣并妥善保管，在适当时候交还学生家长；属于违法、危险物品的，应当及时报告公安机关、应急管理部门等有关部门依法处理。

第十二条　教师在教育教学管理、实施教育惩戒过程中，不得有下列行为：

（一）以击打、刺扎等方式直接造成身体痛苦的体罚；

（二）超过正常限度的罚站、反复抄写，强制做不适的动作或者姿势，以及刻意孤立等间接伤害身体、心理的变相体罚；

（三）辱骂或者以歧视性、侮辱性的言行侵犯学生人格尊严；

（四）因个人或者少数人违规违纪行为而惩罚全体学生；

（五）因学业成绩而教育惩戒学生；

（六）因个人情绪、好恶实施或者选择性实施教育惩戒；

（七）指派学生对其他学生实施教育惩戒；

（八）其他侵害学生权利的。

第十三条　教师对学生实施教育惩戒后，应当注重与学生的沟通和帮扶，对改正错误的学生及时予以表扬、鼓励。

215

学校可以根据实际和需要,建立学生教育保护辅导工作机制,由学校分管负责人、德育工作机构负责人、教师以及法治副校长(辅导员)、法律以及心理、社会工作等方面的专业人员组成辅导小组,对有需要的学生进行专门的心理辅导、行为矫治。

第十四条　学校拟对学生实施本规则第十条所列教育惩戒和纪律处分的,应当听取学生的陈述和申辩。学生或者家长申请听证的,学校应当组织听证。

学生受到教育惩戒或者纪律处分后,能够诚恳认错、积极改正的,可以提前解除教育惩戒或者纪律处分。

第十五条　学校应当支持、监督教师正当履行职务。教师因实施教育惩戒与学生及其家长发生纠纷,学校应当及时进行处理,教师无过错的,不得因教师实施教育惩戒而给予其处分或者其他不利处理。

教师违反本规则第十二条,情节轻微的,学校应当予以批评教育;情节严重的,应当暂停履行职责或者依法依规给予处分;给学生身心造成伤害,构成违法犯罪的,由公安机关依法处理。

第十六条　学校、教师应当重视家校协作,积极与家长沟通,使家长理解、支持和配合实施教育惩戒,形成合力。家长应当履行对子女的教育职责,尊重教师的教育权利,配合教师、学校对违规违纪学生进行管教。

家长对教师实施的教育惩戒有异议或者认为教师行为违反本规则第十二条规定的,可以向学校或者主管教育行政部门投诉、举报。学校、教育行政部门应当按照师德师风建设管理的有关要求,及时予以调查、处理。家长威胁、侮辱、伤害教师的,学校、教育行政部门应当依法保护教师人身安全、维护教师合法权益;情形严重的,应当及时向公安机关报告并配合公安机关、司法机关追究责任。

第十七条　学生及其家长对学校依据本规则第十条实施的教育惩戒或者给予的纪律处分不服的,可以在教育惩戒或者纪律处分作出后15个工作日内向学校提起申诉。

学校应当成立由学校相关负责人、教师、学生以及家长、法治副校长等校外有关方面代表组成的学生申诉委员会,受理申诉申请,组织复查。学校应当明确学生申诉委员会的人员构成、受理范围及处理程序等并向学生及家长公布。

学生申诉委员会应当对学生申诉的事实、理由等进行全面审查,作出维持、变更或者撤销原教育惩戒或者纪律处分的决定。

第十八条　学生或者家长对学生申诉处理决定不服的,可以向学校主管教育部门申请复核;对复核决定不服的,可以依法提起行政复议或者行政诉讼。

第十九条　学校应当有针对性地加强对教师的培训,促进教师更新教育理念、改进教育方式方法,提高教师正确履行职责的意识与能力。

每学期末,学校应当将学生受到本规则第十条所列教育惩戒和纪律处分的信息报主管教育行政部门备案。

第二十条　本规则自2021年3月1日起施行。

各地可以结合本地实际,制定本地方实施细则或者指导学校制定实施细则。

参考文献

[1] 杜时忠. 德育十讲：制度何以育德[M]. 武汉：华中师范大学出版社,2019.

[2] 檀传宝. 德育与班级管理[M]. 2版. 北京：高等教育出版社,2013.

[3] 黄向阳. 德育原理[M]. 上海：华东师范大学出版社,2000.

[4] 王立仁. 德育价值论[M]. 北京：中国社会科学出版社,2004.

[5] 杨韶刚. 西方道德心理学的新发展[M]. 上海：上海教育出版社,2007.

[6] 段作章,刘月芳. 德育与班级管理[M]. 南京：南京大学出版社,2019.

[7] 张晓东. 德育政策论[M]. 北京：人民教育出版社,2011.

[8] 范树成. 德育过程论[M]. 北京：中国社会科学出版社,2008.

[9] 段鸿,张兴. 德育与班主任[M]. 上海：上海教育出版社,2000.

[10] 刘慧,李敏等. 小学生品德发展与道德教育[M]. 北京：高等教育出版社,2015.

[11] 冯建军等. 中国教育改革40年：学校德育[M]. 北京：科学出版社,2019.

[12] 张忠华等. 共和国教育学70年·德育原理卷[M]. 北京：北京师范大学出版社,2020.

[13] 周凤林. 学校德育顶层设计实践案例[M]. 上海：华东师范大学出版社,2018.

[14] 教育部基础教育司. 中小学德育工作指南实施手册[M]. 北京：教育科学出版社,2017.

[15] 汪秀丽,李雪梅. 德育活动课程化设计与实施[M]. 北京：北京师范大学出版社,2017.

[16] 王道俊,郭文安. 教育学[M]. 7版. 北京：人民教育出版社,2016.

[17] [美]内尔·诺丁斯. 学会关心——教育的另一种模式[M]. 2版. 于天龙,译. 北京：教育科学出版社,2014.

[18] 杨春良等. 活动的魅力：中小学活动德育的理论与实践[M]. 北京：北京师范大学出版社,2020.

[19] 张妙龄. 德育从心灵开始：中小学典型德育案例荟萃[M]. 北京：北京师范大学出版社,2018.

[20] 汪凤炎等. 德化的生活：生活德育模式的理论探索与应用研究[M]. 北京：人民出版社,2005.

[21] 赵志毅. 当代中国德育热点问题研究[M]. 北京：人民出版社,2012.

[22] 徐长江,宋秋前. 班级管理实务[M]. 北京：高等教育出版社,2010.

［23］李学农. 班级管理［M］. 3 版. 北京：高等教育出版社，2017.

［24］韩东才. 班主任基本功：班级管理的基本技能［M］. 广州：暨南大学出版社，2009.

［25］魏晓红. 中小学班级管理典型案例［M］. 天津：天津大学出版社，2019.

［26］齐学红，袁子意. 新编班主任工作技能训练［M］. 2 版. 上海：华东师范大学出版社，2017.

［27］杨霖. 小学班主任技能优秀案例［M］. 成都：四川教育出版社，2017.

［28］张爱群，赵家明. 班级文化概论［M］. 武汉：华中师范大学出版社，2019.

［29］邓磊，刘永凤. 班级管理概论［M］. 北京：高等教育出版社，2020.

［30］彭智勇. 现代中小学班主任工作指南［M］. 成都：四川教育出版社，2006.

［31］吴小海. 班主任九项技能训练［M］. 北京：首都师范大学出版社，2010.

［32］黄正平. 班主任专业化论纲［M］. 南京：南京大学出版社，2009.

［33］田恒平. 班主任理论与实务［M］. 北京：首都师范大学出版社，2007.